ÉDITORIAL

MARS 2024

# Un peu tôt cette année ?

Quand Jeanne découvrit que Pâques était célébré le 31 mars cette année, elle s'exclama : « En 2024, Pâques est particulièrement tôt, non ? » Paul ajouta : « Le Carême aura débuté à peine les santons de la crèche rangés. » Si, bien sûr, la date s'impose parce que le calendrier liturgique s'organise ainsi, je savais que mes deux amis ne se contenteraient pas d'un « l'an prochain cela changera » pour répondre à leur étonnement. Nous avons donc poussé un peu la réflexion, nous demandant si l'événement pascal nous étonnait toujours pour lui-même ou si, un peu trop habitués, Pâques ne nous touchait plus vraiment. La résurrection de Jésus devrait continuer à nous bouleverser, malgré les années qui passent. Les événements de la mort et de la résurrection du Christ sont le cœur de la foi. Toute notre confiance, notre amour et notre espérance s'en nourrissent. Et si l'arrivée précoce de Pâques cette année devenait plus qu'un simple constat, une opportunité pour vérifier le pouls du cœur battant de notre foi ? Il n'est ni trop tôt ni trop tard pour la Résurrection, c'est toujours le bon moment ! Joyeuses Pâques ! ■

*La résurrection de Jésus devrait continuer à nous bouleverser.*

Annonce

CFRT/LE JOUR DU SEIGNEUR

# L'aventure de la messe TV

**Depuis 75 ans, *Le Jour du Seigneur* permet à chacun, où qu'il soit, de participer à la messe dominicale avec une paroisse et de partager avec tous la joie de croire.**

Alors que la messe est au cœur de notre vie chrétienne, il est pour certains difficile de la suivre au sein de leur paroisse. Certaines personnes, notamment celles qui sont malades, isolées ou trop âgées, ne peuvent plus vivre ce temps de prière et de communion pourtant tellement essentiel. Pour elles et pour toutes celles qui sont en quête de sens, *Le Jour du Seigneur* apporte chaque dimanche un peu de lumière et d'espérance dans les foyers.

Nous proposons à tous des liturgies et des homélies belles, nourrissantes et variées dans des lieux parfois insolites, pour redécouvrir ensemble l'incroyable richesse de notre patrimoine religieux. En diffusant la messe à la télévision, *Le Jour du Seigneur* permet à chacun de s'unir dans la prière, et dans la communion de l'Église. *Le Jour du Seigneur* mène à bien sa mission grâce à des générations entières de bienfaiteurs, dont font partie les testateurs. Un

testateur est une personne qui choisit de léguer tout ou partie de ses biens au *Jour du Seigneur*, en faisant figurer notre fonds de dotation sur son testament. Les legs et assurances vie représentent des ressources fondamentales pour continuer de diffuser l'Évangile à la télévision. L'an passé, nous avons figuré sur les testaments de Josette, Yvette, Ginette, Huguette, Michel, Laurence, Marie-José, Suzanne, Roger, Marie-Louise, Simone, Gilbert, Geneviève, Marie-Rose, Huguette, Françoise, Micheline, Marie-Thérèse, Bernadette, Juliette, Marcelle, Joséphine, Claude, Maria, Marie-Anne, Simone, Céline, Marie-Claude, Monique et Colette. Qu'ils en soient vivement remerciés. Nous avons une pensée pour toutes celles et tous ceux que Dieu a rappelés à lui.

*Annonce*

**Au Fonds de dotation du *Jour du Seigneur,* Marie-Laure Graeling accompagne toute personne qui envisage un projet de transmission en notre faveur. N'hésitez pas à la solliciter par téléphone au 01 44 08 88 71, par e-mail ml.graeling@cfrt.tv ou par courrier à :**
**Fonds de dotation CFRT/Le Jour du Seigneur, 45 bis rue de la Glacière, 75013 Paris.**

## Prier avec le Saint-Père

### Intention universelle du mois de mars 2024

Prions pour que ceux qui risquent leur vie pour l'Évangile, dans différentes parties du monde, fécondent l'Église de leur courage et de leur élan missionnaire.

Pour vous aider à prier :
**www.prieraucoeurdumonde.net**

# SAINTS ET SAINTES DU MOIS DE MARS 2024



**Xavier Lecœur**, journaliste et historien

*Chaque jour, l'Église fête plusieurs saints et bienheureux : ceux du calendrier romain, ceux des calendriers diocésains et ceux du calendrier des Églises orientales. Tous les mois,* Prions en Église *vous propose d'en découvrir quelques-uns.*

## 1er mars

**Ste Eudoxie**

(IIe siècle)

Pour s'être convertie au christianisme, cette ancienne courtisane d'Héliopolis (actuelle Baalbek, au Liban) fut dénoncée au gouverneur romain, puis décapitée.

## 2 mars

**St Chad**

(vers 634-672)

Frère de saint Cédric, il fut l'évêque de York, puis de Lichfield (Angleterre), où il se dévoua pour les pauvres et les malades. La cathédrale catholique de Birmingham lui est dédiée.

## 3 mars

**Bse Conchita Cabrera**

(1862-1937)

Laïque et mère de famille mexicaine. Elle fut à l'origine de plusieurs instituts religieux et laissa de nombreux écrits. Béatifiée en 2019.

## 4 mars

**St Jean-Antoine Farina**

(1803-1888)

Il ya dix ans, le pape François canonisait cet Italien d'une grande charité, évêque de Trévise puis de Vicence, et fondateur de la congrégation enseignante des Sœurs maîtresses de Sainte-Dorothée.

## 5 mars

**St Gérasime**

(Ve siècle)

Il fonda sur les rives du Jourdain, près de Jéricho, une laure, monastère oriental qui alliait harmonieusement solitude et vie communautaire.

## 6 mars

**Ste Agnès de Bohême**

(1211-1282)

Fille du roi de Bohême, elle renonça aux honneurs pour devenir clarisse dans un couvent qu'elle fonda à Prague. Sainte patronne des Tchèques.

## 7 mars

### Stes Perpétue et Félicité

(IIIe siècle)

Ces deux catéchumènes romaines, l'une noble, l'autre esclave, furent livrées aux fauves à cause de leur foi.

## 8 mars

### St Jean de Dieu

(1495-1550)

« De même que l'eau éteint le feu, la charité étouffe le péché », rappelait ce Portugais qui ouvrit à Grenade (Espagne) un hôpital destiné à tous les nécessiteux. Ainsi naquit l'ordre des Frères hospitaliers de Saint-Jean-de-Dieu.

## 9 mars

### Ste Françoise Romaine

(1384-1440)

Noble romaine. Elle se consacra aux pauvres, notamment lors de la peste de 1414, et fonda la communauté des Oblates de Marie. Patronne de Rome.

## 10 mars

### Ste Marie-Eugénie Milleret

(1817-1898)

« La vie religieuse, c'est une donation de soi [à Dieu] pour sauver les âmes », affirmait cette Lorraine, fondatrice de la congrégation des Religieuses de l'Assomption. Canonisée en 2007.

## 11 mars

### St Euloge

(IXe siècle)

Prêtre martyr à Cordoue, alors capitale des Sarrasins d'Espagne.

## 12 mars

### St Louis Orione

(1872-1940)

En 2004, le pape saint Jean-Paul II canonisait ce prêtre piémontais, « stratège de la charité », qui voua sa vie aux malheureux d'Italie et d'ailleurs.

## 13 mars

### St Léandre

(vers 550-vers 600)

Moine puis archevêque de Séville, il lutta contre l'hérésie arienne en Espagne et contribua à la conversion des rois wisigoths à la foi catholique.

## 14 mars

### Ste Mathilde

(vers 890-968)

Épouse du roi Henri Ier de Germanie, elle fonda de nombreux monastères qu'elle dota généreusement. Les pauvres de son royaume bénéficièrent aussi de ses libéralités.

## 15 mars

### Bx Jean-Adalbert Balicki

(1869-1948)

Professeur de théologie puis

recteur du séminaire de Przemysl, ce prêtre polonais excella dans la direction spirituelle. Béatifié en 2002.

**16 mars**
**Bx Torello de Poppi**
(1202-1282)
Après une jeunesse dissolue, il se repentit et se fit moine ermite à l'abbaye de Vallombrosa, en Toscane. Il y expia ses péchés par le jeûne et la prière.

**17 mars**
**Ste Gertrude de Nivelles**
(vers 626-659)
Fille de Pépin de Landen, elle prit le voile dans le couvent fondé à Nivelles (Belgique) par sa mère, la bienheureuse Itte. Elle lui succéda comme abbesse et assuma cette charge avec piété et sagesse.

**18 mars**
**St Braulion**
(vers 590-651)
« Sans le Christ, combien notre vie est vaine ! » s'exclamait cet évêque de Saragosse, disciple de saint Isidore de Séville. Il fut, comme son maître, un grand érudit.

**19 mars**
**St Joseph**
(Ier siècle)
« Homme juste » (Mt 1, 19), époux de la Vierge Marie, il veilla sur Jésus comme un père et fut le gardien de la Sainte Famille. Saint patron de l'Église universelle.

**20 mars**
**Ste Photine**
(Ier siècle)
Dans la tradition grecque, elle est la Samaritaine de l'évangile de saint Jean (Jn 4, 4-42), qui, rencontrant Jésus au puits de Jacob, reçut alors la révélation de la grâce.

**21 mars**
**St Nicolas de Flüe**
(1417-1487)
À 50 ans, ce magistrat suisse quitta tout – sa famille, sa maison, son domaine – pour se faire ermite et servir Dieu. Patron de la Suisse.

**22 mars**
**Ste Léa**
(IVe siècle)
Après avoir suivi les cours d'Écriture sainte dispensés par saint Jérôme, cette veuve romaine se retira près d'Ostie pour mener une vie de recluse.

**23 mars**
**Ste Rafqa Ar-Rayes**
(1832-1914)
Religieuse maronite. Elle puisa dans son union au Christ

la force d'accepter de grandes souffrances physiques. Première sainte libanaise, canonisée en 2001.

**24 mars**
**Bse Marie Karlowska**
(1865-1935)
Polonaise, fondatrice de la congrégation des Sœurs Servantes du Bon Pasteur, surtout vouées à l'apostolat auprès des prostituées. Béatifiée en 1997.

**25 mars**
**St Dismas**
(Ier siècle)
La tradition a donné ce nom au bon Larron repentant, crucifié à côté du Christ (Lc 23,40-43).

**26 mars**
**Bse Madeleine Morano**
*(lire page 203)*

**27 mars**
**St Rupert**
(vers 650-718)
Cet évêque de Worms partit évangéliser la Bavière. Sur les ruines d'une ancienne cité romaine, il fonda deux monastères, à l'origine de la ville de Salzbourg (Autriche).

**28 mars**
**St Joseph-Sébastien Pelczar**
(1842-1924)
Il y a un siècle, jour pour jour, cet évêque de Przemysl (Pologne) achevait son pèlerinage terrestre. Malgré une santé fragile et un contexte politique défavorable, il avait fondé de multiples œuvres charitables. Canonisé en 2003.

**29 mars**
**St Berthold**
(XIIe siècle)
Originaire du Limousin, cet ancien croisé s'établit sur les flancs du mont Carmel, en Palestine, où il fonda le premier ermitage de l'ordre des Carmes.

**30 mars**
**St Jean Climaque**
(575-649)
« Rien ne s'oppose autant à la venue en nous de l'Esprit Saint que la colère », rappelait ce moine ermite du mont Sinaï, auteur du traité de spiritualité *L'Échelle du Paradis*.

**31 mars**
**St Guy de Pomposa**
(vers 970-1046)
Abbé du monastère bénédictin de Pomposa, près de Ferrare (Italie), qui, sous sa direction, acquit une grande renommée.

# Prions avec les textes de la messe

## DU 1ER AU 31 MARS 2024

# Partagez vos intentions de prière

Envoyez vos intentions de prière à :
*Prions en Église*, Intentions de prière, 18 rue Barbès, 92128 Montrouge Cedex.
**Elles seront portées par les pèlerins qui partiront en Algérie, sur les pas de saint Charles de Foucauld, du 19 au 27 avril 2024.**

# VENDREDI 1ER MARS 2024

**2E SEMAINE DE CARÊME COULEUR LITURGIQUE : VIOLET**



**Temps du Carême,** *messe de la férie*

### *Antienne d'ouverture*

**En toi, Seigneur, j'ai mon refuge ;**
**garde-moi d'être humilié pour toujours.**
**Tu m'arraches au filet qu'ils m'ont tendu ;**
**oui, c'est toi mon abri.**
(Ps 30, 2.5)

### *Prière*

Nous t'en prions, Dieu tout-puissant : en ce temps où notre effort de pénitence nous purifie, accorde-nous de parvenir dans la droiture de l'esprit aux fêtes pascales qui approchent. Par Jésus… — ***Amen.***

## *Lecture*

du livre de la Genèse (37, 3-4.12-13a.17b-28)

*« Voici l'expert en songes qui arrive ! Allons-y, tuons-le »*

**Israël, c'est-à-dire Jacob, aimait Joseph plus que tous ses autres enfants, parce qu'il était le fils de sa vieillesse, et il lui fit faire une tunique de grand prix. En voyant qu'il leur préférait Joseph, ses autres fils se mirent à détester celui-ci, et ils ne pouvaient plus lui parler sans hostilité. Les frères de Joseph étaient allés à Sichem faire paître**

le troupeau de leur père. Israël dit à Joseph : « Tes frères ne gardent-ils pas le troupeau à Sichem ? Va donc les trouver de ma part ! » Joseph les trouva à Dotane. Ceux-ci l'aperçurent de loin et, avant qu'il arrive près d'eux, ils complotèrent de le faire mourir. Ils se dirent l'un à l'autre : « Voici l'expert en songes qui arrive ! C'est le moment, allons-y, tuons-le, et jetons-le dans une de ces citernes. Nous dirons qu'une bête féroce l'a dévoré, et on verra ce que voulaient dire ses songes ! » Mais Roubène les entendit, et voulut le sauver de leurs mains. Il leur dit : « Ne touchons pas à sa vie. » Et il ajouta : « Ne répandez pas son sang : jetez-le dans cette citerne du désert, mais ne portez pas la main sur lui. » Il voulait le sauver de leurs mains et le ramener à son père. Dès que Joseph eut rejoint ses frères, ils le dépouillèrent de sa tunique, la tunique de grand prix qu'il portait, ils se saisirent de lui et le jetèrent dans la citerne, qui était vide et sans eau. Ils s'assirent ensuite pour manger. En levant les yeux, ils virent une caravane d'Ismaélites qui venait de Galaad. Leurs chameaux étaient chargés d'aromates, de baume et de myrrhe qu'ils allaient livrer en Égypte. Alors Juda dit à ses frères : « Quel profit aurions-nous à tuer notre frère et à dissimuler sa mort ? Vendons-le plutôt aux Ismaélites et ne portons pas la main sur lui, car il est notre frère, notre propre chair. » Ses frères l'écoutèrent. Des marchands madianites qui passaient par là retirèrent Joseph de la citerne, ils le vendirent pour vingt pièces d'argent aux Ismaélites, et ceux-ci l'emmenèrent en Égypte. – Parole du Seigneur

## Psaume 104 (105)

℟ ***Souvenez-vous des merveilles que le Seigneur a faites.***

Cherchez le Seigneur et sa puissance,
souvenez-vous des merveilles qu'il a faites,
vous, la race d'Abraham son serviteur,
les fils de Jacob, qu'il a choisis. ℟

Il appela sur le pays la famine,
le privant de toute ressource.
Mais devant eux il envoya un homme,
Joseph, qui fut vendu comme esclave. ℟

On lui met aux pieds des entraves,
on lui passe des fers au cou ;
il souffrait pour la parole du Seigneur,
jusqu'au jour où s'accomplit sa prédiction. ℟

Le roi ordonne qu'il soit relâché,
le maître des peuples, qu'il soit libéré.
Il fait de lui le chef de sa maison,
le maître de tous ses biens. ℟

### *Acclamation de l'Évangile*

***Louange à toi, Seigneur, Roi d'éternelle gloire !*** Dieu a tellement aimé le monde qu'il a donné son Fils unique, afin que ceux qui croient en lui aient la vie éternelle. ***Louange à toi, Seigneur, Roi d'éternelle gloire !***

## *Évangile de Jésus Christ*

selon saint Matthieu (21, 33-43.45-46)

*« Voici l'héritier : venez ! tuons-le ! »*

**En ce temps-là, Jésus disait aux grands prêtres et aux anciens du peuple : « Écoutez cette parabole : Un homme était propriétaire d'un domaine ; il planta une vigne, l'entoura d'une clôture, y creusa un**

pressoir et bâtit une tour de garde. Puis il loua cette vigne à des vignerons, et partit en voyage. Quand arriva le temps des fruits, il envoya ses serviteurs auprès des vignerons pour se faire remettre le produit de sa vigne. Mais les vignerons se saisirent des serviteurs, frappèrent l'un, tuèrent l'autre, lapidèrent le troisième. De nouveau, le propriétaire envoya d'autres serviteurs plus nombreux que les premiers; mais on les traita de la même façon. Finalement, il leur envoya son fils, en se disant : "Ils respecteront mon fils." Mais, voyant le fils, les vignerons se dirent entre eux : "Voici l'héritier : venez! tuons-le, nous aurons son héritage!" Ils se saisirent de lui, le jetèrent hors de la vigne et le tuèrent. Eh bien! quand le maître de la vigne viendra, que fera-t-il à ces vignerons? » On lui répond : « Ces misérables, il les fera périr misérablement. Il louera la vigne à d'autres vignerons, qui lui en remettront le produit en temps voulu. » Jésus leur dit : « N'avez-vous jamais lu dans les Écritures : *La pierre qu'ont rejetée les bâtisseurs est devenue la pierre d'angle : c'est là l'œuvre du Seigneur, la merveille devant nos yeux!* Aussi, je vous le dis : Le royaume de Dieu vous sera enlevé pour être donné à une nation* qui lui fera produire ses fruits. »

En entendant les paraboles de Jésus, les grands prêtres et les pharisiens avaient bien compris qu'il parlait d'eux. Tout en cherchant à l'arrêter, ils eurent peur des foules, parce qu'elles le tenaient pour un prophète.

### *Prière sur les offrandes*

Nous t'en prions, Seigneur Dieu, que ta tendresse devance tes serviteurs, comme toi seul sais le faire ; qu'elle nous conduise dans une vie sainte à célébrer pleinement ces mystères. Par le Christ, notre Seigneur. **— *Amen.***

*Préface du Carême, p. 359.*

### *Antienne de la communion*

Dieu nous a aimés,
et il a envoyé son Fils en sacrifice
de pardon pour nos péchés.
(1 Jn 4, 10)

### *Prière après la communion*

Nous avons reçu, Seigneur, le gage du salut éternel, et nous te prions : accorde-nous de tendre vers lui de manière à y parvenir. Par le Christ, notre Seigneur. **— *Amen.***

### *Prière sur le peuple*

*Le prêtre peut dire la prière suivante :*

Nous t'en prions, Seigneur, donne à ton peuple le salut de l'âme et du corps ; qu'en s'attachant à faire le bien, il puisse compter toujours sur ta protection. Par le Christ, notre Seigneur.
**— *Amen.***

## INVITATION

La « Journée mondiale de prière » inaugure le mois de mars.
Je peux prier particulièrement pour les femmes de Palestine qui proposent la prière de cette année sur le site : journeemondialedepriere.fr

## COMMENTAIRE

### Confiance trahie

Matthieu 21, 33-43.45-46

**Le propriétaire de la vigne, dans la parabole, veut faire confiance à ses vignerons, rien ni personne ne semble l'arrêter. Il va même jusqu'à envoyer son propre fils pour se faire remettre le produit de sa vigne. Mais rien n'arrête ces vignerons qui, pour hériter de la vigne, tuent le fils. Alors le propriétaire confie cette vigne à d'autres vignerons. C'est sa Passion que Jésus évoque, et il annonce que le Royaume sera confié à tous ceux qui croiront au Christ. Seigneur, merci pour ta confiance, aide-moi à me montrer digne de cette confiance.** ■

***Gérard Naslin**, prêtre du diocèse de Nantes*

## ❊ CLÉ DE LECTURE

### « Donné à une nation »

Matthieu 21, 43 *(p. 16)*

**La dureté de cette phrase finale doit être lue à deux niveaux au moins : au moment où des tensions s'instaurent entre Juifs et chrétiens, qui se séparent vers 80-90 ap. J.-C., grandit l'idée qu'un peuple issu des nations païennes viendrait se substituer à Israël dans le dessein de Dieu. Une idée que Paul avait refusée avec force (Rm 9 – 11), mais qui se répandra, hélas, au cours du deuxième siècle sous la plume d'un Méliton de Sardes, ou dans la lettre de Barnabé. Mais à toutes les époques aussi, le texte doit être lu comme une mise en garde très ferme contre les responsables qui s'emparent du pouvoir que leur donne leur charge et trahissent l'ordre du service. Ce service humble et accueillant à tous, sans rien retenir pour soi, que Jésus a pleinement incarné.** ■

***Roselyne Dupont-Roc**, bibliste*

# SAMEDI 2 MARS 2024

2E SEMAINE DE CARÊME COULEUR LITURGIQUE : VIOLET

**Temps du Carême,** *messe de la férie*

1er - 2

### *Antienne d'ouverture*

**Le Seigneur est tendresse et pitié, lent à la colère et plein d'amour ; la bonté du Seigneur est pour tous, sa tendresse, pour toutes ses œuvres.**
(Ps 144, 8-9)

### *Prière*

Seigneur Dieu, par les secours de ta grâce divine, tu nous associes déjà aux biens du ciel alors que nous sommes encore sur la terre ; nous t'en prions : dirige-nous toi-même en cette vie afin de nous conduire jusqu'à cette lumière où tu demeures. Par Jésus… ***— Amen.***

## Lecture

du livre du prophète Michée (7, 14-15.18-20)

*« Tu jetteras au fond de la mer tous nos péchés ! »*

**Seigneur, avec ta houlette, sois le pasteur de ton peuple, du troupeau qui t'appartient, qui demeure isolé dans le maquis, entouré de vergers. Qu'il retrouve son pâturage à Bashane et Galaad, comme aux jours d'autrefois ! Comme aux jours où tu sortis d'Égypte, tu lui feras voir des merveilles ! Qui est Dieu comme toi, pour enlever le crime, pour passer sur la révolte comme tu le fais à l'égard du reste, ton héritage : un Dieu qui**

ne s'obstine pas pour toujours dans sa colère mais se plaît à manifester sa faveur ? De nouveau, tu nous montreras ta miséricorde, tu fouleras aux pieds nos crimes, tu jetteras au fond de la mer tous nos péchés ! Ainsi tu accordes à Jacob ta fidélité, à Abraham ta faveur, comme tu l'as juré à nos pères depuis les jours d'autrefois.
– Parole du Seigneur

## *Psaume* 102 (103)

℟ ***Le Seigneur est tendresse et pitié.***

Bénis le Seigneur, ô mon âme,
bénis son nom très saint, tout mon être !
Bénis le Seigneur, ô mon âme,
n'oublie aucun de ses bienfaits ! ℟

Car il pardonne toutes tes offenses
et te guérit de toute maladie ;
il réclame ta vie à la tombe
et te couronne d'amour et de tendresse ! ℟

Il n'est pas pour toujours en procès,
ne maintient pas sans fin ses reproches ;
il n'agit pas envers nous selon nos fautes,
ne nous rend pas selon nos offenses. ℟

Comme le ciel domine la terre,
fort est son amour pour qui le craint ;
aussi loin qu'est l'orient de l'occident,
il met loin de nous nos péchés. ℟

## *Acclamation de l'Évangile*

***Ta parole, Seigneur, est vérité, et ta loi, délivrance.*** Je me lèverai, j'irai vers mon père, et je lui dirai : Père, j'ai péché contre le ciel et envers toi. ***Ta parole, Seigneur, est vérité, et ta loi, délivrance.***

## *Évangile de Jésus Christ*

selon saint Luc (15, 1-3.11-32)

*« Ton frère que voilà était mort, et il est revenu à la vie »*

En ce temps-là, les publicains et les pécheurs venaient tous à Jésus pour l'écouter. Les pharisiens et les scribes récriminaient contre lui : « Cet homme fait bon accueil aux pécheurs, et il mange avec eux ! » Alors Jésus leur dit cette parabole : « Un homme avait deux fils. Le plus jeune dit à son père : "Père, donne-moi la part de fortune qui me revient." Et le père leur partagea ses biens. Peu de jours après, le plus jeune rassembla tout ce qu'il avait, et partit pour un pays lointain où il dilapida sa fortune en menant une vie de désordre. Il avait tout dépensé, quand une grande famine survint dans ce pays, et il commença à se trouver dans le besoin. Il alla s'engager auprès d'un habitant de ce pays, qui l'envoya dans ses champs garder les porcs. Il aurait bien voulu se remplir le ventre avec les gousses que mangeaient les porcs, mais personne ne lui donnait rien. Alors il rentra en lui-même et se dit : "Combien d'ouvriers de mon père ont du pain en abondance, et moi, ici, je meurs de faim ! Je me lèverai, j'irai vers mon père, et je lui dirai : Père, j'ai péché contre le ciel et envers toi. Je ne suis plus digne d'être appelé ton fils. Traite-moi comme l'un de tes ouvriers." Il se leva et s'en alla vers son père. Comme il était encore loin, son père l'aperçut et fut saisi de compassion ; il courut se jeter à son cou et le couvrit de baisers. Le fils lui dit : "Père, j'ai péché contre le ciel et envers toi. Je ne suis plus digne d'être appelé ton fils." Mais le père dit à ses serviteurs : "Vite, apportez le plus beau vêtement pour l'habiller, mettez-lui une bague au doigt et des sandales aux pieds, allez chercher le veau gras, tuez-le, mangeons et festoyons, car mon fils que voilà était mort, et il est revenu à la vie ; il était perdu, et il est retrouvé." Et ils commencèrent à festoyer. Or le fils aîné était aux champs. Quand il revint et fut près de la maison, il entendit la musique et les danses. Appelant un des serviteurs, il s'informa de ce qui se passait. Celui-ci répondit : "Ton frère est arrivé, et ton père a tué le veau gras, parce qu'il a retrouvé ton frère en bonne santé." Alors le fils aîné se mit en colère, et il refusait d'entrer. Son père sortit le supplier. Mais il répliqua à son père : "Il y a tant d'années que je suis à ton service sans avoir jamais transgressé tes ordres, et jamais tu ne m'as donné un chevreau pour festoyer avec mes amis. Mais, quand ton fils que voilà est revenu après avoir dévoré ton bien avec des prostituées, tu as fait tuer pour lui le veau gras !" Le père répondit : "Toi, mon enfant, tu es toujours avec moi, et tout ce qui est à moi est à toi*. Il fallait festoyer et se réjouir ; car ton frère que voilà était mort, et il est revenu à la vie ; il était perdu, et il est retrouvé !" »

### *Prière sur les offrandes*

Nous t'en prions, Seigneur, que par ces mystères la rédemption porte en nous ses fruits, nous fasse éviter tout écart dans notre vie et nous mène vers les biens du salut. Par le Christ, notre Seigneur. — ***Amen.***

*Préface du Carême, p. 359.*

### *Antienne de la communion*

Il faut te réjouir, mon fils ;
car ton frère était mort,
et il est revenu à la vie ;
il était perdu, et il est retrouvé !
(Lc 15, 32)

### *Prière après la communion*

Nous avons reçu ton sacrement divin, Seigneur : qu'il nous atteigne au plus intime de notre cœur et nous communique sa puissance. Par le Christ, notre Seigneur. — ***Amen.***

### *Prière sur le peuple*

*Le prêtre peut dire la prière suivante :*

Dans ta miséricorde, Seigneur, prête une oreille attentive aux prières de ceux qui te supplient ; et afin de pouvoir exaucer leurs désirs, fais-leur demander ce qui te plaît. Par le Christ, notre Seigneur. — ***Amen.***

## INVITATION

Et si je lisais l'évangile en me mettant à la place de chaque personnage ?
Et si le fils prodigue, c'était moi ? Puis le fils aîné, le père…

## COMMENTAIRE

**Le père prodigue** Luc 15, 1-3.11-32

**Jésus raconte la parabole du père prodigue en amour à ceux qui récriminent contre lui. Il nous met face à un père dont la main est toujours tendue vers son fils : pour le laisser quitter la maison, pour l'attendre, pour l'accueillir et fêter son retour. La réconciliation se vit lorsque le fils décide de saisir cette main. Jésus révèle bien le visage de son Père en faisant bon accueil lui-même aux pécheurs et en mangeant avec eux. Seigneur, merci pour la prodigalité de ton amour, et donne-moi la force de pardonner comme toi-même tu pardonnes.** ■

***Gérard Naslin,*** *prêtre du diocèse de Nantes*

## ❊ CLÉ DE LECTURE

**« Est à toi »** Luc 15, 31 *(p. 22)*

**Dans l'art comme dans la prédication, on retient de la parabole surtout la figure du « fils prodigue », accueilli sans exigence aucune par le père dont l'amour déborde en une nécessité inouïe : « Il fallait ! » On oublie trop le second volet du récit, la réaction du fils aîné, envahi par une jalousie… compréhensible ! À lui non plus, le père ne reproche rien, il lui rappelle cette intimité incroyable qu'il n'a cessé de partager avec lui, lui donnant « tout ce qui est à lui ». Un fils aîné parfois considéré comme figure d'Israël, tandis que le cadet représenterait les païens, venus plus tard à la foi. Mais chacun de nous peut s'y reconnaître, tant nous sommes facilement oublieux du don fabuleux qui nous est fait : Dieu nous a aimés sans condition !** ■

***Roselyne Dupont-Roc,*** *bibliste*

# DIMANCHE 3 MARS 2024

## 3E DIMANCHE DE CARÊME

### ANNÉE B – COULEUR LITURGIQUE : VIOLET

© Catherine Chion

*« Enlevez cela d'ici. Cessez de faire de la maison de mon Père une maison de commerce. »* Jean 2, 16

**Le sanctuaire dont Jésus parle,** ce n'est pas le Temple de Jérusalem, fait de pierres, dont la construction a duré quarante-six ans. Le sanctuaire dont il parle, c'est son corps. En route vers Pâques, rappelons-nous que le Christ est victorieux du mal et de la mort. Ayons foi dans les paroles du Christ et accueillons le grand signe de sa mort et de sa résurrection. Marchons vers la vie.

## RITES INITIAUX

***Chant d'entrée*** *(Suggestions p. 386)*

*OU*

***Antienne d'ouverture***

J'ai toujours les yeux tournés vers le Seigneur :
il tirera mes pieds du filet. Regarde, et prends pitié de moi,
de moi qui suis seul et misérable. (cf. Ps 24, 15-16)

*OU*

Quand je manifesterai, par vous, ma sainteté, je vous rassemblerai de tous les pays, dit le Seigneur. Je répandrai sur vous une eau pure, et vous serez purifiés de toutes vos souillures. Et je mettrai en vous un esprit nouveau. (cf. Ez 36, 23-26)

***Suggestion de préparation pénitentielle*** *(ou p. 352)*

Jésus nous invite à accueillir ses paroles de vie. En toute confiance, tournons-nous vers lui et reconnaissons notre péché.

Seigneur Jésus, ta loi redonne vie, tes préceptes réjouissent le cœur. Prends pitié de nous. ***— Prends pitié de nous.***

Ô Christ, tes commandements clarifient le regard, ils nous guident sur un chemin de vie. Prends pitié de nous.
***— Prends pitié de nous.***

Seigneur, tes décisions sont justes, ta miséricorde est plus savoureuse que le miel. Prends pitié de nous. ***— Prends pitié de nous.***

Que Dieu tout-puissant nous fasse miséricorde ; qu'il nous pardonne nos péchés et nous conduise à la vie éternelle. **– *Amen.***

*Pendant le Carême, on omet le Gloire à Dieu.*

### *Prière*

Seigneur Dieu, source de toute bonté, et de toute miséricorde, tu nous as montré comment guérir du péché par le jeûne, la prière et le partage ; accueille favorablement l'aveu de notre faiblesse, et puisque nous prenons humblement conscience de nos fautes, que ta miséricorde nous relève sans cesse. Par Jésus… **– *Amen.***

## LITURGIE DE LA PAROLE

*On peut privilégier, ce 3ᵉ dimanche de Carême, les lectures de l'année A dans les communautés où des adultes se préparent au baptême (Ex 17, 3-7 ; Rm 5, 1-2.5-8 ; Jn 4, 5-42).*

### *Lecture* du livre de l'Exode (20, 1-17)

*Lecture brève : Ex 20, 1-3.7-8.12-17*

*La Loi fut donnée par Moïse*

**En ces jours-là, sur le Sinaï, Dieu prononça toutes les paroles que voici : « Je suis le Seigneur ton Dieu, qui t'ai fait sortir du pays d'Égypte, de la maison d'esclavage. Tu n'auras pas d'autres dieux en face de moi.** *Interruption de la lecture brève*

« Tu ne feras aucune idole, aucune image de ce qui est là-haut dans les cieux, ou en bas sur la terre, ou dans les eaux par-dessous la terre. Tu ne te prosterneras pas devant ces dieux, pour leur rendre un culte. Car moi, le Seigneur ton Dieu, je suis un Dieu jaloux : chez ceux qui me haïssent, je punis la faute des pères sur les fils, jusqu'à la troisième et la quatrième génération ; mais ceux qui m'aiment et observent mes commandements, je leur montre ma fidélité jusqu'à la millième génération.

*Reprise de la lecture brève*

Tu n'invoqueras pas en vain le nom du Seigneur ton Dieu, car le Seigneur ne laissera pas impuni celui qui invoque en vain son nom. Souviens-toi du jour du sabbat pour le sanctifier.

*Interruption de la lecture brève*

« Pendant six jours tu travailleras et tu feras tout ton ouvrage ; mais le septième jour est le jour du repos, sabbat en l'honneur du Seigneur ton Dieu : tu ne feras aucun ouvrage, ni toi, ni ton fils, ni ta fille, ni ton serviteur, ni ta servante, ni tes bêtes, ni l'immigré qui est dans ta ville. Car en six jours le Seigneur a fait le ciel, la terre, la mer et tout ce qu'ils contiennent, mais il s'est reposé le septième jour. C'est pourquoi le Seigneur a béni le jour du sabbat et l'a sanctifié.

*Reprise de la lecture brève*

« Honore ton père et ta mère, afin d'avoir longue vie sur la terre que te donne le Seigneur ton Dieu. Tu ne commettras pas de

meurtre. Tu ne commettras pas d'adultère. Tu ne commettras pas de vol. Tu ne porteras pas de faux témoignage contre ton prochain. Tu ne convoiteras pas la maison de ton prochain ; tu ne convoiteras pas la femme de ton prochain, ni son serviteur, ni sa servante, ni son bœuf, ni son âne : rien de ce qui lui appartient. »
– Parole du Seigneur

## *Psaume* 18B (19)

℟ ***Seigneur, tu as les paroles de la vie éternelle.***

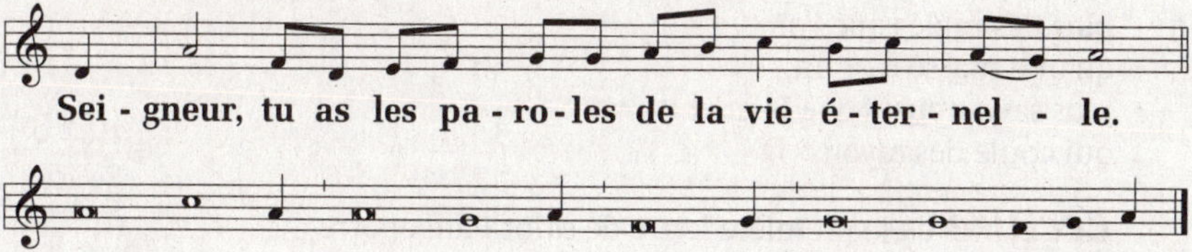


*T. : AELF ; M. : L. Groslambert ; Éd. : ADF.*

La loi du Seigneur est parfaite,
qui redonne vie ;
la charte du Seigneur est sûre,
qui rend sages les simples. ℟

Retrouvez
ce psaume sur le CD
"Les psaumes
de l'année B"

℟ ***Seigneur, tu as les paroles de la vie éternelle.***

Les préceptes du Seigneur sont droits,
ils réjouissent le cœur ;
le commandement du Seigneur est limpide,
il clarifie le regard. ℟

La crainte qu'il inspire est pure,
elle est là pour toujours ;
les décisions du Seigneur sont justes
et vraiment équitables : ℟

plus désirables que l'or,
qu'une masse d'or fin,
plus savoureuses que le miel
qui coule des rayons. ℟

## *Lecture* de la première lettre de saint Paul apôtre aux Corinthiens (1, 22-25)

*« Nous proclamons un Messie crucifié, scandale pour les hommes, mais pour ceux que Dieu appelle, il est sagesse de Dieu »*

**Frères, alors que les Juifs réclament des signes miraculeux, et que les Grecs recherchent une sagesse, nous, nous proclamons un Messie crucifié, scandale pour les Juifs, folie pour les nations païennes. Mais pour ceux que Dieu appelle, qu'ils soient juifs ou grecs, ce Messie, ce Christ, est puissance de Dieu et sagesse de Dieu.**

Car ce qui est folie de Dieu est plus sage que les hommes, et ce qui est faiblesse de Dieu est plus fort que les hommes.
– Parole du Seigneur

*Acclamation de l'Évangile*

***Gloire au Christ, Sagesse éternelle du Dieu vivant. Gloire à toi, Seigneur.*** Dieu a tellement aimé le monde qu'il a donné son Fils unique, afin que ceux qui croient en lui aient la vie éternelle. ***Gloire au Christ, Sagesse éternelle du Dieu vivant. Gloire à toi, Seigneur.***

*U77-01; T. : AELF; M. : P. Robert; ADF Musique.*

## *Évangile de Jésus Christ* selon saint Jean (2, 13-25)

*« Détruisez ce sanctuaire, et en trois jours je le relèverai »*

Comme la Pâque juive était proche, Jésus monta à Jérusalem. Dans le Temple, il trouva installés les marchands de bœufs, de brebis et de colombes, et les changeurs. Il fit un fouet avec des cordes, et les chassa tous du Temple, ainsi que les brebis et les bœufs ; il jeta par terre la monnaie des changeurs, renversa leurs comptoirs, et dit aux marchands de colombes : « Enlevez cela d'ici. Cessez de faire de la maison de mon Père une maison de commerce. » Ses disciples se rappelèrent qu'il est écrit : *L'amour de ta maison fera mon tourment*. Des Juifs l'interpellèrent : « Quel signe peux-tu nous donner pour agir ainsi ? » Jésus leur répondit : « Détruisez ce sanctuaire, et en trois jours je le relèverai. » Les Juifs lui répliquèrent : « Il a fallu quarante-six ans pour bâtir ce sanctuaire, et toi, en trois jours tu le relèverais ! » Mais lui parlait du sanctuaire de son corps.

Aussi, quand il se réveilla d'entre les morts, ses disciples se rappelèrent qu'il avait dit cela ; ils crurent à l'Écriture et à la parole que Jésus avait dite.

Pendant qu'il était à Jérusalem pour la fête de la Pâque, beaucoup crurent en son nom, à la vue des signes qu'il accomplissait. Jésus, lui, ne se fiait pas à eux, parce qu'il les connaissait tous et n'avait besoin d'aucun témoignage sur l'homme ; lui-même, en effet, connaissait ce qu'il y a dans l'homme.

## *Homélie*

## *Profession de foi* *(p. 356)*

## *Suggestion de prière universelle*

*Le prêtre :*

En marche vers Pâques, tournons-nous Dieu notre Père. Confions-lui notre Église, notre pays et tous les habitants de la terre.

℟ ***Écoute-nous, Dieu très bon.***

*Y 21-82; T. et M. : J. Gelineau (CNA n°215-5); Bayard Liturgie.*

*Le diacre ou un lecteur :*

Prions pour les catéchumènes qui seront baptisés à Pâques, qu'ils vivent ces ultimes semaines de préparation dans la confiance et dans la joie. Ensemble, prions le Seigneur. ℟

Prions pour nos responsables politiques, qu'ils légifèrent en faveur des plus pauvres, des plus délaissés et des exilés de la société. D'un même cœur, prions le Seigneur. ℟

Prions pour ceux qui risquent leur vie pour l'Évangile, que leur courage et leur élan missionnaire soient signe d'espérance pour toute la terre. Avec le pape François, prions le Seigneur. ℟

Prions pour nous tous rassemblés en ce jour, en ce temps de Carême, que grandisse en nous la foi dans le Christ Ressuscité. Avec audace, prions le Seigneur. ℟

*(Ces intentions seront adaptées ou modifiées selon les circonstances.)*

*Le prêtre :*

Dieu notre Père, alors que nous marchons vers Pâques, écoute nos prières, exauce-les, par le Christ, notre Seigneur. ***— Amen.***

## LITURGIE EUCHARISTIQUE

### *Prière sur les offrandes*

Par ce sacrifice, Seigneur de bonté, alors que nous implorons le pardon de nos fautes, accorde-nous d'avoir à cœur de pardonner celles de nos frères. Par le Christ, notre Seigneur. ***— Amen.***

### *Prière eucharistique* *(1re ou 2e préface du Carême, p. 359)*

*OU lorsque l'évangile de la Samaritaine (Jn 4, 5-42) a été lu :*

Vraiment, il est juste et bon, pour ta gloire et notre salut, de t'offrir notre action de grâce, toujours et en tout lieu, Seigneur, Père très saint, Dieu éternel et tout-puissant, par le Christ, notre Seigneur. Quand il demandait à la Samaritaine de lui donner à boire, il lui faisait déjà le don de la foi ; de cette foi, il manifesta une telle soif qu'il fit naître en elle le feu de l'amour de Dieu. C'est pourquoi nous te rendons grâce et, avec les anges, nous chantons tes merveilles en proclamant : ***Saint ! Saint ! Saint...***

## *Chant de communion* *(Suggestions p. 386)*

*OU*

## *Antienne de la communion*

Le passereau lui-même s'est trouvé une maison,
et la tourterelle, un nid pour abriter sa couvée :
tes autels, Seigneur de l'univers, mon Roi et mon Dieu !
Heureux les habitants de ta maison :
ils te loueront pour les siècles des siècles.
(cf. Ps 83, 4-5)

*OU lorsque l'évangile de la Samaritaine (Jn 4, 5-42) a été lu :*

L'eau que moi, je donnerai, dit le Seigneur,
deviendra en celui qui en boira
source d'eau jaillissant pour la vie éternelle.
(cf. Jn 4, 13-14)

## *Prière après la communion*

Nous avons reçu de toi, Seigneur, un avant-goût des mystères du ciel, et, dès cette terre, nous sommes rassasiés par le pain venu d'en haut ; nous t'en supplions : donne-nous de mettre en œuvre ce que le sacrement réalise en nous. Par le Christ, notre Seigneur. ***— Amen.***

### *Prière sur le peuple*

*Le prêtre peut dire la prière suivante :*

Dirige, Seigneur, le cœur de tes fidèles et, dans ta bienveillance, donne à ceux qui te servent la grâce d'accomplir la plénitude de tes commandements en demeurant dans l'amour pour toi et pour le prochain. Par le Christ, notre Seigneur. — ***Amen.***

## RITE DE CONCLUSION

### *Bénédiction*

### *Envoi*

**COMMENTAIRE DU DIMANCHE**

**Jonathan Guilbault,** directeur éditorial de *Prions en Église* Canada

# Châtiment divin ?

Dieu, qui énonce des commandements, se déclare « jaloux », profère des menaces... Les textes d'aujourd'hui semblent dépeindre un Dieu « humain, trop humain ». La scène de colère que fait Jésus au Temple semble renforcer l'idée que nous avons intérêt, pauvres créatures, à nous tenir bien droit tout au long de notre vie si nous voulons éviter le châtiment divin.

Mais au-delà de l'impression, si nous creusons un peu plus, le tableau s'éclaircit. C'est une bonne nouvelle qui nous est communiquée : le chemin de la vie est possible. Il est ouvert devant nous.

Au sens strict, Dieu ne punit pas. Jésus non plus : les marchands chassés du Temple passent, certes, un mauvais quart d'heure mais ils ne sont pas châtiés ni pris à partie individuellement. •••

••• Si Jésus cherchait à les punir, quel échec ! Mais non, il voulait plutôt interpeller les cœurs, dessiller les yeux.
Le péché renferme sa propre peine et sa propre condamnation. Nul besoin d'un Dieu qui en rajoute en temps réel, un éclair à la main, du haut des nuages. Pécher nous égare, nous fait dévier hors de la voie qui donne à la vie son sens. Et c'est tout un enfer que d'être ainsi éloigné de ce qui seul peut faire notre joie.
Dieu ne punit pas vraiment, il « clarifie le regard », comme l'exprime le psaume. La crainte qu'il inspire n'est pas la peur : c'est simplement le sentiment sain, naturel de la créature que nous sommes, petite et imparfaite, devant la majesté d'un Dieu qui aime infiniment. Avoir foi en lui, c'est précisément être libéré de la peur.

Ai-je déjà eu peur de Dieu, d'être condamné par lui ?
Ai-je déjà senti que le fait de me savoir aimé de Dieu « clarifiait mon regard », m'aidait à retrouver du sens à ma vie ? ■

Prions en Église junior

## LIRE L'ÉVANGILE AVEC LES ENFANTS



## CE QUE JE DÉCOUVRE

Jésus se met en colère parce que le Temple, la maison de son père, a été transformé en magasin. Il annonce que le vrai Temple, désormais, c'est lui, parce qu'il est le Fils de Dieu. C'est pour ça que sa mort est importante : **Jésus nous aime jusqu'à donner sa vie.** Et sa résurrection est encore plus importante : **sa vie et son amour sont plus forts que la mort !**

## CE QUE JE VIS

Et toi, qu'est-ce qui te met en colère ?
Qu'es-tu prêt à donner par amour ?

**Aujourd'hui, comme lors de ta prochaine colère, tu peux réciter cette prière :**
**« Jésus, Fils de Dieu, aie pitié de moi. »**

Texte : Frédéric Pascal. Illustrations : Marcelino Truong

## MÉDITATION BIBLIQUE

### 3E DIMANCHE DE CARÊME

1re lettre aux Corinthiens 1, 22-25; Évangile selon saint Jean 2, 13-25

# « La Pâque était proche »

**Pâque juive et Pâque de Jésus jettent leur lumière sur l'épisode rapporté par l'évangile de ce troisième dimanche de Carême. Deux événements qui bouleversent nos représentations de Dieu et nous ouvrent un chemin de libération.**

### Le temps de la préparation

**« L'heure vient – et c'est maintenant – où les vrais adorateurs adoreront le Père en esprit et vérité. » (Jn 4, 23)**

### Le temps de l'observation

La Pâque juive fait mémoire de la libération d'Égypte et ouvre au peuple d'Israël un avenir de pérégrination : Dieu chemine au milieu de son peuple, ainsi que le chante le psaume 114. De fait, comment la mer se serait-elle « enfuie » si Dieu n'habitait le sanctuaire qu'est pour lui Israël ? Après l'entrée en Terre promise, ni l'édification du premier Temple ni celle du second n'ont fait l'unanimité en Israël. La tentation n'est-elle pas de se sentir propriétaire de Dieu et/ou de se dédouaner du labeur de la conversion en offrant des « sacrifices » qui n'engagent que ponctuellement ? Ne s'agit-il pas plutôt de « respecter le droit », d'« aimer la fidélité » et de « marcher avec son Dieu » (Mi 6, 8) ? En chassant les animaux destinés aux sacrifices et non pas les vendeurs du Temple (comme dans les évangiles synoptiques), Jésus stigmatise les déviations liées au culte et rappelle que « le Très-Haut n'habite pas dans ce qui est fait de main d'homme » (Ac 7, 48).

## Le temps de la méditation

En écho à l'évangile, la deuxième lecture vient également remettre en question nos représentations de Dieu tel qu'il se révèle en Jésus « Messie crucifié, scandale pour les Juifs, folie pour les nations païennes ». Dieu n'est donc pas là où on l'attend spontanément : dans la force, la grandeur, la beauté du culte. Il se rend présent dans les membres de son corps, un corps vulnérable que lui seul, en tant que vrai Dieu, peut relever. Préalable à la révélation de l'adoration en esprit et en vérité, l'évangile nous invite à découvrir que Dieu a fait sa demeure en nous et en nos semblables : ce qui change notre regard sur le monde qui nous entoure. Alors, comme le dit Maurice Zundel : « L'oraison de tous les jours, c'est cette oraison sur la vie qui permet à chacun de découvrir en chacun ce Dieu caché en toute conscience humaine. » C'est cette « contemplation qui, du matin au soir, découvre une présence divine au cœur des choses » *(Je ne crois pas en Dieu, je le vis).*

## Le temps de la prière

**« Gloire au Christ, Sagesse éternelle du Dieu vivant. »**

**Emmanuelle Billoteau,** ermite ■

L'ÉVÉNEMENT

VENDREDI 8 ET SAMEDI 9 MARS

# Dans le Tarn, les 24 heures pour le Seigneur

**Des temps d'adoration et de réconciliation sont organisés dans les paroisses vendredi et samedi de cette semaine, comme ici dans le Tarn.**

Depuis dix ans, de nombreuses paroisses ont suivi l'initiative du pape François (voir encadré) et organisent leur propre évènement. C'est le cas de la paroisse Saint-Vincent-de-Paul, dans les villes de Rabastens et Saint-Sulpice dans le Tarn. Pendant 24 heures l'adoration et la confession sont proposées. Un évènement ouvert à tous : enfants, parents et grands-parents. « Ici, ce sont des 24 heures pour le Seigneur extensibles », s'amuse Philippe Basquin, curé de la paroisse, puisqu'elles commencent la semaine précédente, dans les établissements scolaires du secteur. Les prêtres de la paroisse se rendent disponibles pendant une permanence sur les heures de pause. L'occasion de discuter avec les élèves du primaire et du collège qui le souhaitent, mais aussi d'évoquer et de proposer le sacrement de la réconciliation.

Le samedi 9 mars, dans les deux églises de la paroisse, une messe précédera une nuit d'adoration et de confession, jusqu'au petit matin du

Adoration du Saint-Sacrement, Congrès Mission, octobre 2022, Paris (75).

dimanche. « Chaque paroissien qui le désire peut s'inscrire sur un créneau d'une demi-heure, explique le curé avant d'ajouter : parfois certains font deux heures. » Le dimanche 10 mars, une messe pour les familles avec les étapes du scrutin du baptême clôturera ces « 24 heures ».

« Cet évènement marquant du Carême tourne autour du sacrement de la réconciliation mais pas seulement, souligne le père Philippe Basquin. C'est aussi un moment pendant lequel chacun peut se poser des questions sur son rapport à Dieu, aux autres, au travail. Enfin, c'est une invitation à se demander : "Que faire de cette masse d'amour que l'on reçoit ?" » ■

**Anne-Quitterie Jozeau,** journaliste

## LES 10 ANS DES « 24 HEURES POUR LE SEIGNEUR »

C'est en 2014 que le pape François a institué les « 24 heures pour le Seigneur », les deux jours précédant le quatrième dimanche de Carême, cette année les 8 et 9 mars. Cette démarche de réconciliation est vécue en communion avec l'Église universelle. Dans le monde entier, chaque diocèse est invité à laisser au moins une église ouverte avec la possibilité de l'adoration et de la confession.

# LUNDI 4 MARS 2024

**3E SEMAINE DE CARÊME COULEUR LITURGIQUE : VIOLET**

**Temps du Carême,** *messe de la férie*
*(Saint Casimir)*

*Antienne d'ouverture*

**Mon âme s'épuise à désirer les parvis du Seigneur ;**
**mon cœur et ma chair sont un cri de joie vers le Dieu vivant !** (cf. Ps 83, 3)

*Prière*

Que ta miséricorde inlassable, Seigneur, purifie et protège ton Église ; et puisque sans toi, elle ne peut demeurer en ton salut : dans ta grâce gouverne-la toujours. Par Jésus… — ***Amen.***

## Lecture

du deuxième livre des Rois (5, 1-15a)

*« Il y avait beaucoup de lépreux en Israël ;*
*et aucun d'eux n'a été purifié, mais bien Naaman le Syrien »*

**En ces jours-là, Naaman, général de l'armée du roi d'Aram, était un homme de grande valeur et hautement estimé par son maître, car c'est par lui que le Seigneur avait donné la victoire au royaume d'Aram. Or, ce vaillant guerrier était lépreux. Des Araméens, au cours d'une expédition en terre d'Israël, avaient fait prisonnière une fillette qui fut mise au service de la femme de Naaman. Elle dit à sa maîtresse : « Ah ! si mon maître s'adressait au prophète qui est à Samarie, celui-ci le délivrerait de sa**

lèpre. » Naaman alla auprès du roi et lui dit : « Voilà ce que la jeune fille d'Israël a déclaré. » Le roi d'Aram lui répondit : « Va, mets-toi en route. J'envoie une lettre au roi d'Israël. » Naaman partit donc ; il emportait dix lingots d'argent, six mille pièces d'or et dix vêtements de fête. Il remit la lettre au roi d'Israël. Celle-ci portait : « En même temps que te parvient cette lettre, je t'envoie Naaman mon serviteur, pour que tu le délivres de sa lèpre. » Quand le roi d'Israël lut ce message, il déchira ses vêtements et s'écria : « Est-ce que je suis Dieu, maître de la vie et de la mort ? Ce roi m'envoie un homme pour que je le délivre de sa lèpre ! Vous le voyez bien : c'est une provocation ! » Quand Élisée, l'homme de Dieu, apprit que le roi d'Israël avait déchiré ses vêtements, il lui fit dire : « Pourquoi as-tu déchiré tes vêtements ? Que cet homme vienne à moi, et il saura qu'il y a un prophète en Israël. » Naaman arriva avec ses chevaux et son char, et s'arrêta à la porte de la maison d'Élisée. Élisée envoya un messager lui dire : « Va te baigner sept fois dans le Jourdain, et ta chair redeviendra nette, tu seras purifié. » Naaman se mit en colère et s'éloigna en disant : « Je m'étais dit : Sûrement il va sortir, et se tenir debout pour invoquer le nom du Seigneur son Dieu ; puis il agitera sa main au-dessus de l'endroit malade et guérira ma lèpre. Est-ce que les fleuves de Damas, l'Abana et le Parpar, ne valent pas mieux que toutes les eaux d'Israël ? Si je m'y baignais, est-ce que je ne serais pas purifié ? » Il tourna bride et partit en colère. Mais ses serviteurs s'approchèrent pour lui dire : « Père ! Si le prophète t'avait ordonné quelque chose de difficile, tu l'aurais fait, n'est-ce pas ? Combien plus, lorsqu'il te dit : "Baigne-toi,

et tu seras purifié." » Il descendit jusqu'au Jourdain et s'y plongea sept fois, pour obéir à la parole de l'homme de Dieu ; alors sa chair redevint semblable à celle d'un petit enfant : il était purifié ! Il retourna chez l'homme de Dieu avec toute son escorte ; il entra, se présenta devant lui et déclara : « Désormais, je le sais : il n'y a pas d'autre Dieu, sur toute la terre, que celui d'Israël ! »
– Parole du Seigneur

## *Psaume* 41 (42)

℟ ***Mon âme a soif de Dieu, le Dieu vivant.***

Comme un cerf altéré
cherche l'eau vive,
ainsi mon âme te cherche,
toi, mon Dieu. ℟

Mon âme a soif de Dieu,
le Dieu vivant ;
quand pourrai-je m'avancer,
paraître face à Dieu ? ℟

Envoie ta lumière et ta vérité :
qu'elles guident mes pas
et me conduisent à ta montagne sainte,
jusqu'en ta demeure. ℟

J'avancerai jusqu'à l'autel de Dieu,
vers Dieu qui est toute ma joie ;
je te rendrai grâce avec ma harpe,
Dieu, mon Dieu ! ℟

## *Acclamation de l'Évangile*

***Gloire au Christ, Sagesse éternelle du Dieu vivant. Gloire à toi, Seigneur.*** J'espère le Seigneur, et j'attends sa parole ; près du Seigneur est l'amour, l'abondance du rachat. ***Gloire au Christ, Sagesse éternelle du Dieu vivant. Gloire à toi, Seigneur.***

## *Évangile de Jésus Christ*

selon saint Luc (4, 24-30)

*Jésus, comme Élie et Élisée, n'est pas envoyé qu'aux seuls Juifs*

Dans la synagogue de Nazareth, Jésus déclara : « Amen, je vous le dis : aucun prophète ne trouve un accueil favorable dans son pays. En vérité, je vous le dis : Au temps du prophète Élie, lorsque pendant trois ans et demi le ciel retint la pluie, et qu'une grande famine se produisit sur toute la terre, il y avait beaucoup de veuves en Israël ; pourtant Élie ne fut envoyé vers aucune d'entre elles, mais bien dans la ville de Sarepta, au pays de Sidon, chez une veuve étrangère. Au temps du prophète Élisée, il y avait beaucoup de lépreux en Israël ; et aucun d'eux n'a été purifié, mais bien Naaman le Syrien. » À ces mots, dans la synagogue, tous devinrent furieux. Ils se levèrent, poussèrent Jésus hors de la ville, et le menèrent jusqu'à un escarpement de la colline où leur ville est construite, pour le précipiter en bas. Mais lui, passant au milieu d'eux, allait son chemin.

### *Prière sur les offrandes*

Fidèles à te servir, Seigneur, nous te présentons ces offrandes : transforme-les toi-même en sacrement de notre salut. Par le Christ, notre Seigneur. ***— Amen.***

*Préface du Carême, p. 359.*

### *Antienne de la communion*

Louez le Seigneur, tous les peuples !
Son amour envers nous
s'est montré le plus fort.
(Ps 116, 1.2)

### *Prière après la communion*

Que notre communion à ton sacrement, Seigneur, purifie chacun de nous, et réalise notre unité. Par le Christ, notre Seigneur.

**— *Amen.***

### *Prière sur le peuple*

*Le prêtre peut dire la prière suivante :*

Que ta droite, Seigneur, protège ton peuple en prière ; qu'elle le purifie et lui apprenne à mettre à profit la consolation reçue dès maintenant, pour avancer vers les biens à venir. Par le Christ, notre Seigneur. **— *Amen.***

## INVITATION

Comment puis-je incarner l'intention de prière proposée par le pape en ce mois de mars (lire page 6) ?

## COMMENTAIRE

**Les paroles ne suffisent pas**

Luc 4, 24-30

**« Aucun prophète ne trouve un accueil favorable dans son pays. » Nos proches sont si souvent attachés à leurs habitudes. Invités à ajuster leur vie à la lumière de l'Évangile, ils font parfois la sourde oreille. Les paroles ne suffisent pas. C'est notre cohérence de vie chrétienne qui peut nous rendre audibles. Notre parole aura alors du poids dans les lieux d'échange ou de dialogue. ■**

***Jean-Paul Musangania,*** *prêtre assomptionniste*

# MARDI 5 MARS 2024

3E SEMAINE DE CARÊME COULEUR LITURGIQUE : VIOLET

**Temps du Carême,** *messe de la férie*



*Antienne d'ouverture*

**Je t'appelle, toi, le Dieu qui répond :**
**écoute-moi, entends ce que je dis.**
**Garde-moi comme la prunelle de l'œil ;**
**à l'ombre de tes ailes, cache-moi.** (Ps 16, 6.8)

*Prière*

Que ta grâce ne nous abandonne pas, Seigneur, nous t'en prions : qu'elle nous consacre à ton service et nous obtienne toujours ton aide. Par Jésus… ***— Amen.***

## Lecture

du livre du prophète Daniel (3, 25.34-43)

*« Avec nos cœurs brisés, nos esprits humiliés, reçois-nous »*

**En ces jours-là, Azarias, debout, priait ainsi ; au milieu du feu, ouvrant la bouche, il dit : « À cause de ton nom, ne nous livre pas pour toujours et ne romps pas ton alliance. Ne nous retire pas ta miséricorde, à cause d'Abraham, ton ami, d'Isaac, ton serviteur, et d'Israël que tu as consacré. Tu as dit que tu rendrais leur descendance aussi nombreuse que les astres du ciel, que le sable au rivage des mers.**

**Or nous voici, ô Maître, le moins nombreux de tous les peuples, humiliés**

aujourd'hui sur toute la terre, à cause de nos péchés. Il n'est plus, en ce temps, ni prince ni chef ni prophète, plus d'holocauste ni de sacrifice, plus d'oblation ni d'offrande d'encens, plus de lieu où t'offrir nos prémices pour obtenir ta miséricorde. Mais, avec nos cœurs brisés, nos esprits humiliés, reçois-nous, comme un holocauste de béliers, de taureaux, d'agneaux gras par milliers. Que notre sacrifice, en ce jour, trouve grâce devant toi, car il n'est pas de honte pour qui espère en toi.

Et maintenant, de tout cœur, nous te suivons, nous te craignons et nous cherchons ta face. Ne nous laisse pas dans la honte, agis envers nous selon ton indulgence et l'abondance de ta miséricorde. Délivre-nous en renouvelant tes merveilles, glorifie ton nom, Seigneur. » – Parole du Seigneur

## *Psaume* 24 (25)

℟ ***Rappelle-toi, Seigneur, ta tendresse.***

Seigneur, enseigne-m<u>o</u>i tes voies,
fais-moi conn<u>a</u>ître ta route.
Dirige-moi par ta vérit<u>é</u>, enseigne-moi,
car tu es le Die<u>u</u> qui me sauve. ℟

Rappelle-toi, Seigne<u>u</u>r, ta tendresse,
ton amour qui <u>e</u>st de toujours.
Dans ton amo<u>u</u>r, ne m'oublie pas,
en raison de ta bont<u>é</u>, Seigneur. ℟

Il est droit, il est b<u>o</u>n, le Seigneur,
lui qui montre aux péche<u>u</u>rs le chemin.
Sa justice dir<u>i</u>ge les humbles,
il enseigne aux h<u>u</u>mbles son chemin. ℟

3-9

*Acclamation de l'Évangile*

***Gloire à toi, Seigneur, honneur, puissance et majesté !*** Maintenant, dit le Seigneur, revenez à moi de tout votre cœur, car je suis tendre et miséricordieux. ***Gloire à toi, Seigneur, honneur, puissance et majesté !***

## *Évangile de Jésus Christ*

selon saint Matthieu (18, 21-35)

*« C'est ainsi que mon Père du ciel vous traitera, si chacun de vous ne pardonne pas à son frère »*

En ce temps-là, Pierre s'approcha de Jésus pour lui demander : « Seigneur, lorsque mon frère commettra des fautes contre moi, combien de fois dois-je lui pardonner ? Jusqu'à sept fois ? » Jésus lui répondit : « Je ne te dis pas jusqu'à sept fois, mais jusqu'à 70 fois sept fois. Ainsi, le royaume des Cieux est comparable à un roi qui voulut régler ses comptes avec ses serviteurs. Il commençait, quand on lui amena quelqu'un qui lui devait dix mille talents (c'est-à-dire soixante millions de pièces d'argent). Comme cet homme n'avait pas de quoi rembourser, le maître ordonna de le vendre, avec sa femme, ses enfants et tous ses biens, en remboursement de sa dette. Alors, tombant à ses pieds, le serviteur demeurait prosterné et disait : "Prends patience envers moi, et je te rembourserai tout." Saisi de compassion, le maître de ce serviteur le laissa partir et lui remit sa dette.

Mais, en sortant, ce serviteur trouva un de ses compagnons qui lui devait cent pièces d'argent. Il se jeta sur lui pour l'étrangler, en disant : "Rembourse ta dette !" Alors, tombant à ses pieds, son compagnon le suppliait : “Prends patience envers moi, et je te rembourserai.” Mais l’autre refusa et le fit jeter en prison jusqu’à ce qu’il ait remboursé ce qu’il devait. Ses compagnons, voyant cela, furent profondément attristés et allèrent raconter à leur maître tout ce qui s’était passé. Alors celui-ci le fit appeler et lui dit : “Serviteur mauvais ! je t’avais remis toute cette dette parce que tu m’avais supplié. Ne devais-tu pas, à ton tour, avoir pitié de ton compagnon, comme moi-même j’avais eu pitié de toi ?” Dans sa colère, son maître le livra aux bourreaux jusqu’à ce qu’il eût remboursé tout ce qu’il devait. C’est ainsi que mon Père du ciel vous traitera, si chacun de vous ne pardonne pas à son frère du fond du cœur. »

### *Prière sur les offrandes*

Nous t’en prions, Seigneur, que ce sacrifice offert pour notre salut nous purifie de nos fautes et attire sur nous la puissance de ton pardon. Par le Christ, notre Seigneur. — ***Amen.***

*Préface du Carême, p. 359.*

### *Antienne de la communion*

Seigneur, qui séjournera
sous ta tente ?
Qui habitera ta sainte montagne ?
Celui qui se conduit parfaitement,
qui agit avec justice.
(Ps 14, 1-2)

### *Prière après la communion*

Que cette participation à ton saint mystère, Seigneur, fasse grandir en nous la vie : qu’elle nous apporte à la fois le rachat de nos fautes et le secours de ta protection. Par le Christ, notre Seigneur. — ***Amen.***

### *Prière sur le peuple*

*Le prêtre peut dire la prière suivante :*

Seigneur Dieu, toi qui formes et diriges ton peuple, repousse les péchés qui l'assaillent, afin qu'il puisse toujours te plaire, et que ta protection le délivre de toute inquiétude. Par le Christ, notre Seigneur. — ***Amen.***

## INVITATION

« Rappelle-toi, Seigneur, ta tendresse », chante le psalmiste.
Je peux noter les moments où j'ai ressenti la tendresse de Dieu.

## COMMENTAIRE

### Les ponts du pardon

Matthieu 18, 21-35

**Les offenses, les querelles, les oppositions assaillent nos vies. Au moment de la crise relationnelle, quand tout semble se brouiller, le Carême nous invite à oser l'expérience fraternelle du pardon. Oui, la prière et le dialogue peuvent nous permettre de surmonter les rancœurs et les disputes. Entrer dans la manière de penser que l'autre déploie, c'est créer des ponts plutôt que dresser des murs qui divisent. Et c'est marcher ensemble vers la sainteté. ■**

***Jean-Paul Musangania****, prêtre assomptionniste*

# MERCREDI 6 MARS 2024

3E SEMAINE DE CARÊME COULEUR LITURGIQUE : VIOLET

**Temps du Carême,** *messe de la férie*

## *Antienne d'ouverture*

**Que ta promesse assure mes pas :**
**qu'aucun mal ne triomphe de moi !**
(Ps 118, 133)

## *Prière*

Nous t'en prions, Seigneur, formés à l'école du Carême et nourris de ta parole, fais que nous soyons de tout cœur à ton service par notre effort de pénitence et toujours unanimes à te prier. Par Jésus… ***— Amen.***

## Lecture

du livre du Deutéronome (4, 1.5-9)

*« Vous garderez mes décrets, vous les mettrez en pratique »*

**Moïse disait au peuple : « Maintenant, Israël, écoute les décrets et les ordonnances que je vous enseigne pour que vous les mettiez en pratique. Ainsi vous vivrez, vous entrerez, pour en prendre possession, dans le pays que vous donne le Seigneur, le Dieu de vos pères. Voyez, je vous enseigne les décrets et les ordonnances que le Seigneur mon Dieu m'a donnés pour vous, afin que vous les mettiez en pratique dans le pays où vous allez entrer pour en prendre possession. Vous les garderez, vous**

les mettrez en pratique ; ils seront votre sagesse et votre intelligence aux yeux de tous les peuples. Quand ceux-ci entendront parler de tous ces décrets, ils s'écrieront : "Il n'y a pas un peuple sage et intelligent comme cette grande nation !" Quelle est en effet la grande nation dont les dieux soient aussi proches que le Seigneur notre Dieu est proche de nous chaque fois que nous l'invoquons ? Et quelle est la grande nation dont les décrets et les ordonnances soient aussi justes que toute cette Loi que je vous donne aujourd'hui ? Mais prends garde à toi : garde-toi de jamais oublier ce que tes yeux ont vu ; ne le laisse pas sortir de ton cœur un seul jour. Enseigne-le à tes fils, et aux fils de tes fils. »

– Parole du Seigneur



## *Psaume* 147 (147B)

℟ ***Glorifie le Seigneur, Jérusalem ! Célèbre ton Dieu, ô Sion !***

Glorifie le Seigneur, Jérusalem !
Célèbre ton Dieu, ô Sion !
Il a consolidé les barres de tes portes,
dans tes murs il a béni tes enfants. ℟

Il envoie sa parole sur la terre :
rapide, son verbe la parcourt.
Il étale une toison de neige,
il sème une poussière de givre. ℟

Il révèle sa parole à Jacob,
ses volontés et ses lois à Israël.
Pas un peuple qu'il ait ainsi traité ;
nul autre n'a connu ses volontés. ℟

### *Acclamation de l'Évangile*

***Gloire à toi, Seigneur, Fils du Dieu vivant !*** Tes paroles, Seigneur, sont esprit et elles sont vie. Tu as les paroles de la vie éternelle. ***Gloire à toi, Seigneur, Fils du Dieu vivant !***

## *Évangile de Jésus Christ*

selon saint Matthieu (5, 17-19)

*« Celui qui les observera et les enseignera, celui-là sera déclaré grand »*

**En ce temps-là, Jésus disait à ses disciples : « Ne pensez pas que je sois venu abolir la Loi ou les Prophètes : je ne suis pas venu abolir, mais accomplir. Amen, je vous le dis : Avant que le ciel et la terre disparaissent, pas un seul iota, pas un seul trait ne disparaîtra de la Loi jusqu'à ce que tout se réalise. Donc, celui qui rejettera un seul de ces plus petits commandements, et qui enseignera aux hommes à faire ainsi, sera déclaré le plus petit dans le royaume des Cieux. Mais celui qui les observera et les enseignera, celui-là sera déclaré grand dans le royaume des Cieux. »**

### *Prière sur les offrandes*

Nous t'en prions, Seigneur, accueille les supplications de ton peuple quand il te présente ce sacrifice ; et, par la célébration de tes mystères, protège-nous de tout danger. Par le Christ, notre Seigneur. — ***Amen.*** *Préface du Carême, p. 359.*

### *Antienne de la communion*

Tu m'apprends le chemin de la vie :
devant ta face, débordement de joie,
Seigneur. (cf. Ps 15, 11)

### *Prière après la communion*

Que la nourriture prise à la table du ciel nous sanctifie, Seigneur ; après avoir effacé tous nos torts, qu'elle nous rende dignes de recevoir les promesses qui viennent de toi. Par le Christ, notre Seigneur. — ***Amen.***

### *Prière sur le peuple*

*Le prêtre peut dire la prière suivante :*

Seigneur notre Dieu, accorde à ton peuple de vouloir ce que tu veux, car lorsque tu le rends capable d'accomplir tes préceptes, alors tu le combles de bienfaits. Par le Christ, notre Seigneur. — ***Amen.***



## INVITATION

Je pourrais parler de Jésus à un enfant.
En lui envoyant le signet de ce mois-ci, par exemple ?

## COMMENTAIRE

### Un appui quotidien

Matthieu 5, 17-19

**« Celui qui les observera et les enseignera, celui-là sera déclaré grand. » Pour Jésus, la grandeur de l'homme tient à sa fidélité et à sa loyauté à la parole de Dieu. Méditer l'Évangile, c'est accepter de sortir du confort, de la suffisance et accueillir Jésus. C'est rechercher protection, sécurité, confiance et force en la puissance de Dieu. Appuyons-nous sur lui, où que nous soyons, même dans la routine quotidienne. ■**

***Jean-Paul Musangania,*** *prêtre assomptionniste*

# JEUDI 7 MARS 2024

3ᴱ SEMAINE DE CARÊME COULEUR LITURGIQUE : VIOLET

**Temps du Carême,** *messe de la férie*
*(Sainte Perpétue et sainte Félicité)*

### *Antienne d'ouverture*

**Je suis le salut de mon peuple, dit le Seigneur,**
**dans toutes les épreuves, s'il crie vers moi, je l'exaucerai ;**
**je serai son Seigneur pour toujours.**

### *Prière*

Nous t'en supplions, Seigneur souverain : à mesure qu'approche le jour où nous fêterons notre salut, accorde-nous une plus grande générosité pour nous préparer à célébrer le mystère pascal. Par Jésus… ***— Amen.***

## Lecture

du livre du prophète Jérémie (7, 23-28)

*« Voilà bien la nation qui n'a pas écouté la voix du Seigneur son Dieu »*

Ainsi parle le Seigneur : Voici l'ordre que j'ai donné à vos pères : « Écoutez ma voix : je serai votre Dieu, et vous, vous serez mon peuple ; vous suivrez tous les chemins que je vous prescris, afin que vous soyez heureux. » Mais ils n'ont pas écouté, ils n'ont pas prêté l'oreille, ils ont suivi les mauvais penchants de leur cœur endurci* ; ils ont tourné leur dos et non leur visage. Depuis le jour où vos pères sont sortis du pays d'Égypte jusqu'à ce jour, j'ai envoyé vers vous, inlassablement, tous mes serviteurs les prophètes. Mais ils ne m'ont pas écouté, ils n'ont pas prêté l'oreille, ils ont raidi leur nuque, ils ont été pires que leurs pères. Tu leur diras toutes ces paroles, et ils ne t'écouteront pas. Tu les appelleras, et ils ne te répondront pas. Alors, tu leur diras : « Voilà bien la nation qui n'a pas écouté la voix du Seigneur son Dieu, et n'a pas accepté de leçon ! La vérité s'est perdue, elle a disparu de leur bouche. » – Parole du Seigneur



## *Psaume* 94 (95)

℟ ***Aujourd'hui, ne fermez pas votre cœur, mais écoutez la voix du Seigneur.***

Venez, crions de joie pour le Seigneur,
acclamons notre Rocher, notre salut !
Allons jusqu'à lui en rendant grâce,
par nos hymnes de fête acclamons-le ! ℟

Entrez, inclinez-vous, prosternez-vous,
adorons le Seigneur qui nous a faits.
Oui, il est notre Dieu ;
nous sommes le peuple qu'il conduit. ℟

Aujourd'hui écouterez-vous sa parole ?
« Ne fermez pas votre cœur
comme au désert,
comme au jour de tentation et de défi,
où vos pères m'ont tenté et provoqué. » ℟

### *Acclamation de l'Évangile*

***Gloire à toi, Seigneur, honneur, puissance et majesté !*** Maintenant, dit le Seigneur, revenez à moi de tout votre cœur, car je suis tendre et miséricordieux.
***Gloire à toi, Seigneur, honneur, puissance et majesté !***

## *Évangile de Jésus Christ*

selon saint Luc (11, 14-23)

*« Celui qui n'est pas avec moi est contre moi »*

En ce temps-là, Jésus expulsait un démon qui rendait un homme muet. Lorsque le démon fut sorti, le muet se mit à parler, et les foules furent dans l'admiration. Mais certains d'entre eux dirent : « C'est par Béelzéboul, le chef des démons, qu'il expulse les démons. » D'autres, pour le mettre à l'épreuve, cherchaient à obtenir de lui un signe venant du ciel. Jésus, connaissant leurs pensées, leur dit : « Tout royaume divisé contre lui-même devient désert, ses maisons s'écroulent les unes sur les autres. Si Satan, lui aussi, est divisé contre lui-même, comment son royaume tiendra-t-il ? Vous dites en effet que c'est par Béelzéboul que j'expulse les démons. Mais si c'est par Béelzéboul que moi, je les expulse, vos disciples, par qui les expulsent-ils ? Dès lors, ils seront eux-mêmes vos juges. En revanche, si c'est par le doigt de Dieu que j'expulse les démons, c'est donc que le règne de Dieu est venu jusqu'à vous. Quand l'homme fort, et bien armé, garde son palais, tout ce qui lui appartient est en sécurité. Mais si un plus fort survient et triomphe de lui, il lui enlève son armement, auquel il se fiait, et il distribue tout ce dont il l'a dépouillé. Celui qui n'est pas avec moi est contre moi ; celui qui ne rassemble pas avec moi disperse. »

### *Prière sur les offrandes*

Pour que les offrandes de ton peuple te soient agréables, Seigneur, préserve-nous de toute contagion du mal : ne permets pas qu'il s'attache à de fausses joies, lui que tu veux mener à ta vérité, promise en récompense. Par le Christ, notre Seigneur. — ***Amen.*** *Préface du Carême, p. 359.*

### *Antienne de la communion*

Toi, tu promulgues des préceptes
à observer entièrement.
Puissent mes voies s'affermir
à observer tes commandements !
(Ps 118, 4-5)

### *Prière après la communion*

Par ton secours, Dieu de bonté, relève ceux que tu réconfortes par tes sacrements, afin de recueillir les fruits de ton œuvre de salut dans ces mystères et dans toute notre conduite. Par le Christ, notre Seigneur. — ***Amen.***

### *Prière sur le peuple*

*Le prêtre peut dire la prière suivante :*

Sûrs de ta miséricorde, nous implorons ta bonté, Seigneur : nous tenons de toi d'être ce que nous sommes ; de même, que ta grâce nous accorde à la fois de vouloir le bien et de pouvoir accomplir ce bien que nous voulons. Par le Christ, notre Seigneur. — ***Amen.***

## INVITATION

C'est aujourd'hui la Mi-Carême : j'essaie de repérer ce qui m'a rapproché de Dieu, depuis le mercredi des Cendres, pour pouvoir l'intensifier d'ici Pâques.

## COMMENTAIRE

### Rassemblés par Jésus

Luc 11, 14-23

**« Celui qui ne rassemble pas avec moi disperse. » La division peut stériliser la plupart de nos relations. Pourtant Jésus, lui, désire le bien pour tous. Il vient convertir en nous ce penchant à mettre les personnes dans des cases. Jésus nous aide à porter un regard bienveillant sur tous les hommes. Sans lui, nous ne pouvons pas sortir du jugement ni entrer dans la compassion. Jésus nous donne de vivre l'unité et la fraternité. ■**

***Jean-Paul Musangania**, prêtre assomptionniste*

## ✲ CLÉ DE LECTURE

### « Leur cœur endurci »

Jérémie 7, 24 *(p. 58)*

**L'expression du livre de Jérémie « le cœur endurci », lié au refus d'écouter, est reprise par l'évangile de Marc qui l'applique aux disciples de Jésus (Mc 6, 52 ; 8, 17). C'est dire que l'invitation de Dieu à revenir à lui, à écouter sa parole et à lui répondre, à laquelle Jésus ne cesse de faire écho, rencontre encore et encore le refus, l'opposition, voire une incompréhension totale. Prophète de la Nouvelle Alliance, Jérémie annonce que Dieu changera le cœur humain, le rendra complice de son dessein de bénédiction. Témoin du Ressuscité, l'évangéliste proclame que cet homme nouveau est Jésus lui-même, accordé au cœur de Dieu Père. Mais qui est prêt à le reconnaître et à prendre sa suite, en luttant contre l'esprit du mal qui revient à la charge ? ■**

***Roselyne Dupont-Roc**, bibliste*

# VENDREDI 8 MARS 2024

3E SEMAINE DE CARÊME COULEUR LITURGIQUE : VIOLET

**Temps du Carême,** *messe de la férie*
*(Saint Jean de Dieu)*



### *Antienne d'ouverture*

**Aucun parmi les dieux n'est comme toi, Seigneur,**
**car tu es grand et tu fais des merveilles, toi, Dieu, le seul.**
(cf. Ps 85, 8.10)

### *Prière*

Seigneur, nous t'en prions : dans ta bonté, répands ta grâce en nos cœurs, délivre-nous des égarements de la faiblesse humaine et accorde-nous de nous attacher avec force à tes enseignements. Par Jésus… ***— Amen.***

## Lecture

du livre du prophète Osée (14, 2-10)

*« Nous ne dirons plus à l'ouvrage de nos mains : "Tu es notre Dieu" »*

**Ainsi parle le Seigneur : Reviens, Israël, au Seigneur ton Dieu ; car tu t'es effondré par suite de tes fautes. Revenez au Seigneur en lui présentant ces paroles : « Enlève toutes les fautes, et accepte ce qui est bon. Au lieu de taureaux, nous t'offrons en sacrifice les paroles de nos lèvres. Puisque les Assyriens ne peuvent pas nous sauver, nous ne monterons plus sur des chevaux, et nous ne dirons plus à l'ouvrage de nos mains : "Tu es notre Dieu", car de toi seul l'orphelin reçoit de la tendresse. » Voici la réponse**

du Seigneur : Je les guérirai de leur infidélité, je les aimerai d'un amour gratuit*, car ma colère s'est détournée d'Israël. Je serai pour Israël comme la rosée, il fleurira comme le lis, il étendra ses racines comme les arbres du Liban. Ses jeunes pousses vont grandir, sa parure sera comme celle de l'olivier, son parfum, comme celui de la forêt du Liban. Ils reviendront s'asseoir à son ombre, ils feront revivre le froment, ils fleuriront comme la vigne, ils seront renommés comme le vin du Liban. Éphraïm ! Peux-tu me confondre avec les idoles ? C'est moi qui te réponds et qui te regarde. Je suis comme le cyprès toujours vert, c'est moi qui te donne ton fruit. Qui donc est assez sage pour comprendre ces choses, assez pénétrant pour les saisir ? Oui, les chemins du Seigneur sont droits : les justes y avancent, mais les pécheurs y trébuchent.
– Parole du Seigneur

## *Psaume* 80 (81)

℟ ***C'est moi, le Seigneur ton Dieu, écoute ma voix.***

J'entends des mots qui m'étaient inconnus :
« J'ai ôté le poids qui chargeait ses épaules ;
ses mains ont déposé le fardeau.
Quand tu criais sous l'oppression,
je t'ai sauvé. ℟

« Je répondais, caché dans l'orage,
je t'éprouvais près des eaux de Mériba.
Écoute, je t'adjure, ô mon peuple ;
vas-tu m'écouter, Israël ? ℟

« Tu n'auras pas chez toi d'autres dieux,
tu ne serviras aucun dieu étranger.
C'est moi, le Seigneur ton Dieu,
qui t'ai fait monter
de la terre d'Égypte ! ℟

« Ah ! Si mon peuple m'écoutait,
Israël, s'il allait sur mes chemins !

Je le nourrirais de la fleur du froment,
je le rassasierais avec le miel du rocher ! » R/

### *Acclamation de l'Évangile*

***Ta parole, Seigneur, est vérité, et ta loi, délivrance.*** Convertissez-vous, dit le Seigneur, car le royaume des Cieux est tout proche. ***Ta parole, Seigneur, est vérité, et ta loi, délivrance.***



## *Évangile de Jésus Christ*

selon saint Marc (12, 28b-34)

*« Le Seigneur notre Dieu est l'unique Seigneur : tu l'aimeras »*

En ce temps-là, un scribe s'avança vers Jésus pour lui demander : « Quel est le premier de tous les commandements ? » Jésus lui fit cette réponse : « Voici le premier : *Écoute, Israël : le Seigneur notre Dieu est l'unique Seigneur. Tu aimeras le Seigneur ton Dieu de tout ton cœur, de toute ton âme, de tout ton esprit et de toute ta force.* Et voici le second : *Tu aimeras ton prochain comme toi-même.* Il n'y a pas de commandement plus grand que ceux-là. » Le scribe reprit : « Fort bien, Maître, tu as dit vrai : Dieu est l'Unique et il n'y en a pas d'autre que lui. L'aimer de tout son cœur, de toute son intelligence, de toute sa force, et aimer son prochain comme soi-même, vaut mieux que toute offrande d'holocaustes et de sacrifices. » Jésus, voyant qu'il avait fait une remarque judicieuse, lui dit : « Tu n'es pas loin du royaume de Dieu. » Et personne n'osait plus l'interroger.

### *Prière sur les offrandes*

Jette un regard bienveillant, Seigneur, sur les offrandes que nous te consacrons ; qu'elles te soient agréables, et nous apportent toujours le salut. Par le Christ, notre Seigneur. **— Amen.** *Préface du Carême, p. 359.*

### *Antienne de la communion*

Aimer Dieu de tout son cœur
et son prochain comme soi-même
vaut mieux que tous les sacrifices.
(cf. Mc 12, 33)

### *Prière après la communion*

Que la puissance de ton action, Seigneur, imprègne nos esprits et nos corps ; ce que nous avons déjà reçu en participant au sacrement, puissions-nous le posséder dans la plénitude du salut. Par le Christ, notre Seigneur. **— Amen.**

### *Prière sur le peuple*

*Le prêtre peut dire la prière suivante :*

Regarde favorablement, Seigneur, tes fidèles qui implorent ta miséricorde ; et comme ils mettent leur confiance en ta tendresse, puissent-ils répandre en tout lieu les dons de ta charité. Par le Christ, notre Seigneur. **— Amen.**

## INVITATION

Ce vendredi s'ouvrent les « 24 heures pour le Seigneur » (voir p. 42).
Je pourrais participer à une proposition près de chez moi : prière, adoration, chapelet, messe, confession...

## COMMENTAIRE

**Au prochain !**

Marc 12, 28b-34

**« Tu aimeras le Seigneur ton Dieu […] tu aimeras ton prochain comme toi-même. » Dieu ne peut remplir notre vie que lorsque nous la remplissons de notre prochain. Pour Jésus, il nous revient, au nom de l'amour réciproque et désintéressé, d'ouvrir nos cœurs et de tendre nos mains, même à ceux qui n'acceptent pas nos choix ou ne nous font pas du bien. Sommes-nous prêts à aimer jusqu'à donner dans l'adversité ?** ■

***Jean-Paul Musangania**, prêtre assomptionniste*



## ❊ CLÉ DE LECTURE

**« D'un amour gratuit »**

Osée 14, 5 *(p. 64)*

**Peut-on mesurer ce que signifie « un amour gratuit » ? Nous pouvons dire par expérience ce qu'est l'amour dans le couple, l'amour filial, l'amour paternel ou maternel, l'amour désintéressé. Mais jusqu'où parler de gratuité ? Faut-il penser à une absence lourde, parfois douloureuse, de retour ? à la souffrance de l'amour non reconnu et humilié ? Ce sont des réactions bien humaines que nul ne saurait condamner. Et les auteurs bibliques savent aussi dire l'amour de Dieu à partir de ces troubles humains. Mais ils pointent vers toujours plus grand que nous ne pouvons « imaginer ». Car Dieu lui-même guérira notre cœur si nous acceptons de l'ouvrir à ce qui vient, c'est lui qui viendra nous relever du plus profond de nos blessures et de nos désespérances.** ■

***Roselyne Dupont-Roc**, bibliste*

# SAMEDI 9 MARS 2024

3E SEMAINE DE CARÊME COULEUR LITURGIQUE : VIOLET

**Temps du Carême,** *messe de la férie*
*(Sainte Françoise Romaine)*

### *Antienne d'ouverture*

**Bénis le Seigneur, ô mon âme,**
**n'oublie aucun de ses bienfaits,**
**car il pardonne toutes tes offenses.**
(Ps 102, 2-3)

### *Prière*

En célébrant avec joie, chaque année, ce temps de Carême, nous te prions, Seigneur : puisque nous vivons déjà du mystère de Pâques, accorde-nous le bonheur d'en goûter pleinement les fruits. Par Jésus… — ***Amen.***

## Lecture

du livre du prophète Osée (6, 1-6)

*« Je veux la fidélité, non le sacrifice »*

**Venez, retournons vers le Seigneur ! il a blessé, mais il nous guérira ; il a frappé, mais il nous soignera. Après deux jours, il nous rendra la vie ; il nous relèvera le troisième jour : alors, nous vivrons devant sa face.**

**Efforçons-nous de connaître le Seigneur : son lever est aussi sûr que l'aurore ; il nous viendra comme la pluie, l'ondée qui arrose la terre.**

**– Que ferai-je de toi, Éphraïm ? Que ferai-je de toi, Juda ? Votre fidélité, une**

brume du matin, une rosée d'aurore qui s'en va. Voilà pourquoi j'ai frappé par mes prophètes, donné la mort par les paroles de ma bouche : mon jugement jaillit comme la lumière. Je veux la fidélité*, non le sacrifice, la connaissance de Dieu plus que les holocaustes. – Parole du Seigneur



## *Psaume* 50 (51)

℟ ***Tu veux la fidélité, Seigneur, non le sacrifice.***

Pitié pour moi, mon Dieu, dans ton amour,
selon ta grande miséricorde, efface mon péché.
Lave-moi tout entier de ma faute,
purifie-moi de mon offense. ℟

Si j'offre un sacrifice, tu n'en veux pas,
tu n'acceptes pas d'holocauste.
Le sacrifice qui plaît à Dieu, c'est un esprit brisé ;
tu ne repousses pas, ô mon Dieu,
un cœur brisé et broyé. ℟

Accorde à Sion le bonheur,
relève les murs de Jérusalem.
Alors tu accepteras de justes sacrifices,
oblations et holocaustes sur ton autel. ℟

## *Acclamation de l'Évangile*

***Tes paroles, Seigneur, sont esprit et elles sont vie.*** Aujourd'hui, ne fermez pas votre cœur, mais écoutez la voix du Seigneur. ***Tes paroles, Seigneur, sont esprit et elles sont vie.***

## Évangile de Jésus Christ

selon saint Luc (18, 9-14)

*« Le publicain était devenu un homme juste, plutôt que l'autre »*

En ce temps-là, à l'adresse de certains qui étaient convaincus d'être justes et qui méprisaient les autres, Jésus dit la parabole que voici : « Deux hommes montèrent au Temple pour prier. L'un était pharisien, et l'autre, publicain (c'est-à-dire un collecteur d'impôts). Le pharisien se tenait debout et priait en lui-même : "Mon Dieu, je te rends grâce parce que je ne suis pas comme les autres hommes – ils sont voleurs, injustes, adultères –, ou encore comme ce publicain. Je jeûne deux fois par semaine et je verse le dixième de tout ce que je gagne." Le publicain, lui, se tenait à distance et n'osait même pas lever les yeux vers le ciel ; mais il se frappait la poitrine, en disant : "Mon Dieu, montre-toi favorable au pécheur que je suis !" Je vous le déclare : quand ce dernier redescendit dans sa maison, c'est lui qui était devenu un homme juste, plutôt que l'autre. Qui s'élève sera abaissé ; qui s'abaisse sera élevé. »

### Prière sur les offrandes

Seigneur Dieu, c'est toi qui nous donnes la grâce d'approcher de tes mystères avec un cœur purifié ; nous t'en prions : lorsque nous célébrerons le jour où tu les as transmis, accorde-nous de pouvoir t'offrir le culte qui te revient. Par le Christ, notre Seigneur. ***— Amen.***

*Préface du Carême, p. 359.*

*Antienne de la communion*

Le publicain se tenait à distance
et se frappait la poitrine en disant :
« Mon Dieu, montre-toi favorable
au pécheur que je suis ! »
(cf. Lc 18, 13)

*Prière après la communion*

Dieu de miséricorde, tu ne cesses de nous combler par tes sacrements : donne-nous de les célébrer avec respect et de les recevoir toujours dans un esprit de foi. Par le Christ, notre Seigneur. ***— Amen.***

*Prière sur le peuple*

*Le prêtre peut dire la prière suivante :*

À tes fidèles, Seigneur, tends une main secourable, afin qu'ils te cherchent de tout leur cœur et méritent de voir exaucées leurs justes demandes. Par le Christ, notre Seigneur. ***— Amen.***



**INVITATION**

C'est aujourd'hui le premier jour du printemps des poètes.
Et si je notais dans un carnet les petites touches de poésie que je vois autour de moi ? Je peux y voir un signe du Créateur.

## COMMENTAIRE

### L'attention d'une mère

Luc 18, 9-14

« Mon Dieu, montre-toi favorable au pécheur que je suis ! » Dieu nous rejoint dans notre fragilité. Il ne juge pas en fonction de notre mérite ou d'un sondage d'opinion. Il apprécie chacun selon ce qu'il est. De même, il se montre plus attentif aux gens que personne ne semble écouter : la veuve, le pauvre, l'opprimé, l'orphelin... Lorsque Dieu voit notre détresse, comme une mère attentionnée pour son enfant, il ouvre son cœur et nous rassure. ■

***Jean-Paul Musangania**, prêtre assomptionniste*

## ❊ CLÉ DE LECTURE

### « La fidélité »

Osée 6, 6 *(p. 69)*

Les prophètes d'Israël ne prônaient pas la suppression du culte. Plutôt qu'un rejet absolu, Osée demande une intériorisation des sacrifices, et Jésus le rappellera à plusieurs reprises (cf. Mt 9, 13). L'urgence n'est pas de remplir les exigences de la Loi et du culte, mais de revenir vers Dieu du fond du cœur, d'accueillir sa bonté et de se laisser envahir au point d'en être soi-même habité. Car « fidélité » traduit le mot hébreu « hésèd », qui est un des attributs de Dieu et dit sa bienveillance pour tous les humains, son pardon qui relève ceux qui sont tombés loin de son amour ; le grec emploiera le terme « eleos » (repérable dans « Kyrie eleison »). La seule volonté de Dieu, c'est que nous participions à sa bonté, qui ouvre à l'accueil des autres et au pardon. ■

***Roselyne Dupont-Roc**, bibliste*

# DIMANCHE 10 MARS 2024

## 4E DIMANCHE DE CARÊME

**ANNÉE B – COULEUR LITURGIQUE : VIOLET**

*« Et le Jugement, le voici : la lumière est venue dans le monde, et les hommes ont préféré les ténèbres à la lumière. »* Jean 3, 19



**Nous sommes assurés d'être aimés de Dieu.** Il n'empêche, nous avons peut-être peur du jugement. Jean nous invite à la confiance. Le Jugement, nous dit-il, c'est de préférer les ténèbres à la lumière. Sans peur, quittons l'ombre de la tristesse, de la mort, du mal. Tournons-nous vers le Christ, notre lumière, notre salut. Sa grâce, sa bonté et sa miséricorde sont débordantes et toujours accessibles.

## RITES INITIAUX

*Si, dans l'assemblée de ce dimanche, des catéchumènes se préparent au baptême, on peut employer les oraisons et intercessions propres prévues par le Missel.*

### *Chant d'entrée* (Suggestions p. 386)

OU

### *Antienne d'ouverture*

Réjouis-toi, Jérusalem ; vous tous qui l'aimez, rassemblez-vous. Jubilez de sa joie, vous qui étiez dans la tristesse ; alors vous exulterez, vous serez rassasiés de consolation. (cf. Is 66, 10-11)

### *Suggestion de préparation pénitentielle* (ou p. 352)

Dieu est riche en miséricorde. Il nous donne vie avec le Christ. Dans la foi, tournons-nous vers le Seigneur et reconnaissons que nous sommes pécheurs.

Seigneur Jésus envoyé par le Père, par ta grâce, tu appelles tous les hommes au salut. Béni sois-tu et prends pitié de nous.

***— Béni sois-tu et prends pitié de nous.***

Ô Christ venu dans le monde, tu promets à tous les hommes de ressusciter un jour en ta présence. Béni sois-tu et prends pitié de nous.

***— Béni sois-tu et prends pitié de nous.***

Seigneur riche en miséricorde, tu offres à tous les hommes un chemin d'espérance et de bonheur. Béni sois-tu et prends pitié de nous.

***— Béni sois-tu et prends pitié de nous.***

Que Dieu tout-puissant nous fasse miséricorde ; qu'il nous pardonne nos péchés et nous conduise à la vie éternelle. ***— Amen.***

*Pendant le Carême, on omet le Gloire à Dieu.*

### *Prière*

Seigneur Dieu, par ton Verbe incarné, tu as merveilleusement réconcilié avec toi le genre humain ; accorde au peuple chrétien de se hâter avec un amour généreux et une foi ardente au-devant des fêtes pascales qui approchent. Par Jésus… ***— Amen.***

## LITURGIE DE LA PAROLE

*On peut privilégier, ce 4e dimanche de Carême, les lectures de l'année A dans les communautés où des adultes se préparent au baptême (1 S 16, 1b.6-7.10-13a ; Ep 5, 8-14 ; Jn 9, 1-41).*

### *Lecture* du deuxième livre des Chroniques (36, 14-16.19-23)

*La colère et la miséricorde du Seigneur manifestées par l'exil et la délivrance du peuple*

**En ces jours-là, tous les chefs des prêtres et du peuple multipliaient les infidélités, en imitant toutes les abominations des nations païennes, et ils profanaient la Maison que le Seigneur avait consacrée à Jérusalem. Le Seigneur, le Dieu de leurs pères, sans attendre et sans se lasser, leur envoyait des messagers, car il avait**

pitié de son peuple et de sa Demeure. Mais eux tournaient en dérision les envoyés de Dieu, méprisaient ses paroles, et se moquaient de ses prophètes ; finalement, il n'y eut plus de remède à la fureur grandissante du Seigneur contre son peuple. Les Babyloniens brûlèrent la Maison de Dieu, détruisirent le rempart de Jérusalem, incendièrent tous ses palais, et réduisirent à rien tous leurs objets précieux. Nabucodonosor déporta à Babylone ceux qui avaient échappé au massacre ; ils devinrent les esclaves du roi et de ses fils jusqu'au temps de la domination des Perses. Ainsi s'accomplit la parole du Seigneur proclamée par Jérémie : *La terre sera dévastée et elle se reposera durant 70 ans, jusqu'à ce qu'elle ait compensé par ce repos tous les sabbats profanés.*
Or, la première année du règne de Cyrus, roi de Perse, pour que soit accomplie la parole du Seigneur proclamée par Jérémie, le Seigneur inspira Cyrus, roi de Perse. Et celui-ci fit publier dans tout son royaume – et même consigner par écrit – : « Ainsi parle Cyrus, roi de Perse : Le Seigneur, le Dieu du ciel, m'a donné tous les royaumes de la terre ; et il m'a chargé de lui bâtir une maison à Jérusalem, en Juda. Quiconque parmi vous fait partie de son peuple, que le Seigneur son Dieu soit avec lui, et qu'il monte à Jérusalem ! »
– Parole du Seigneur

## *Psaume* 136 (137)

℟ ***Que ma langue s'attache à mon palais si je perds ton souvenir !***

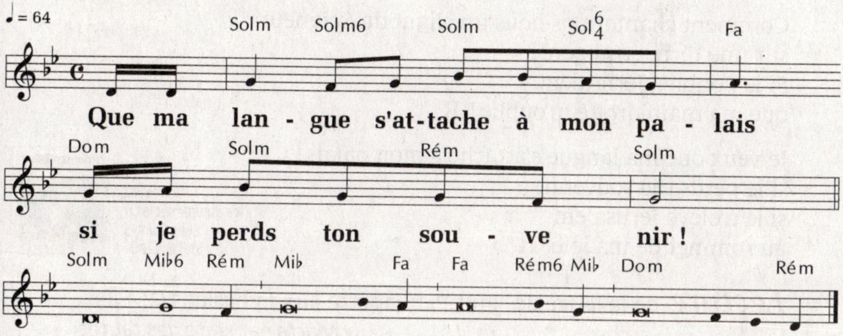


*T. : AELF; M. : J.-P. Lécot; Éd. : ADF.*

Au bord des fleuves de Babylone nous étions assis et nous pleurions,
nous souvenant de Sion ;
aux saules des alentours
nous avions pendu nos harpes. ℟

C'est là que nos vainqueurs nous demandèrent des chansons,
et nos bourreaux, des airs joyeux :
« Chantez-nous, disaient-ils,
quelque chant de Sion. » ℟

℟ ***Que ma langue s'attache à mon palais***
***si je perds ton souvenir !***

Comment chanterions-nous un chant du Seigneur
sur une terre étrangère ?
Si je t'oublie, Jérusalem,
que ma main droite m'oublie ! ℟

Je veux que ma langue s'attache à mon palais
si je perds ton souvenir,
si je n'élève Jérusalem
au sommet de ma joie. ℟

Retrouvez ce psaume sur le CD "Les psaumes de l'année B"

## *Lecture* de la lettre de saint Paul apôtre aux Éphésiens (2, 4-10)

*« Morts par suite des fautes,*
*c'est bien par grâce que vous êtes sauvés »*

**Frères, Dieu est riche en miséricorde ; à cause du grand amour dont il nous a aimés, nous qui étions des morts par suite de nos fautes, il nous a donné la vie avec le Christ : c'est bien par grâce que vous êtes sauvés. Avec lui, il nous a ressuscités et il nous a fait siéger aux cieux, dans le Christ Jésus.**
**Il a voulu ainsi montrer, au long des âges futurs, la richesse surabondante de sa grâce, par sa bonté pour nous dans le Christ Jésus. C'est bien par la grâce que vous êtes sauvés, et par le moyen de la foi. Cela ne vient pas de vous, c'est le don de Dieu. Cela ne vient pas**

des actes : personne ne peut en tirer orgueil. C'est Dieu qui nous a faits, il nous a créés dans le Christ Jésus, en vue de la réalisation d'œuvres bonnes qu'il a préparées d'avance pour que nous les pratiquions. – Parole du Seigneur

## *Acclamation de l'Évangile*

***Gloire et louange à toi, Seigneur Jésus !*** Dieu a tellement aimé le monde qu'il a donné son Fils unique, afin que ceux qui croient en lui aient la vie éternelle. ***Gloire et louange à toi, Seigneur Jésus !***

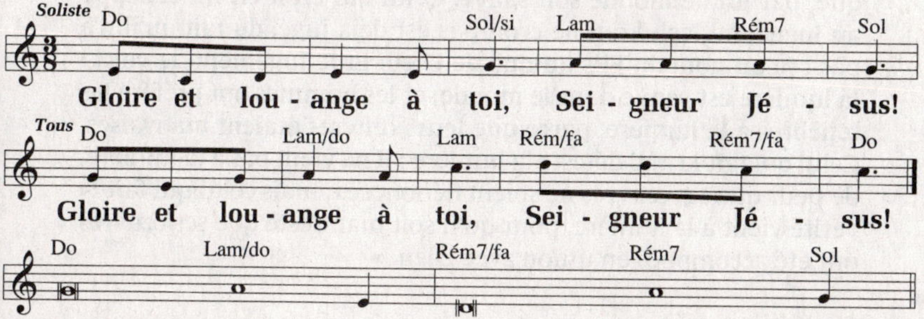


*U77-01 ; T. : AELF ; M. : P. Robert ; ADF-Musique.*

## *Évangile de Jésus Christ* selon saint Jean (3, 14-21)

*« Dieu a envoyé son Fils pour que, par lui, le monde soit sauvé »*

En ce temps-là, Jésus disait à Nicodème : « De même que le serpent de bronze fut élevé par Moïse dans le désert, ainsi faut-il que le Fils de l'homme soit élevé, afin qu'en lui tout homme qui croit ait la vie éternelle. Car Dieu a tellement aimé le monde qu'il a donné son Fils unique, afin que quiconque croit en lui ne se perde pas, mais obtienne la vie éternelle. Car Dieu a envoyé son Fils dans le monde, non pas pour juger le monde, mais pour que, par lui, le monde soit sauvé. Celui qui croit en lui échappe au Jugement, celui qui ne croit pas est déjà jugé, du fait qu'il n'a pas cru au nom du Fils unique de Dieu. Et le Jugement, le voici : la lumière est venue dans le monde, et les hommes ont préféré les ténèbres à la lumière, parce que leurs œuvres étaient mauvaises. Celui qui fait le mal déteste la lumière : il ne vient pas à la lumière, de peur que ses œuvres ne soient dénoncées ; mais celui qui fait la vérité vient à la lumière, pour qu'il soit manifeste que ses œuvres ont été accomplies en union avec Dieu. »

***Homélie***

***Profession de foi*** *(p. 356)*

## *Suggestion de prière universelle*

*Le prêtre :*

Dieu a envoyé son Fils dans le monde pour que tous soient sauvés. Avec confiance, tournons-nous vers le Christ, faisons monter notre prière pour tous les habitants du monde.

℟ ***Pleins de confiance, nous te prions, Seigneur.***

*Z129-20*

*Le diacre ou un lecteur :*

Ô Christ, nous te prions pour celles et ceux qui risquent leur vie pour l'Évangile aux quatre coins du monde, qu'ils fécondent l'Église de leur courage et de leur élan missionnaire. Avec l'Église universelle, nous te prions. ℟

Ô Christ, nous te prions celles et ceux qui prennent des décisions politiques et économiques, qu'ils agissent dans la bienveillance et agissent avec équité. Avec foi, nous te prions. ℟

Ô Christ, nous te prions pour les personnes qui se sentent rejetées par leur famille et par la société, qu'elles trouvent auprès de toi la paix, le réconfort, la consolation et la guérison. Avec confiance, nous te prions. ℟

Ô Christ, nous te prions pour notre assemblée réunie en ce jour de la joie, que l'allégresse ne cesse d'habiter nos célébrations et nos relations fraternelles. De tout cœur, nous te prions. ℟

*(Ces intentions seront adaptées ou modifiées selon les circonstances.)*

*Le prêtre :*

Seigneur Jésus, toi qui veux que tous les hommes soient sauvés, exauce notre prière pour le monde, toi qui vis et règnes pour les siècles des siècles. — ***Amen.***

## LITURGIE EUCHARISTIQUE

### *Prière sur les offrandes*

Seigneur, nous te présentons dans la joie l'eucharistie qui assure la guérison éternelle, et nous te prions humblement : accorde-nous de la vénérer avec foi et de l'offrir avec respect pour le salut du monde. Par le Christ, notre Seigneur. — ***Amen.***

### *Prière eucharistique* *(1re ou 2e préface du Carême, p. 359)*

*OU lorsque l'évangile de l'Aveugle-né (Jn 9, 1-41) a été lu :*

Vraiment, il est juste et bon, pour ta gloire et notre salut, de t'offrir notre action de grâce, toujours et en tout lieu, Seigneur, Père très saint, Dieu éternel et tout-puissant, par le Christ, notre Seigneur. Par le mystère de son Incarnation, il a guidé vers la clarté de la foi l'humanité qui marchait dans les ténèbres ; et par le bain qui fait renaître, il a élevé à la dignité de fils, en les adoptant, ceux qui étaient nés esclaves du péché. C'est pourquoi le ciel et la terre t'adorent ; ils te chantent le cantique nouveau, et nous-mêmes, unissant notre voix à celle des anges, nous t'acclamons : ***Saint ! Saint ! Saint…***

## *Chant de communion* *(Suggestions p. 386)*

*OU*

## *Antienne de la communion*

Jérusalem, te voici dans tes murs :
ville où tout ensemble ne fait qu'un !
C'est là que montent les tribus, les tribus du Seigneur,
pour rendre grâce à ton nom, Seigneur.
(cf. Ps 121, 3-4)

*OU lorsque l'évangile de l'Aveugle-né (Jn 9, 1-41) a été lu :*

Le Seigneur a mis de la boue sur mes yeux,
je suis allé me laver, j'ai vu, et j'ai cru en Dieu.
(cf. Jn 9, 11.38)

## *Prière après la communion*

Dieu qui éclaires tout homme venant dans ce monde, nous t'en prions, illumine nos cœurs par la splendeur de ta grâce : que nos pensées soient toujours dignes de toi, et accordées à ta grandeur, et qu'ainsi nous puissions t'aimer sincèrement. Par le Christ, notre Seigneur. ***— Amen.***

### *Prière sur le peuple*

*Le prêtre peut dire la prière suivante :*

Protège, Seigneur, ceux qui te supplient, soutiens les faibles, fais revivre sans cesse par ta lumière ceux qui marchent dans les ténèbres de la mort, et accorde à ceux que ton amour a délivrés de tout mal de parvenir aux biens suprêmes. Par le Christ, notre Seigneur. **— *Amen.***

## RITE DE CONCLUSION

### *Bénédiction*

### *Envoi*

## COMMENTAIRE DU DIMANCHE

**Anne Da,** xavière

# Joie !

Ce quatrième dimanche de Carême est celui de *Laetare*. Un appel à la joie ! Joie de la miséricorde offerte par le Seigneur à un peuple dont le cœur s'est endurci, qui n'a pas écouté son Seigneur, s'est détourné de lui : « Tous les chefs des prêtres et du peuple multipliaient les infidélités. » Le livre des Chroniques relit l'histoire du peuple de Dieu qui a préféré les ténèbres à la lumière. Un récit qui fait écho à notre propre histoire, à nos propres combats.

Un récit qui nous conduit à scruter l'être même du Seigneur en contemplant la fidélité du Dieu de leurs pères qui, sans attendre et sans se lasser, leur envoyait des messagers, car il avait pitié de son peuple. La miséricorde de Dieu est de toujours à toujours. Ainsi la joie jaillit telle une source, se fraye un chemin à la racine même de l'infidélité du peuple dont nous sommes. Joie qui est •••

••• un appel à croire en la miséricorde, à nous laisser transformer par l'amour insondable de notre Père qui s'inscrit dans l'offrande du Christ Jésus, engagé avec détermination sur le chemin de la Passion jusqu'à la Croix, afin que tous aient la vie éternelle. Par cette offrande faite une fois pour toutes, pour tous et pour toujours, le cœur des croyants ne cesse d'être irrigué par la miséricorde. Aujourd'hui, le peuple de Dieu est appelé à entendre sourdre cette joie, à sentir et goûter intérieurement ce don de notre Seigneur.

Quelle est ma foi en la miséricorde de Dieu ?
Quel pas de plus suis-je appelé à poser ?
Ai-je fait l'expérience de la joie comme une grâce ?
Comment suis-je appelé à en témoigner dans mes relations ? ■

Prions en Église junior

**LIRE L'ÉVANGILE AVEC LES ENFANTS**

## CE QUE JE DÉCOUVRE

Lorsqu'il y a une panne de courant le soir, on ne voit plus rien. Alors on se rend compte qu'on a de la chance d'avoir des lampes qui nous éclairent ! Jésus est avec Nicodème, un spécialiste de la Loi, venu le questionner. Jésus lui dit qu'il est la lumière venue dans le monde. Fils de Dieu, **Jésus nous aide à voir clair sur notre chemin, à vivre de son amour et à être les témoins de la Bonne Nouvelle.** Alors, marchons vers sa lumière !

## CE QUE JE VIS

Aimes-tu quand il fait noir ?
Préfères-tu les lieux qui sont bien éclairés ?
**Tu peux allumer une bougie et demander à Jésus d'être la lumière pour guider ton chemin.**

Texte : Thibault Van Den Driessche. Illustrations : Marcelino Truong

MÉDITATION BIBLIQUE

4E DIMANCHE DE CARÊME

Livre des Chroniques 36, 14-16.19-23

# Relire nos vies avec la Bible

**La relation à Dieu ouvre à une relecture qui permet de donner du poids à sa vie.**

## Le temps de la préparation

**« Car Dieu a envoyé son Fils dans le monde, non pas pour juger le monde, mais pour que, par lui, le monde soit sauvé. Celui qui croit en lui échappe au Jugement. » (Jn 3, 17-18)**

## Le temps de l'observation

Dans la Bible, le peuple hébreu relit son histoire en cherchant comment Dieu y est présent. Les Chroniques rappellent que la relation des Hébreux à Dieu est tumultueuse : le peuple multiplie les infidélités envers le Seigneur et reste sourd à ses alertes, jusqu'à ce que l'ennemi babylonien arrive et déporte une partie du peuple. Les exilés y resteront jusqu'à ce que Cyrus les autorise à revenir sur leur terre. Tous ces événements prennent un autre sens quand ils sont relus à la lumière de l'Alliance. L'Exil n'est pas seulement un aléa de politique internationale. Le peuple, certain qu'il doit son existence à Dieu, comprend que ce qui lui arrive est à relire en lien à la parole de Dieu. Cette relecture est facilitée par la présence des prophètes qui, au cœur des événements, à temps et à contretemps et sans chercher à séduire, rappellent que la relation à Dieu s'incarne dans la vie et les choix posés.

## Le temps de la méditation

La relecture biblique peut nous paraître étrange, voire dangereuse. Après Job, nous ne sommes pas à l'aise avec le fait de voir dans les événements de la vie des châtiments de Dieu. Nous avons raison car la relecture est plus précise que ces simples constats. Entre Israël et Dieu, la relation est au centre. En n'écoutant pas ses prophètes, Israël montre et se montre qu'il méprise le Dieu qui l'a amené à l'existence. C'est cette réflexion interne, cette critique permanente sur sa pratique, ses réticences ou ses écarts, qui donnent à penser à Israël que les événements déplaisent à Dieu. De la désapprobation au fait de rendre Dieu responsable des malheurs, il n'y a qu'un pas. Or les prophètes savent déjà que des attitudes mènent à la vie et d'autres à la mort sans nécessairement en rendre Dieu responsable. La Bible nous invite à relire nos vies d'abord pour y trouver Dieu et pour comprendre ce qui nous en éloigne.

## Le temps de la prière

**« Le Seigneur mon Dieu**
**m'a ouvert l'oreille, et moi,**
**je ne me suis pas révolté,**
**je ne me suis pas dérobé. »**
**(Is 50, 5)** ■

**Marie-Laure Durand,** bibliste

## LA VIE EN PHOTO
### DU 9 AU 25 MARS, LE PRINTEMPS DES POÈTES

# Artisans

D'une main, rabattre, de l'autre rehausser.
Caresser le soyeux de l'un, le détendre, lui redonner
prolongement de forme, étirement jusqu'à la ligne ;
offrir à l'autre, son voisin, bonbonne et bonhomie, humeur ventrue
et boucles débonnaires. Le cheveu, le mot ont même destin entre
leurs mains. L'un, l'autre, qu'il soit capillaire ou de grammaire,
l'un comme l'autre se font offrande au talent de l'artiste.
Coiffeur, poète, peu importe le nombre de printemps,
ils font œuvre d'art. Agencer la mèche ou taire le mot revêche,
glisser sur la vague, celle de la toison ou d'une chanson,
l'élan est de même inspiration. De même concentration.
D'un unique regard : celui qui voit le beau,
et l'offre à qui peut le « re-Se-voir ». ■

**Thierry Lemoine,** *poète*

*« Tous ces gens-là ont mis leur confiance dans leurs mains, et chacun possède la sagesse de son métier. [...] Ils consolident la création originelle, et leur prière se rapporte aux travaux de leur métier. »* Ben Sira 38, 31.34

**Coiffeuse lors des 41es olympiades des métiers de Bretagne, à Brest (29).**
© Patrick Forget – Sagaphoto / saif images

# LUNDI 11 MARS 2024

4E SEMAINE DE CARÊME COULEUR LITURGIQUE : VIOLET

**Temps du Carême,** *messe de la férie*

## *Antienne d'ouverture*

**Moi, je mettrai mon espérance dans le Seigneur.**
**J'exulterai et je me réjouirai en ta miséricorde**
**car tu as regardé ma misère.** (Ps 30, 7b-8)

## *Prière*

Seigneur Dieu, tu renouvelles ce monde par la force inexprimable de tes sacrements ; fais que ton Église progresse par ces moyens de salut et ne manque jamais de tes secours ici-bas. Par Jésus… ***— Amen.***

## *Lecture*

du livre du prophète Isaïe (65, 17-21)

*« On n'y entendra plus de pleurs ni de cris »*

**Ainsi parle le Seigneur : Oui, voici : je vais créer un ciel nouveau et une terre nouvelle, on ne se souviendra plus du passé, il ne reviendra plus à l'esprit. Soyez plutôt dans la joie, exultez sans fin pour ce que je crée. Car je vais recréer Jérusalem, pour qu'elle soit exultation, et que son peuple devienne joie. J'exulterai en Jérusalem, je trouverai ma joie* dans mon peuple. On n'y entendra plus de pleurs ni de cris. Là, plus de nourrisson emporté en quelques jours, ni d'homme qui ne parvienne au bout**

de sa vieillesse ; le plus jeune mourra centenaire, ne pas atteindre cent ans sera malédiction. On bâtira des maisons, on y habitera ; on plantera des vignes, on mangera leurs fruits.
– Parole du Seigneur

## *Psaume* 29 (30)

℟ ***Je t'exalte, Seigneur : tu m'as relevé.***

Je t'exalte, Seigneur : tu m'as relevé.
Quand j'ai crié vers toi, Seigneur.
Seigneur, tu m'as fait remonter de l'abîme
et revivre quand je descendais à la fosse. ℟

Fêtez le Seigneur, vous, ses fidèles,
rendez grâce en rappelant son nom très saint.
Sa colère ne dure qu'un instant,
sa bonté, toute la vie ;
avec le soir, viennent les larmes,
mais au matin, les cris de joie. ℟

Et j'ai crié vers toi, Seigneur,
j'ai supplié mon Dieu.
Tu as changé mon deuil en une danse.
Que sans fin, Seigneur, mon Dieu,
je te rende grâce ! ℟

## *Acclamation de l'Évangile*

***Ta parole, Seigneur, est vérité, et ta loi, délivrance.*** Cherchez le bien, non le mal, afin de vivre. Ainsi le Seigneur sera avec vous. ***Ta parole, Seigneur, est vérité, et ta loi, délivrance.***

## *Évangile de Jésus Christ*

selon saint Jean (4, 43-54)

*« Va, ton fils est vivant »*

En ce temps-là, après avoir passé deux jours chez les Samaritains, Jésus partit de là pour la Galilée. – Lui-même avait témoigné qu'un prophète n'est pas considéré dans son propre pays. Il arriva donc en Galilée ; les Galiléens lui firent bon accueil, car ils avaient vu tout ce qu'il avait fait à Jérusalem pendant la fête de la Pâque, puisqu'ils étaient allés eux aussi à cette fête. Ainsi donc Jésus revint à Cana de Galilée, où il avait changé l'eau en vin.

Or, il y avait un fonctionnaire royal, dont le fils était malade à Capharnaüm. Ayant appris que Jésus arrivait de Judée en Galilée, il alla le trouver ; il lui demandait de descendre à Capharnaüm pour guérir son fils qui était mourant. Jésus lui dit : « Si vous ne voyez pas de signes et de prodiges, vous ne croirez donc pas ! » Le fonctionnaire royal lui dit : « Seigneur, descends, avant que mon enfant ne meure ! » Jésus lui répond : « Va, ton fils est vivant. » L'homme crut à la parole que Jésus lui avait dite et il partit. Pendant qu'il descendait, ses serviteurs arrivèrent à sa rencontre et lui dirent que son enfant était vivant. Il voulut savoir à quelle heure il s'était trouvé mieux. Ils lui dirent : « C'est hier, à la septième heure (au début de l'après-midi), que la fièvre l'a quitté. » Le père se rendit compte que c'était justement l'heure où Jésus lui avait dit : « Ton fils est vivant. » Alors il crut, lui, ainsi que tous les gens de sa maison.

Tel fut le second signe que Jésus accomplit lorsqu'il revint de Judée en Galilée.

### *Prière sur les offrandes*

Fais-nous recueillir, Seigneur, les fruits de l'offrande qui t'est consacrée, afin que, purifiés de la dégradation liée à notre condition terrestre, nous soyons renouvelés par nos progrès dans la vie spirituelle. Par le Christ, notre Seigneur. **— *Amen.***

*Préface du Carême, p. 359.*

### *Antienne de la communion*

Je mettrai en vous mon esprit,
je ferai que vous marchiez
selon mes lois, que vous gardiez
mes préceptes et leur soyez fidèles,
déclare le Seigneur. (Ez 36, 27)

### *Prière après la communion*

Que tes sacrements, nous t'en prions, Seigneur, nous renouvellent et nous fassent revivre ; qu'ils nous sanctifient et nous conduisent ainsi aux biens éternels. Par le Christ, notre Seigneur. **— *Amen.***

### *Prière sur le peuple*

*Le prêtre peut dire la prière suivante :*

Donne à ton peuple, Seigneur, d'être renouvelé à l'intérieur et à l'extérieur, et, puisque tu ne veux pas qu'il se laisse arrêter par les plaisirs du corps, fais-lui trouver sa force dans le chemin spirituel que tu lui proposes. Par le Christ, notre Seigneur. **— *Amen.***

**INVITATION** *proposée avec le CCFD-Terre solidaire*

Je peux identifier les choix que je fais dans ma vie (dans des associations, ma famille, mon travail…) et qui participent à construire un monde plus juste.

## COMMENTAIRE

**Confiance aveugle** Jean 4, 43-54

**L'évangile nous invite à nous interroger : qu'est-ce qui motive notre confiance en Dieu ? Sommes-nous de ceux qui attendent des manifestations extraordinaires ? Ou la Parole est-elle le fondement de notre foi comme elle le fut pour le fonctionnaire royal, qui « crut à la parole que Jésus lui avait dite » et partit ? Et cela, sans avoir pu constater la guérison demandée et sans que Jésus descende avec lui. Voilà qui anticipe la foi post-pascale de ceux qui croiront sans avoir vu. ■**

***Emmanuelle Billoteau,*** *ermite*

## ❊ CLÉ DE LECTURE

**« Ma joie »** Isaïe 65, 19 *(p. 92)*

**La joie de Dieu qui s'enthousiasme pour son peuple... Il fallait être prophète et poète pour oser une telle image ; on la trouve rarement ailleurs, sinon chez Sophonie (So 3, 17), ou chez Isaïe (Is 62, 5). Ce dernier compare la passion de Dieu pour son peuple et pour Jérusalem, sa ville, à celle d'un jeune époux pour sa femme. Une joie qui consiste à donner, à rendre heureux en comblant des biens que l'on n'osait imaginer : les nourrissons survivent, les vieillards sont centenaires ! Nous y sommes. Et la question alors nous revient lancinante : qu'avons-nous fait de la joie de Dieu ? Avons-nous compris jusqu'où nous aimait celui qui ne cesse de donner et de se donner à profusion ? Pourquoi sommes-nous incapables d'entrer dans la joie du partage et de l'accueil mutuel ? ■**

***Roselyne Dupont-Roc,*** *bibliste*

# MARDI 12 MARS 2024

4^E^ SEMAINE DE CARÊME COULEUR LITURGIQUE : VIOLET

**Temps du Carême,** *messe de la férie*

10 - 16

### *Antienne d'ouverture*

**Vous tous qui avez soif, venez, voici de l'eau ! dit le Seigneur. Même si vous n'avez pas d'argent, venez et buvez avec joie.** (cf. Is 55, 1)

### *Prière*

Seigneur, en ce temps de pénitence, donne à tes fidèles de te servir d'un cœur généreux, pour être bien disposés à accueillir le mystère pascal et proclamer l'annonce de ton salut. Par Jésus… ***— Amen.***

## Lecture

du livre du prophète Ézékiel (47, 1-9.12)

*J'ai vu l'eau qui jaillissait du Temple : tous ceux qu'elle touchait furent sauvés*

**En ces jours-là, au cours d'une vision reçue du Seigneur, l'homme me fit revenir à l'entrée de la Maison, et voici : sous le seuil de la Maison, de l'eau jaillissait vers l'orient, puisque la façade de la Maison était du côté de l'orient. L'eau descendait de dessous le côté droit de la Maison, au sud de l'autel. L'homme me fit sortir par la porte du nord et me fit faire le tour par l'extérieur, jusqu'à la porte qui fait face à l'orient, et là encore l'eau coulait du côté droit. L'homme s'éloigna vers l'orient, un cordeau à la main, et il mesura une distance de mille coudées ;**

alors il me fit traverser l'eau : j'en avais jusqu'aux chevilles. Il mesura encore mille coudées et me fit traverser l'eau : j'en avais jusqu'aux genoux. Il mesura encore mille coudées et me fit traverser : j'en avais jusqu'aux reins. Il en mesura encore mille : c'était un torrent que je ne pouvais traverser; l'eau avait grossi, il aurait fallu nager : c'était un torrent infranchissable. Alors il me dit : « As-tu vu, fils d'homme ? » Puis il me ramena au bord du torrent. Quand il m'eut ramené, voici qu'il y avait au bord du torrent, de chaque côté, des arbres en grand nombre. Il me dit : « Cette eau coule vers la région de l'orient, elle descend dans la vallée du Jourdain, et se déverse dans la mer Morte, dont elle assainit les eaux. En tout lieu où parviendra le torrent, tous les animaux pourront vivre et foisonner. Le poisson sera très abondant, car cette eau assainit tout ce qu'elle pénètre, et la vie apparaît en tout lieu où arrive le torrent. Au bord du torrent, sur les deux rives, toutes sortes d'arbres fruitiers pousseront; leur feuillage ne se flétrira pas et leurs fruits ne manqueront pas. Chaque mois ils porteront des fruits nouveaux, car cette eau vient du sanctuaire. Les fruits seront une nourriture, et les feuilles un remède. » – Parole du Seigneur

## *Psaume* 45 (46)

℟ ***Il est avec nous, le Dieu de l'univers; citadelle pour nous, le Dieu de Jacob !***

Dieu est pour nous ref<u>u</u>ge et force,
secours dans la détresse,
toujo<u>u</u>rs offert.

Nous serons sans crainte si la t<u>e</u>rre est secouée,
si les montagnes s'effondrent
au cre<u>u</u>x de la mer. ℟

Le Fleuve, ses bras réjouissent la ville de Dieu,
la plus sainte des demeures du Très-Haut.
Dieu s'y tient : elle est inébranlable ;
quand renaît le matin, Dieu la secourt. ℟

Il est avec nous, le Seigneur de l'univers ;
citadelle pour nous, le Dieu de Jacob !
Venez et voyez les actes du Seigneur,
il détruit la guerre jusqu'au bout du monde. ℟

### *Acclamation de l'Évangile*

***Gloire et louange à toi, Seigneur Jésus !*** Crée en moi un cœur pur, ô mon Dieu ; rends-moi la joie d'être sauvé. ***Gloire et louange à toi, Seigneur Jésus !***



## *Évangile de Jésus Christ*

selon saint Jean (5, 1-16)

*« Aussitôt l'homme fut guéri »*

À l'occasion d'une fête juive, Jésus monta à Jérusalem. Or, à Jérusalem, près de la porte des Brebis, il existe une piscine qu'on appelle en hébreu Bethzatha. Elle a cinq colonnades, sous lesquelles étaient couchés une foule de malades, aveugles, boiteux et impotents. Il y avait là un homme qui était malade depuis trente-huit ans. Jésus, le voyant couché là, et apprenant qu'il était dans cet état depuis longtemps, lui dit : « Veux-tu être guéri ? » Le malade lui répondit : « Seigneur, je n'ai personne pour me plonger dans la piscine au moment où l'eau bouillonne ; et pendant que j'y vais, un autre descend avant moi. » Jésus lui dit : « Lève-toi, prends ton brancard, et marche. » Et aussitôt l'homme fut guéri. Il prit son brancard : il marchait ! Or, ce jour-là était un jour de sabbat. Les Juifs dirent donc à cet homme que Jésus avait remis sur pied : « C'est le sabbat ! Il ne t'est pas permis de porter ton brancard. » Il leur répliqua : « Celui qui m'a guéri, c'est lui qui m'a dit : "Prends ton brancard, et marche !" » Ils l'interrogèrent : « Quel est l'homme qui t'a dit : "Prends ton brancard, et marche" ? » Mais celui qui avait été rétabli ne savait pas qui c'était ; en effet, Jésus s'était éloigné, car il y avait foule à cet endroit. Plus tard, Jésus le retrouve dans le Temple et lui dit : « Te voilà guéri. Ne pèche plus, il pourrait t'arriver quelque chose de pire. » L'homme partit annoncer aux Juifs que c'était Jésus qui l'avait guéri. Et ceux-ci persécutaient Jésus parce qu'il avait fait cela le jour du sabbat.

## *Prière sur les offrandes*

Nous te présentons, Seigneur, les biens que tu nous as donnés : qu'ils témoignent des bienfaits de ta création pour notre condition mortelle, et qu'ils deviennent le remède qui nous procurera l'immortalité. Par le Christ, notre Seigneur. — ***Amen.***

*Préface du Carême, p. 359.*

## *Antienne de la communion*

Le Seigneur est mon berger :
je ne manque de rien.
Sur des prés d'herbe fraîche,
il me fait reposer. Il me mène
vers les eaux tranquilles
et me fait revivre.
(Ps 22, 1-3)

### *Prière après la communion*

Dans ta bonté, Seigneur, purifie nos esprits : que tes sacrements les renouvellent ; fais que même nos corps y trouvent une aide pour aujourd'hui et pour la vie future. Par le Christ, notre Seigneur. **— *Amen.***

### *Prière sur le peuple*

*Le prêtre peut dire la prière suivante :*

Dieu de miséricorde, fais que ton peuple soit toujours fidèle à te servir et reçoive constamment de ta bienveillance ce qui lui est profitable. Par le Christ, notre Seigneur. **— *Amen.***



**INVITATION** *proposée avec le CCFD-Terre solidaire*

Je peux identifier autour de moi des expériences de rencontre interculturelle, d'échanges et de découverte qui participent à construire la fraternité et dont je veux témoigner.

## COMMENTAIRE

**De la paralysie à la marche** Jean 5, 1-16

**Peut-être sommes-nous paralysés, tel l'homme de Bethzatha, face à la complexité de la vie, au caractère inéluctable de la mort ? Peut-être faisons-nous l'expérience de notre impuissance et de celle d'autrui ? Rien d'étonnant, car le salut est hors de notre portée. Mais notre Dieu est un Dieu de vie et il a envoyé son Fils pour que nous l'ayons en abondance. À nous de faire fond sur sa parole qui relève et permet de poursuivre la route : « Lève-toi, prends ton brancard et marche ! » ■**

***Emmanuelle Billoteau,*** *ermite*

# MERCREDI 13 MARS 2024

4E SEMAINE DE CARÊME COULEUR LITURGIQUE : VIOLET

**Temps du Carême,** *messe de la férie*

### *Antienne d'ouverture*

**Moi, je te prie Seigneur, c'est l'heure de ta grâce ;
dans ton grand amour, Dieu, réponds-moi,
par ta vérité, sauve-moi.**
(Ps 68, 14)

### *Prière*

Seigneur Dieu, tu offres aux justes la récompense de leurs efforts et le pardon aux pécheurs qui se repentent : prends pitié de ceux qui te supplient, afin que la confession de nos péchés obtienne le pardon de nos fautes. Par Jésus… ***— Amen.***

## *Lecture*

du livre du prophète Isaïe (49, 8-15)

*« Je t'ai établi, pour que tu sois l'alliance du peuple, pour relever le pays »*

**Ainsi parle le Seigneur : Au temps favorable, je t'ai exaucé, au jour du salut, je t'ai secouru. Je t'ai façonné, établi, pour que tu sois l'alliance du peuple, pour relever le pays, restituer les héritages dévastés et dire aux prisonniers : « Sortez » ! aux captifs des ténèbres : « Montrez-vous » ! Au long des routes, ils pourront paître ; sur les hauteurs dénudées seront leurs pâturages. Ils n'auront ni faim ni soif ; le vent brûlant et**

le soleil ne les frapperont plus. Lui, plein de compassion, les guidera, les conduira vers les eaux vives. De toutes mes montagnes, je ferai un chemin, et ma route sera rehaussée. Les voici : ils viennent de loin, les uns du nord et du couchant, les autres des terres du sud. Cieux, criez de joie ! Terre, exulte ! Montagnes, éclatez en cris de joie ! Car le Seigneur console son peuple ; de ses pauvres, il a compassion.
Jérusalem disait : « Le Seigneur m'a abandonnée, mon Seigneur m'a oubliée. » Une femme peut-elle oublier son nourrisson, ne plus avoir de tendresse pour le fils de ses entrailles ? Même si elle l'oubliait, moi, je ne t'oublierai pas.
– Parole du Seigneur



## Psaume 144 (145)

℟ ***Le Seigneur est tendresse et pitié, lent à la colère et plein d'amour.***

Le Seigneur est tendresse et pitié,
lent à la colère et plein d'amour ;
la bonté du Seigneur est pour tous,
sa tendresse, pour toutes ses œuvres. ℟

Le Seigneur est vrai en tout ce qu'il dit,
fidèle en tout ce qu'il fait.
Le Seigneur soutient tous ceux qui tombent,
il redresse tous les accablés. ℟

Le Seigneur est juste en toutes ses voies,
fidèle en tout ce qu'il fait.
Il est proche de ceux qui l'invoquent,
de tous ceux qui l'invoquent en vérité. ℟

### *Acclamation de l'Évangile*

***Gloire à toi, Seigneur, honneur, puissance et majesté !*** Moi, je suis la résurrection et la vie, dit le Seigneur. Celui qui croit en moi ne mourra jamais. ***Gloire à toi, Seigneur, honneur, puissance et majesté !***

## *Évangile de Jésus Christ*

selon saint Jean (5, 17-30)

*« Comme le Père relève les morts et les fait vivre, ainsi le Fils fait vivre qui il veut »*

**En ce temps-là, après avoir guéri le paralysé un jour de sabbat, Jésus déclara aux Juifs : « Mon Père est toujours à l'œuvre, et moi aussi, je suis à l'œuvre. » C'est pourquoi, de plus en plus, les Juifs cherchaient à le tuer, car non seulement il ne respectait pas le sabbat, mais encore il disait que Dieu était son propre Père, et il se faisait ainsi l'égal de Dieu.**

**Jésus reprit donc la parole. Il leur déclarait : « Amen, amen, je vous le dis : le Fils ne peut rien faire de lui-même, il fait seulement ce qu'il voit faire par le Père ; ce que fait celui-ci, le Fils le fait pareillement. Car le Père aime le Fils et lui montre tout ce qu'il fait. Il lui montrera des œuvres plus grandes encore, si bien que vous serez dans l'étonnement. Comme le Père, en effet, relève les morts et les fait vivre, ainsi le Fils, lui aussi, fait vivre qui il veut. Car le Père ne juge personne : il a donné au Fils tout pouvoir pour juger, afin que tous honorent le Fils comme ils honorent le Père. Celui qui ne rend pas honneur au Fils ne rend pas non plus honneur au Père, qui l'a envoyé.**

**« Amen, amen, je vous le dis : qui écoute ma parole et croit en Celui qui m'a envoyé, obtient la vie éternelle**

et il échappe au jugement, car déjà il passe de la mort à la vie.
« Amen, amen, je vous le dis : l'heure vient – et c'est maintenant – où les morts entendront la voix du Fils de Dieu, et ceux qui l'auront entendue vivront. Comme le Père, en effet, a la vie en lui-même, ainsi a-t-il donné au Fils d'avoir, lui aussi, la vie en lui-même ; et il lui a donné pouvoir d'exercer le jugement, parce qu'il est le Fils de l'homme. Ne soyez pas étonnés ; l'heure vient où tous ceux qui sont dans les tombeaux entendront sa voix ; alors, ceux qui ont fait le bien sortiront pour ressusciter et vivre, ceux qui ont fait le mal, pour ressusciter et être jugés.
« Moi, je ne peux rien faire de moi-même ; je rends mon jugement d'après ce que j'entends, et mon jugement est juste, parce que je ne cherche pas à faire ma volonté, mais la volonté de Celui qui m'a envoyé. »



## *Prière sur les offrandes*

Dans ta bienveillance, Seigneur, fais que la puissance de ce sacrifice purifie tout ce qui vieillit en nous : qu'elle fasse grandir la vie nouvelle et nous apporte le salut. Par le Christ, notre Seigneur. — ***Amen.***

*Préface du Carême, p. 359.*

## *Antienne de la communion*

Dieu a envoyé son Fils dans le monde,
non pas pour juger le monde,
mais pour que, par lui, le monde
soit sauvé. (Jn 3, 17)

### *Prière après la communion*

Ne permets pas, Seigneur, que ce don du ciel soit un motif de condamnation pour ceux qui l'ont reçu, puisque tu l'as destiné à la guérison de tes fidèles. Par le Christ, notre Seigneur. **— *Amen.***

### *Prière sur le peuple*

*Le prêtre peut dire la prière suivante :*

Que ta tendresse, Seigneur, entoure et protège ceux qui te servent ; alors, faisant le bien en ce monde, ils parviendront jusqu'à toi, le souverain bien. Par le Christ, notre Seigneur. **— *Amen.***

**INVITATION** *proposée avec le CCFD-Terre solidaire*

Le Carême peut être le temps pour m'engager dans des actions pour la solidarité internationale. Par exemple participer à des actions du CCFD-Terre solidaire dans ma paroisse.

## COMMENTAIRE

**Le salut du Père et du Fils** Jean 5, 17-30

**Que nous apprend Jésus, sinon que la justesse de notre jugement dépend de notre recherche de la volonté de Dieu. Le plus gros obstacle étant de rester rivés à notre volonté personnelle, souvent blessée dans sa capacité de discernement par nos histoires de vie, par nos peurs, par notre tendance à vouloir dominer ou à être dominés. Alors regardons le Christ dans sa relation au Père. Et prenons le temps de méditer sur leur commune volonté de salut à notre égard : un salut toujours offert. ■**

***Emmanuelle Billoteau,*** *ermite*

# JEUDI 14 MARS 2024

4E SEMAINE DE CARÊME COULEUR LITURGIQUE : VIOLET

**Temps du Carême,** *messe de la férie*

10 - 16

### *Antienne d'ouverture*

**Joie pour les cœurs qui cherchent Dieu.
Cherchez le Seigneur, et vous serez affermis,
recherchez sans trêve sa face.** (cf. Ps 104, 3-4)

### *Prière*

Nous implorons humblement, Seigneur, ta tendresse : donne à tes serviteurs, purifiés par la conversion et formés par leurs œuvres bonnes, de persévérer dans tes commandements d'un cœur sincère et d'arriver sans encombre aux fêtes de Pâques. Par Jésus… *— **Amen.***

## Lecture

du livre de l'Exode (32, 7-14)

*« Renonce au mal que tu veux faire à ton peuple »*

**En ces jours-là, le Seigneur parla à Moïse : « Va, descends, car ton peuple s'est corrompu, lui que tu as fait monter du pays d'Égypte. Ils n'auront pas mis longtemps à s'écarter du chemin que je leur avais ordonné de suivre ! Ils se sont fait un veau en métal fondu et se sont prosternés devant lui. Ils lui ont offert des sacrifices en proclamant : "Israël, voici tes dieux, qui t'ont fait monter du pays d'Égypte." »**

Le Seigneur dit encore à Moïse : « Je vois que ce peuple est un peuple à la nuque raide. Maintenant, laisse-moi faire ; ma colère va s'enflammer contre eux et je vais les exterminer ! Mais, de toi, je ferai une grande nation. »
Moïse apaisa le visage du Seigneur son Dieu en disant : « Pourquoi, Seigneur, ta colère s'enflammerait-elle contre ton peuple, que tu as fait sortir du pays d'Égypte par ta grande force et ta main puissante ? Pourquoi donner aux Égyptiens l'occasion de dire : "C'est par méchanceté qu'il les a fait sortir ; il voulait les tuer dans les montagnes et les exterminer à la surface de la terre" ? Reviens de l'ardeur de ta colère, renonce au mal que tu veux faire à ton peuple. Souviens-toi de tes serviteurs, Abraham, Isaac et Israël, à qui tu as juré par toi-même : "Je multiplierai votre descendance comme les étoiles du ciel ; je donnerai, comme je l'ai dit, tout ce pays à vos descendants, et il sera pour toujours leur héritage." »
Le Seigneur renonça au mal qu'il avait voulu faire à son peuple.
– Parole du Seigneur

## *Psaume* 105 (106)

℟ ***Souviens-toi de nous, Seigneur, dans ta bienveillance pour ton peuple.***

Souviens-toi de m**o**i, Seigneur,
dans ta bienveill**a**nce pour ton peuple.
Avec nos pères, nous av**o**ns péché,
nous avons failli**i** et renié. ℟

À l'Horeb ils fabr**i**quent un veau,
ils adorent un obj**e**t en métal :
ils échangeaient ce qui ét**a**it leur gloire
pour l'image d'un taure**a**u,
d'un ruminant. ℟

Ils oublient le Dieu qui les sauve,
qui a fait des prodiges en Égypte,
des miracles au pays de Cham,
des actions terrifiantes sur la mer Rouge. ℟

Dieu a décidé de les détruire.
C'est alors que Moïse, son élu,
surgit sur la brèche, devant lui,
pour empêcher que sa fureur les extermine. ℟

### *Acclamation de l'Évangile*

***Louange à toi, Seigneur, Roi d'éternelle gloire !*** Dieu a tellement aimé le monde qu'il a donné son Fils unique, afin que ceux qui croient en lui aient la vie éternelle. ***Louange à toi, Seigneur, Roi d'éternelle gloire !***



## *Évangile de Jésus Christ*

selon saint Jean (5, 31-47)

*« Votre accusateur, c'est Moïse, en qui vous avez mis votre espérance »*

En ce temps-là, Jésus disait aux Juifs : « Si c'est moi qui me rends témoignage, mon témoignage n'est pas vrai ; c'est un autre qui me rend témoignage, et je sais que le témoignage qu'il me rend est vrai. Vous avez envoyé une délégation auprès de Jean le Baptiste, et il a rendu témoignage à la vérité. Moi, ce n'est pas d'un homme que je reçois le témoignage, mais je parle ainsi pour que vous soyez sauvés. Jean était la lampe qui brûle et qui brille, et vous avez voulu vous réjouir un moment à sa lumière. Mais j'ai pour moi un témoignage plus grand que celui de Jean : ce sont les œuvres que le Père m'a donné d'accomplir ; les œuvres mêmes que je fais témoignent que le Père m'a envoyé. Et le Père qui m'a envoyé, lui, m'a rendu témoignage. Vous n'avez jamais entendu sa voix, vous n'avez jamais vu sa face, et vous ne laissez pas sa parole demeurer en vous, puisque vous ne croyez pas en celui que le Père a envoyé. Vous scrutez les Écritures parce que vous pensez y trouver la vie éternelle; or, ce sont les Écritures qui me rendent témoignage, et vous ne voulez pas venir à moi pour avoir la vie! La gloire, je ne la reçois pas des hommes; d'ailleurs je vous connais : vous n'avez pas en vous l'amour de Dieu. Moi, je suis venu au nom de mon Père, et vous ne me recevez pas; qu'un autre vienne en son propre nom, celui-là, vous le recevrez! Comment pourriez-vous croire, vous qui recevez votre gloire les uns des autres, et qui ne cherchez pas la gloire qui vient du Dieu unique? Ne pensez pas que c'est moi qui vous accuserai devant le Père. Votre accusateur, c'est Moïse, en qui vous avez mis votre espérance. Si vous croyiez Moïse, vous me croiriez aussi, car c'est à mon sujet qu'il a écrit. Mais si vous ne croyez pas ses écrits, comment croirez-vous mes paroles? »

### *Prière sur les offrandes*

Nous t'en prions, Dieu tout-puissant, toi qui connais notre faiblesse : que l'offrande de ce sacrifice nous purifie de tout mal et nous protège toujours. Par le Christ, notre Seigneur. — ***Amen.***

*Préface du Carême, p. 359.*

### *Antienne de la communion*

Je mettrai ma Loi au plus profond d'eux-mêmes; je l'inscrirai sur leur cœur. Je serai leur Dieu, et ils seront mon peuple, déclare le Seigneur.
(Jr 31, 33)

### *Prière après la communion*

Purifie-nous, Seigneur, par les sacrements que nous avons reçus et libère de tout péché ceux qui te servent ; ils sont liés par la conscience de leurs fautes : qu'ils trouvent leur gloire dans la pleine guérison qui vient du ciel. Par le Christ, notre Seigneur. — ***Amen.***

### *Prière sur le peuple*

*Le prêtre peut dire la prière suivante :*

Seigneur Dieu, défenseur de ceux qui espèrent en toi, bénis ton peuple, donne-lui salut et protection, gouverne-le, afin que, libéré des péchés, hors d'atteinte de l'ennemi, il persévère toujours dans ton amour. Par le Christ, notre Seigneur. — ***Amen.***



**INVITATION** *proposée avec le CCFD-Terre solidaire*

Les associations partenaires du CCFD-Terre solidaire agissent dans leur pays pour construire un monde de justice. Je peux les porter dans ma prière.

## COMMENTAIRE

**Le chemin alternatif**

Jean 5, 31-47

**Recevoir sa gloire les uns des autres ou chercher la gloire qui vient de Dieu, telle est l'alternative pour se libérer de ce qui nous empêche de reconnaître le Christ présent et agissant dans notre vie. Un chemin qui passe par la garde de la Parole et y conduit. Car nous pouvons scruter les Écritures en vain – sans entendre cette parole qui nous conduit au Christ –, si nous nous contentons d'y chercher la justification de nos positions, refusant toute remise en question porteuse de renouveau.** ■

***Emmanuelle Billoteau,*** *ermite*

# VENDREDI 15 MARS 2024

**4E SEMAINE DE CARÊME** COULEUR LITURGIQUE : VIOLET

**Temps du Carême,** *messe de la férie*

### *Antienne d'ouverture*

**Par ton nom, Dieu, sauve-moi, par ta puissance libère-moi ;**
**Dieu, entends ma prière, écoute les paroles de ma bouche.**

(cf. Ps 53, 3-4)

### *Prière*

Seigneur Dieu, tu as préparé les secours dont notre faiblesse a besoin ; donne-nous d'accueillir avec joie notre relèvement et d'en témoigner par la fidélité de notre vie. Par Jésus… ***— Amen.***

## Lecture

du livre de la Sagesse (2, 1a.12-22)

*« Condamnons le juste à une mort infâme »*

**Les impies ne sont pas dans la vérité lorsqu'ils raisonnent ainsi en eux-mêmes : « Attirons le juste dans un piège, car il nous contrarie, il s'oppose à nos entreprises, il nous reproche de désobéir à la loi de Dieu, et nous accuse d'infidélités à notre éducation. Il prétend posséder la connaissance de Dieu, et se nomme lui-même enfant du Seigneur. Il est un démenti pour nos idées, sa seule présence nous pèse ; car il mène une vie en dehors du commun, sa conduite est étrange. Il nous tient pour des**

gens douteux, se détourne de nos chemins comme de la boue. Il proclame heureux le sort final des justes et se vante d'avoir Dieu pour père. Voyons si* ses paroles sont vraies, regardons comment il en sortira. Si le juste est fils de Dieu, Dieu l'assistera, et l'arrachera aux mains de ses adversaires. Soumettons-le à des outrages et à des tourments ; nous saurons ce que vaut sa douceur, nous éprouverons sa patience. Condamnons-le à une mort infâme, puisque, dit-il, quelqu'un interviendra pour lui. »
C'est ainsi que raisonnent ces gens-là, mais ils s'égarent ; leur méchanceté les a rendus aveugles. Ils ne connaissent pas les secrets de Dieu, ils n'espèrent pas que la sainteté puisse être récompensée, ils n'estiment pas qu'une âme irréprochable puisse être glorifiée. – Parole du Seigneur



## *Psaume* 33 (34)

℟ ***Le Seigneur est proche du cœur brisé.***

Le Seigneur affronte les méchants
pour effacer de la terre leur mémoire.
Le Seigneur entend ceux qui l'appellent :
de toutes leurs angoisses, il les délivre. ℟

Il est proche du cœur brisé,
il sauve l'esprit abattu.
Malheur sur malheur pour le juste,
mais le Seigneur chaque fois le délivre. ℟

Il veille sur chacun de ses os :
pas un ne sera brisé.
Le Seigneur rachètera ses serviteurs :
pas de châtiment pour qui trouve
en lui son refuge. ℟

### *Acclamation de l'Évangile*

***Ta Parole, Seigneur, est vérité, et ta loi, délivrance.*** L'homme ne vit pas seulement de pain, mais de toute parole qui sort de la bouche de Dieu. ***Ta Parole, Seigneur, est vérité, et ta loi, délivrance.***

## *Évangile de Jésus Christ*

selon saint Jean (7, 1-2.10.14.25-30)

*« On cherchait à l'arrêter, mais son heure n'était pas encore venue »*

En ce temps-là, Jésus parcourait la Galilée : il ne voulait pas parcourir la Judée car les Juifs cherchaient à le tuer. La fête juive des Tentes était proche. Lorsque ses frères furent montés à Jérusalem pour la fête, il y monta lui aussi, non pas ostensiblement, mais en secret.

On était déjà au milieu de la semaine de la fête quand Jésus monta au Temple ; et là il enseignait. Quelques habitants de Jérusalem disaient alors : « N'est-ce pas celui qu'on cherche à tuer ? Le voilà qui parle ouvertement, et personne ne lui dit rien ! Nos chefs auraient-ils vraiment reconnu que c'est lui le Christ ? Mais lui, nous savons d'où il est. Or, le Christ, quand il viendra, personne ne saura d'où il est. » Jésus, qui enseignait dans le Temple, s'écria : « Vous me connaissez ? Et vous savez d'où je suis ? Je ne suis pas venu de moi-même : mais il est véridique, Celui qui m'a envoyé, lui que vous ne connaissez pas. Moi, je le connais parce que je viens d'auprès de lui, et c'est lui qui m'a envoyé. »

On cherchait à l'arrêter, mais personne ne mit la main sur lui parce que son heure n'était pas encore venue.

### *Prière sur les offrandes*

Dieu tout-puissant, que le sacrifice dont la force purifie nous achemine jusqu'à sa source en nous purifiant encore. Par le Christ, notre Seigneur. — ***Amen.***

*Préface du Carême, p. 359.*

### *Antienne de la communion*

Dans le Christ, par son sang,
nous avons la rédemption,
le pardon de nos fautes.
Telle est la richesse de la grâce
de Dieu. (Ep 1, 7)

### *Prière après la communion*

Nous t'en prions, Seigneur, nous qui allons du passé vers ce qui est nouveau : tandis que nous quittons ce qui ne peut que vieillir mets en nous un esprit de renouveau et de sainteté. Par le Christ, notre Seigneur. — ***Amen.***

### *Prière sur le peuple*

*Le prêtre peut dire la prière suivante :*

Tourne ton regard, Seigneur, vers ceux qui te servent et se confient en ta miséricorde ; dans ta bienveillance, accorde-leur la protection de ton secours. Par le Christ, notre Seigneur. — ***Amen.***



**INVITATION** *proposée avec le CCFD-Terre solidaire*

En ce temps de Carême, je peux m'interroger sur la manière dont je construis un monde de solidarité et de paix, autour de moi et à travers le monde.

## COMMENTAIRE

**L'heure de la victoire** Jean 7, 1-2.10.14.25-30

**L'évangile tourne nos regards vers la Passion, l'heure de Jésus, une thématique structurante de la Bonne Nouvelle selon saint Jean. Le Christ ne fait pas l'unanimité parmi ses contemporains, sa parole dérange, remet en question des certitudes bien établies, d'où cette pulsion de meurtre, cette violence que nous connaissons bien quand nous nous sentons menacés. En y échappant, Jésus annonce la victoire de Dieu et de son dessein sur l'humanité, une victoire qui éclatera lors de la Résurrection. ■**

***Emmanuelle Billoteau**, ermite*

## ❊ CLÉ DE LECTURE

**« Voyons si… »** Sagesse 2, 17 *(p. 113)*

**Le livre de la Sagesse s'ouvre sur un procès où les « impies » – des apostats – adoptent les idées des courants philosophiques grecs épicuriens ou sceptiques et nient toute foi en une relation personnelle avec Dieu. Ils accusent le juste qui garde confiance dans l'épreuve et pour vérifier ce qu'ils avancent, ils iront jusqu'à le mettre à mort : ils veulent voir, et non pas croire ! Mais leur propre discours se retourne contre eux : en niant la foi du juste, ils s'aveuglent. Prisonniers des apparences, ils ne voient que la mort et, puisqu'ils parient pour la mort, ils y courent et la répandent autour d'eux. Au contraire, le juste qui croit au-delà du visible sait qu'il peut se remettre filialement entre les mains de Dieu, qui veillera sur lui. ■**

***Roselyne Dupont-Roc**, bibliste*

# SAMEDI 16 MARS 2024

4E SEMAINE DE CARÊME COULEUR LITURGIQUE : VIOLET

**Temps du Carême,** *messe de la férie*



### *Antienne d'ouverture*

**Les angoisses de la mort m'entouraient, les douleurs des enfers m'étreignaient ; dans mon épreuve, j'appelai le Seigneur ; de son temple saint, il a entendu ma voix.** (cf. Ps 17, 5-7)

### *Prière*

Seigneur, nous t'en prions : dirige nos cœurs par l'action de ta miséricorde, car, sans toi, il nous est impossible de te plaire. Par Jésus… — ***Amen.***

## *Lecture*

du livre du prophète Jérémie (11, 18-20)

*« Moi, j'étais comme un agneau docile qu'on emmène à l'abattoir »*

**« Seigneur, tu m'as fait savoir, et maintenant je sais, tu m'as fait voir leurs manœuvres. Moi, j'étais comme un agneau docile qu'on emmène à l'abattoir, et je ne savais pas qu'ils montaient un complot contre moi. Ils disaient : "Coupons l'arbre à la racine, retranchons-le de la terre des vivants, afin qu'on oublie jusqu'à son nom." Seigneur de l'univers, toi qui juges avec justice, qui scrutes les reins et les cœurs, fais-moi voir la revanche que tu leur infligeras, car c'est à toi que j'ai remis ma cause. »**

– Parole du Seigneur

## *Psaume* 7

℟ ***Seigneur mon Dieu, tu es mon refuge.***

Seigneur mon Dieu, tu es mon refuge !
On me poursuit : sauve-moi, délivre-moi !
Sinon ils vont m'égorger, tous ces fauves,
me déchirer, sans que personne
me délivre. ℟

Juge-moi, Seigneur, sur ma justice :
mon innocence parle pour moi.
Mets fin à la rage des impies, affermis le juste,
toi qui scrutes les cœurs et les reins,
Dieu, le juste. ℟

J'aurai mon bouclier auprès de Dieu,
le sauveur des cœurs droits.
Dieu juge avec justice ;
je chanterai le nom du Seigneur,
le Très-Haut. ℟

### *Acclamation de l'Évangile*

***Ta parole, Seigneur, est vérité, et ta loi, délivrance.*** Heureux ceux qui ont entendu la Parole dans un cœur bon et généreux, qui la retiennent et portent du fruit par leur persévérance. ***Ta parole, Seigneur, est vérité, et ta loi, délivrance.***

## *Évangile de Jésus Christ*

selon saint Jean (7, 40-53)

*Est-ce de Galilée que vient le Christ ?*

En ce temps-là, Jésus enseignait au temple de Jérusalem. Dans la foule, on avait entendu ses paroles, et les uns disaient : « C'est vraiment lui, le Prophète annoncé ! » D'autres disaient : « C'est lui le Christ ! »

Mais d'autres encore demandaient : « Le Christ peut-il venir de Galilée ? L'Écriture ne dit-elle pas que c'est de la descendance de David et de Bethléem, le village de David, que vient le Christ ? » C'est ainsi que la foule se divisa à cause de lui. Quelques-uns d'entre eux voulaient l'arrêter, mais personne ne mit la main sur lui. Les gardes revinrent auprès des grands prêtres et des pharisiens, qui leur demandèrent : « Pourquoi ne l'avez-vous pas amené ? » Les gardes répondirent : « Jamais un homme n'a parlé de la sorte ! » Les pharisiens leur répliquèrent : « Alors, vous aussi, vous vous êtes laissé égarer ? Parmi les chefs du peuple et les pharisiens, y en a-t-il un seul qui ait cru en lui ? Quant à cette foule qui ne sait rien de la Loi, ce sont des maudits ! » Nicodème, l'un d'entre eux, celui qui était allé précédemment trouver Jésus, leur dit : « Notre Loi permet-elle de juger un homme sans l'entendre d'abord pour savoir ce qu'il a fait ? » Ils lui répondirent : « Serais-tu, toi aussi, de Galilée ? Cherche bien, et tu verras que jamais aucun prophète ne surgit de Galilée ! » Puis ils s'en allèrent chacun chez soi.



## *Prière sur les offrandes*

Accueille nos offrandes, Seigneur, Dieu de paix ; et même si nos volontés se rebellent, en ta bonté, tourne-les vers toi. Par le Christ, notre Seigneur. — ***Amen.***

*Préface du Carême, p. 359.*

## *Antienne de la communion*

Nous avons été rachetés
par un sang précieux,
celui de l'Agneau sans défaut
et sans tache, le Christ.
(cf. 1 P 1, 18-19)

### *Prière après la communion*

Que tes saints mystères nous purifient, Seigneur : qu'ils agissent en nous pour nous rendre agréables à tes yeux. Par le Christ, notre Seigneur. **— *Amen.***

### *Prière sur le peuple*

*Le prêtre peut dire la prière suivante :*

Regarde ton peuple, Seigneur, tandis qu'il se hâte au-devant des fêtes qui approchent ; que ta grâce généreuse l'accompagne, afin qu'il trouve dans les réconforts visibles une aide pour s'élancer avec plus d'ardeur vers les biens invisibles. Par le Christ, notre Seigneur. **— *Amen.***

## INVITATION *proposée avec le CCFD-Terre solidaire*

En cette quatrième semaine de Carême, mon engagement peut se vivre par un don pour la solidarité internationale afin de participer à la construction de la paix et de la justice.

## COMMENTAIRE

**Consentez-vous ?** Jean 7, 40-53

**L'enseignement de Jésus fait polémique ou provoque l'étonnement, voire l'admiration et l'adhésion de certains. Il a réaffirmé son lien au Père, lien qui l'habilite ici à parler de sa Passion et du don de l'Esprit Saint, fruit de sa glorification. Un don qui suppose la foi, c'est-à-dire cette confiance qui est réceptivité, consentement à se laisser guider par celui dont on « ne sait ni d'où il vient ni où il va » (Jn 3, 8), mais dont nous pouvons expérimenter les effets dans notre vie. ■**

***Emmanuelle Billoteau,*** *ermite*

# DIMANCHE 17 MARS 2024

## 5E DIMANCHE DE CARÊME

ANNÉE B – COULEUR LITURGIQUE : VIOLET

*« Si le grain de blé tombé en terre ne meurt pas, il reste seul ; mais s'il meurt, il porte beaucoup de fruit. »* Jean 12, 24





**La Bonne Nouvelle** ne vient pas flatter notre ego et nos soifs de pouvoir ou de richesse. Le Christ invite à un chemin exigeant, mais c'est une route de liberté. Pour porter du fruit, nous sommes invités à mourir à nous-mêmes, à nous détacher de notre vie, à nous mettre au service. Avec confiance, tournons-nous vers le Christ. Accueillons Jésus, grain de blé mort en terre pour notre salut et notre vie.

## RITES INITIAUX

*Si, dans l'assemblée de ce dimanche, des catéchumènes se préparent au baptême, on peut employer les oraisons et intercessions propres prévues par le Missel.*

### *Chant d'entrée* *(Suggestions p. 386)*

*OU*

### *Antienne d'ouverture*

Rends-moi justice, ô mon Dieu, défends ma cause
contre un peuple sans foi ; de l'homme qui ruse et trahit, libère-moi ;
c'est toi, Dieu, ma forteresse. (Ps 42, 1-2)

### *Suggestion de préparation pénitentielle* *(ou p. 352)*

Le Christ est devenu pour ceux qui le suivent cause de salut éternel. Avec confiance, tournons-nous vers Dieu, demandons-lui pardon pour tous nos péchés.

Seigneur Jésus, grain de blé tombé en terre, tu nous purifies de nos offenses. Kyrie, eleison.

***— Kyrie, eleison.***

Ô Christ, Dieu de miséricorde et d'amour, tu nous raffermis et tu nous renouvelles. Christe, eleison.

***— Christe, eleison.***

Seigneur, toi qui nous enseignes tes chemins de vie, tu nous rends la joie d'être sauvés. Kyrie, eleison.

***— Kyrie, eleison.***

Que Dieu tout-puissant nous fasse miséricorde ; qu'il nous pardonne nos péchés et nous conduise à la vie éternelle. ***– Amen.***

*Pendant le Carême, on omet le Gloire à Dieu.*

### *Prière*

Viens à notre secours, Seigneur notre Dieu : accorde-nous de marcher avec joie dans la charité de ton Fils qui a aimé le monde jusqu'à donner pour lui sa vie. Lui qui… ***– Amen.***

## LITURGIE DE LA PAROLE

*On peut privilégier, ce 5e dimanche de Carême, les lectures de l'année A dans les communautés où des adultes se préparent au baptême (Ez 37, 12-14 ; Rm 8, 8-11 ; Jn 11, 1-45).*

### *Lecture* du livre du prophète Jérémie (31, 31-34)

*« Je conclurai une alliance nouvelle et je ne me rappellerai plus leurs péchés »*

**Voici venir des jours – oracle du Seigneur –, où je conclurai avec la maison d'Israël et avec la maison de Juda une alliance nouvelle. Ce ne sera pas comme l'alliance que j'ai conclue avec leurs pères, le jour où je les ai pris par la main pour les faire sortir du pays d'Égypte : mon alliance, c'est eux qui l'ont rompue, alors que moi, j'étais leur maître – oracle du Seigneur.**

**Mais voici quelle sera l'alliance que je conclurai avec la maison**

d'Israël quand ces jours-là seront passés – oracle du Seigneur. Je mettrai ma Loi au plus profond d'eux-mêmes ; je l'inscrirai sur leur cœur. Je serai leur Dieu, et ils seront mon peuple. Ils n'auront plus à instruire chacun son compagnon, ni chacun son frère en disant : « Apprends à connaître le Seigneur ! » Car tous me connaîtront, des plus petits jusqu'aux plus grands – oracle du Seigneur. Je pardonnerai leurs fautes, je ne me rappellerai plus leurs péchés.
– Parole du Seigneur

## *Psaume* 50 (51)

℟ ***Crée en moi un cœur pur, ô mon Dieu.***

*T. : AELF ; M. : M. Wackenheim ; Éd. : ADF.*

Pitié pour moi, mon Dieu, dans ton amour,
selon ta grande miséricorde, efface mon péché.
Lave-moi tout entier de ma faute,
purifie-moi de mon offense. ℟

Crée en moi un cœur pur, ô mon Dieu,
renouvelle et raffermis au fond de moi mon esprit.
Ne me chasse pas loin de ta face,
ne me reprends pas ton esprit saint. ℟

Rends-moi la joie d'être sauvé ;
que l'esprit généreux me soutienne.
Aux pécheurs, j'enseignerai tes chemins ;
vers toi, reviendront les égarés. ℟

Retrouvez ce psaume sur le CD "Les psaumes de l'année B"

## *Lecture* de la lettre aux Hébreux (5, 7-9)

*« Il a appris l'obéissance et est devenu la cause du salut éternel »*

**Le Christ, pendant les jours de sa vie dans la chair, offrit, avec un grand cri et dans les larmes, des prières et des supplications à Dieu qui pouvait le sauver de la mort, et il fut exaucé en raison de son grand respect. Bien qu'il soit le Fils, il apprit par ses souffrances l'obéissance et, conduit à sa perfection, il est devenu pour tous ceux qui lui obéissent la cause du salut éternel.**

– Parole du Seigneur

## *Acclamation de l'Évangile*

***Gloire à toi, Seigneur, gloire à toi.*** Si quelqu'un veut me servir, qu'il me suive, dit le Seigneur ; et là où moi je suis, là aussi sera mon serviteur. ***Gloire à toi, Seigneur, gloire à toi.***

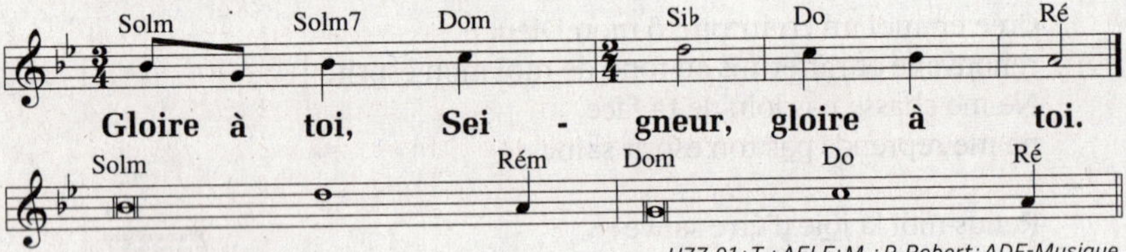


*U77-01 ; T. : AELF ; M. : P. Robert ; ADF-Musique.*

## Évangile de Jésus Christ selon saint Jean (12, 20-33)

*« Si le grain de blé tombé en terre meurt, il porte beaucoup de fruit »*

**En ce temps-là, il y avait quelques Grecs parmi ceux qui étaient montés à Jérusalem pour adorer Dieu pendant la fête de la Pâque. Ils abordèrent Philippe, qui était de Bethsaïde en Galilée, et lui firent cette demande : « Nous voudrions voir Jésus. » Philippe va le dire à André, et tous deux vont le dire à Jésus. Alors Jésus leur déclare : « L'heure est venue où le Fils de l'homme doit être glorifié. Amen, amen, je vous le dis : si le grain de blé tombé en terre ne meurt pas, il reste seul ; mais s'il meurt, il porte beaucoup de fruit. Qui aime sa vie la perd ; qui s'en détache en ce monde la gardera**

pour la vie éternelle. Si quelqu'un veut me servir, qu'il me suive; et là où moi je suis, là aussi sera mon serviteur. Si quelqu'un me sert, mon Père l'honorera. Maintenant mon âme est bouleversée. Que vais-je dire ? "Père, sauve-moi de cette heure" ? – Mais non ! C'est pour cela que je suis parvenu à cette heure-ci ! Père, glorifie ton nom ! » Alors, du ciel vint une voix qui disait : « Je l'ai glorifié et je le glorifierai encore. » En l'entendant, la foule qui se tenait là disait que c'était un coup de tonnerre. D'autres disaient : « C'est un ange qui lui a parlé. » Mais Jésus leur répondit : « Ce n'est pas pour moi qu'il y a eu cette voix, mais pour vous. Maintenant a lieu le jugement de ce monde; maintenant le prince de ce monde va être jeté dehors; et moi, quand j'aurai été élevé de terre, j'attirerai à moi tous les hommes. » Il signifiait par là de quel genre de mort il allait mourir.

### *Homélie*

### *Profession de foi* *(p. 356)*

### *Suggestion de prière universelle*

*Le prêtre :*

Le Christ a offert pour nous des prières et des supplications à Dieu. Avec force, tournons-nous vers notre Père. Prions-le pour les hommes et les femmes de notre temps.

℟ ***Dans ta miséricorde, Seigneur, écoute-nous.***

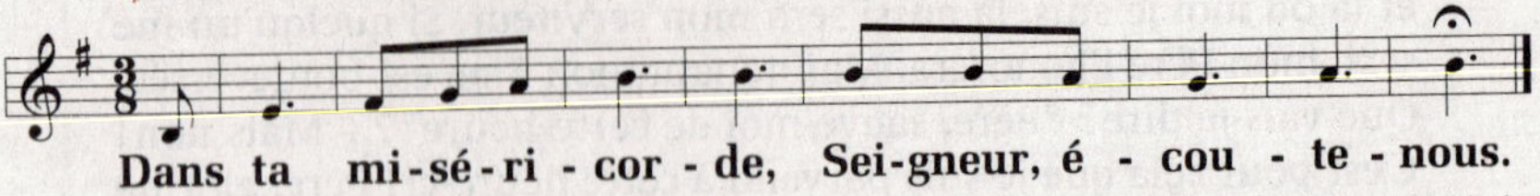


*Éd. de l'Emmanuel; M. : J.-M. Morin.*

*Le diacre ou un lecteur :*

Dieu notre Père, loué sois-tu pour ceux qui risquent leur vie pour l'Évangile aux quatre coins du monde. Pour les hommes et les femmes qui cherchent un sens à leur vie, avec notre pape, nous te prions. ℟

Dieu notre Père, loué sois-tu pour les responsables politiques qui se battent pour un monde plus solidaire. Pour ceux qui souffrent de vivre loin de leur pays, et pour les bénévoles du CCFD-Terre solidaire qui les accompagnent, ensemble, nous te prions. ℟

Dieu notre Père, loué sois-tu pour les chrétiens qui écoutent la détresse des souffrants et des malades. Pour les personnes victimes de catastrophes naturelles ou de maladies graves, ensemble, nous te prions. ℟

Dieu notre Père, loué sois-tu pour ceux qui, parmi nous, se préparent aux sacrements de l'initiation chrétienne. Pour les catéchumènes et tous les enfants catéchisés de notre paroisse, ensemble, nous te prions. ℟

*(Ces intentions seront adaptées ou modifiées selon les circonstances.)*

*Le prêtre :*
Dieu notre Père, toi qui accueilles la prière de tous les hommes, écoute-nous et daigne nous exaucer. Par le Christ, notre Seigneur. ***— Amen.***

## LITURGIE EUCHARISTIQUE

### *Prière sur les offrandes*

Exauce-nous, Dieu tout-puissant, et accorde à tes serviteurs, formés par l'enseignement de la foi chrétienne, d'être purifiés par l'action de ce sacrifice. Par le Christ, notre Seigneur. ***— Amen.***

### *Prière eucharistique* *(1re ou 2e préface du Carême, p. 359)*

*OU lorsque l'évangile de la résurrection de Lazare (Jn 11, 1-45) a été lu :*
Vraiment, il est juste et bon, pour ta gloire et notre salut, de t'offrir notre action de grâce, toujours et en tout lieu, Seigneur, Père très saint, Dieu éternel et tout-puissant, par le Christ, notre Seigneur. Lui-même, homme véritable, il a pleuré son ami Lazare ; Dieu éternel, il le releva du tombeau ; ainsi, dans sa compassion pour le genre humain, il nous conduit par les sacrements de Pâques jusqu'à la vie nouvelle. Par lui, les anges adorent ta majesté et se réjouissent en ta présence à jamais. À leur hymne de louange, laisse-nous joindre nos voix, pour chanter et proclamer : ***Saint ! Saint ! Saint…***

### *Chant de communion* *(Suggestions p. 386)*

*OU*

### *Antienne de la communion*

Amen, amen, je vous le dis : si le grain de blé tombé en terre ne meurt pas, il reste seul ; mais s'il meurt, il donne beaucoup de fruit. (Jn 12, 24-25)

*OU quand l'évangile de Lazare (Jn 11, 1-45) a été lu :*

Quiconque vit et croit en moi ne mourra jamais, dit le Seigneur. (Jn 11, 26)

### *Prière après la communion*

Accorde-nous, Dieu tout-puissant, d'être toujours comptés parmi les membres du Christ, nous qui communions à son corps et à son sang. Lui qui… ***— Amen.***

### *Prière sur le peuple*

Seigneur, bénis ton peuple qui attend le bienfait de ta compassion ; accorde-lui, dans ta largesse, de voir exaucés les désirs que toi-même lui inspires. Par le Christ, notre Seigneur. ***— Amen***

## RITE DE CONCLUSION

### *Bénédiction et envoi*

## COMMENTAIRE DU DIMANCHE

**Benoît Gschwind,** évêque de Pamiers

# Mourir pour vivre

Comme à ses habitudes la foule se presse autour du Temple. C'est fête de la Pâque à Jérusalem. Le temps est à remercier Dieu d'avoir libéré son peuple et de l'avoir conduit en Terre promise. Jésus est là, avec ses disciples. Des Juifs de la diaspora s'adressent à Philippe : « Nous voudrions voir Jésus ! » Est-ce la curiosité ou le désir de la rencontre qui motive leur demande ? Veulent-ils eux aussi devenir disciples ? L'évangile ne le dit pas. La réponse de Jésus a de quoi surprendre. Jésus leur parle de sa mort à venir, de cette mort nécessaire pour que la vie puisse surgir. L'invitation est à servir le Christ, à le suivre, et, au final, à nous détacher de notre propre vie jusqu'à accepter de la perdre, mais de la perdre par amour et pour donner du fruit en abondance. Ce chemin n'est pas facile et il suppose de •••

••• renoncer à nous-mêmes. C'est notre chemin de Carême qui se fait ce dimanche encore plus exigeant. Il nous faut monter à Jérusalem pour comprendre cela, passer de la peur à l'espérance, de la mort à la vie, et découvrir combien, à chaque fois que nous donnons de nous-mêmes, Dieu se fait plus proche de nous. De quoi avons-nous peur ? Pourquoi vouloir garder éternellement un blé qui va perdre ses qualités et ne sera plus bon à rien ? Jeté en terre, le grain qui meurt promet de belles moissons. Toutes celles et ceux qui veulent voir Jésus peuvent le voir, le suivre, croire en lui et entrer à jamais dans la vie.

À quelle occasion ai-je compris que Jésus donne sa vie pour moi ? Que suis-je prêt à donner de ma vie pour le Christ ?

Ai-je déjà entendu l'appel du Christ résonner dans ma vie ?

Suis-je prêt à le suivre ? Et à tout quitter pour cela ? ■

Prions en Église junior

## LIRE L'ÉVANGILE AVEC LES ENFANTS



### CE QUE JE DÉCOUVRE

Tout le monde parle de Jésus,
tout le monde a entendu parler de Jésus…
C'est donc normal que ceux qui
ne le connaissent pas encore demandent
à ses disciples où il se trouve : eux aussi,
ils veulent le voir ! Jésus est à Jérusalem,
il parle de sa mort.
**Sa vie, personne ne la lui prend,**
**c'est lui qui choisit de la donner !**
Jésus nous invite à faire comme lui.
Il nous invite à le suivre.

### CE QUE JE VIS

Parmi tes proches, quelles personnes
peuvent t'aider à mieux connaître Jésus ?
Comment Jésus agit-il dans ta vie ?
**Dans ta prière, demande à Jésus de te montrer son visage.**
**Alors tu verras comment sa parole te montre le chemin à suivre !**

Texte : Benoît Gschwind. Illustrations : Marcelino Truong

MÉDITATION BIBLIQUE

5[E] DIMANCHE DE CARÊME

Évangile selon saint Jean 12, 20-33

# Quand la mort s'avère féconde

**Ce qui fait l'unité de l'évangile d'aujourd'hui, c'est l'interprétation que Jésus donne de sa mort prochaine. Interprétation qui répond de manière indirecte à la demande des Grecs qui, à première lecture, semble rester pendante.**

## Le temps de la préparation

**« Nous voudrions voir Jésus » (Jn 12, 21).**

## Le temps de l'observation

La parabole du grain de blé qui doit mourir pour porter du fruit ne nous étonne plus, tant nous l'avons entendue chez Jean certes, mais aussi chez Paul, avec quelques différences toutefois (cf. 1 Co 15, 36). Quoi qu'il en soit, la mort de Jésus apparaît comme un passage obligé et consenti. Pas par fascination morbide, mais parce qu'elle est la condition d'une fécondité qui dépasse l'immédiateté et les limites d'un peuple particulier. La glorification du Christ – sa mort et son élévation – est la pleine manifestation de la présence aimante et agissante de Dieu. Elle apporte le salut à tous, débouchant sur le rassemblement d'Israël et des nations pour former en lui une seule Église, une seule assemblée. Les Grecs représentent ici tous les peuples qui ne verront pas Jésus, mais entendront parler de lui après sa résurrection et recevront l'Esprit. C'est dans la foulée de cette perspective d'universalité que Jésus énonce une règle de vie : « Qui aime sa vie la perd ; qui s'en détache en ce monde la gardera pour la vie éternelle. »

## Le temps de la méditation

Peut-être avons-nous du mal à entendre ce dernier propos, persuadés consciemment ou non qu'« un tiens vaut mieux que deux tu l'auras », et éveillés aux dérives qu'il a pu entraîner chez des chrétiens désireux de vivre l'Évangile au plus près ? L'opposition « monde » – « vie éternelle » peut éclairer notre lecture : le propre du monde pris dans le sens négatif que lui donne parfois Jean, c'est le monde clos sur lui-même qui n'a pas d'autres références que les valeurs de maîtrise, de réussite, de domination, de possession – toutes valeurs exprimant et conduisant à une attitude d'incurvation sur soi-même et ses propres intérêts. Toutes valeurs opposées à celles que Jésus a choisi d'adopter : de don, de confiance, d'abandon, de détachement, d'ouverture, de communion. Et nous savons que lui seul est le Chemin et la Vie. Sans oublier que nous pouvons expérimenter, dès à présent, les fruits de toute mort à nous-mêmes et vivre ainsi la joie d'être là où il nous attend.

## Le temps de la prière

**« Oui, près du Seigneur est l'amour » (Ps 129, 7).** ■

**Emmanuelle Billoteau,**
ermite

## PARTAGE BIBLIQUE

*Environ 45 minutes*

*Une bible ou* Prions en Église, *page 123*

### JE CONCLURAI UNE ALLIANCE NOUVELLE (JR 31, 31-34)

### Lire

Écoutons cet oracle du prophète Jérémie qui annonce la mise en place d'une Alliance nouvelle.

### Comprendre le texte

Pour le livre du Deutéronome, la révélation a rendu proche la parole de Dieu et il suffit aux hommes de l'intérioriser pour être capables de la mettre en pratique : « La Parole est toute proche de toi, elle est dans ta bouche et dans ton cœur, pour que tu la mettes en pratique » (cf. Dt 30, 14). Mais laissé à lui-même, l'homme n'a pas l'inclination du cœur pour trouver le Seigneur. Jérémie est pessimiste sur un changement possible de l'homme : « Et vous, les habitués du mal, pourriez-vous faire le bien ? » (cf. Jr 13, 23). Est-ce sans espérance ? Jérémie comprend qu'il faut que Dieu recrée le cœur de l'homme et qu'à la place du « péché gravé sur la table du cœur de l'homme », le Seigneur y inscrive sa propre loi : « Je mettrai ma Loi au plus profond d'eux-mêmes ; je l'inscrirai sur leur cœur. » Cette promesse est renouvelée à l'égard des Israélites emmenés en exil : « Je leur donnerai un cœur pour me connaître » (Is 24, 7). Ainsi, Dieu conclut avec Israël une Alliance nouvelle : la Loi n'est pas supprimée, mais elle est incorporée à l'homme. Si la Loi est extérieure à l'homme, il faut l'enseigner (cf. Dt 11, 19), mais il n'en va pas de même si elle est intérieure : « Tous me connaîtront, des plus petits jusqu'aux plus grands », des enfants aux adultes, des classes sociales inférieures aux élites. Alors seulement le pardon de Dieu aura triomphé.

## Partager

- Dans la vie, quelles ont été les décisions que j'ai prises et qui m'engagent encore aujourd'hui ?
- Comment est-ce que je saisis ce désir permanent de Dieu de faire alliance avec les hommes ?
- En quoi la façon d'associer Dieu à l'humain demeure pertinente pour le temps présent ?
- Qu'est-ce qui unifie le peuple de Dieu auquel j'appartiens ?

## Prier

Nous reprenons ce chant d'Alliance : *Église du Seigneur* (K 128). ■

**Sylvain Gasser,** prêtre assomptionniste

# LUNDI 18 MARS 2024

5[E] SEMAINE DE CARÊME COULEUR LITURGIQUE : VIOLET

**Temps du Carême,** *messe de la férie*
*(Saint Cyrille de Jérusalem)*

### *Antienne d'ouverture*

**Pitié, mon Dieu !**
**Des hommes s'acharnent contre moi ;**
**tout le jour, ils me combattent,**
**ils me harcèlent.** (Ps 55, 2)

### *Prière*

Seigneur Dieu, tu nous combles de toute bénédiction par la richesse inexprimable de ta grâce ; fais-nous passer de ce qui ne peut que vieillir à ce qui est nouveau, et nous serons préparés à la gloire du royaume des Cieux. Par Jésus…
***— Amen.***

## *Lecture*

du livre du prophète Daniel (13, 1-9.15-17.19-30.33-62)
*Lecture brève : 13, 41c-62*

*« Voici que je vais mourir, sans avoir rien fait de tout cela »*

**En ces jours-là, il y avait un habitant de Babylone qui se nommait Joakim. Il avait épousé une femme nommée Suzanne, fille d'Helkias. Elle était très belle et craignait le Seigneur. Ses parents étaient des justes, et ils avaient élevé leur fille selon la loi de Moïse. Joakim était très**

riche, et il possédait un jardin auprès de sa maison ; les Juifs affluaient chez lui, car il était le plus illustre d'entre eux. Deux anciens avaient été désignés dans le peuple pour être juges cette année-là ; ils étaient de ceux dont le Seigneur a dit : « Le crime est venu de Babylone par des anciens, par des juges qui prétendaient guider le peuple. » Ils fréquentaient la maison de Joakim, et tous ceux qui avaient des procès venaient les trouver. Lorsque le peuple s'était retiré, vers midi, Suzanne entrait dans le jardin de son mari, et s'y promenait. Les deux anciens la voyaient chaque jour entrer et se promener, et ils se mirent à la désirer : ils pervertirent leur pensée, ils détournèrent leurs yeux pour ne plus regarder vers le ciel et ne plus se rappeler ses justes décrets. Ils guettaient le jour favorable, lorsque Suzanne entra, comme la veille et l'avant-veille, accompagnée seulement de deux jeunes filles ; il faisait très chaud, et elle eut envie de prendre un bain dans le jardin. Il n'y avait personne, en dehors des deux anciens qui s'étaient cachés et qui l'épiaient. Suzanne dit aux jeunes filles : « Apportez-moi de quoi me parfumer et me laver, puis fermez les portes du jardin, pour que je puisse prendre mon bain. » Dès que les jeunes filles furent sorties, les deux anciens surgirent, coururent vers Suzanne et lui dirent : « Les portes du jardin sont fermées, on ne nous voit pas ; nous te désirons, sois consentante et viens avec nous. Autrement nous porterons contre toi ce témoignage : il y avait un jeune homme avec toi, et c'est pour cela que tu as renvoyé les jeunes filles. » Suzanne dit en gémissant : « De tous côtés, je suis prise au piège : si je vous cède, c'est la mort pour moi ; et si je refuse de céder, je n'échapperai pas à vos mains. Mieux vaut pour moi tomber entre vos mains sans vous céder, plutôt que de pécher aux yeux du Seigneur. » Alors Suzanne poussa un grand cri, et les deux anciens se mirent à crier contre elle. L'un d'eux courut ouvrir les portes du jardin. Les gens de la maison, entendant crier dans le jardin, se précipitèrent par la porte de service pour voir ce qui arrivait à Suzanne. Quand les anciens eurent raconté leur histoire, les serviteurs furent remplis de honte, car jamais on n'avait dit pareille chose de Suzanne.

Le lendemain, le peuple se rassembla chez Joakim son mari. Les deux anciens arrivèrent, remplis de pensées criminelles contre Suzanne, et décidés à la faire mourir. Ils dirent devant le peuple : « Envoyez chercher Suzanne, fille d'Helkias, épouse de Joakim. » On l'envoya chercher. Elle se présenta avec ses parents, ses enfants et tous ses proches. Tous les siens pleuraient, ainsi que tous ceux qui la voyaient. Les deux anciens se levèrent au milieu du peuple, et posèrent les mains sur sa tête. Tout en pleurs, elle leva les yeux vers le ciel, car son cœur était plein de confiance dans le Seigneur. Les anciens déclarèrent : « Comme nous nous promenions seuls dans le jardin, cette femme y est entrée avec deux servantes. Elle a fermé les portes et renvoyé les servantes. Alors un jeune homme qui était caché est venu vers elle, et a couché avec elle. Nous étions dans un coin du jardin, nous avons vu le crime, et nous avons couru vers eux. Nous les avons vus s'unir, mais nous n'avons pas pu nous emparer du jeune homme, car il était plus fort que nous : il a ouvert la porte et il s'est échappé. Mais elle, nous l'avons saisie, et nous lui avons demandé qui était ce jeune homme ; elle n'a pas voulu nous le dire. De tout cela, nous sommes témoins. » L'assemblée les crut, car c'étaient des anciens du peuple et des juges, et Suzanne fut condamnée à mort.

*Début de la lecture brève*

(*Lecture brève :* En ces jours-là, le peuple venait de condamner à mort Suzanne.) Alors elle cria d'une voix forte : « Dieu éternel, toi qui pénètres les secrets, toi qui connais toutes choses avant qu'elles n'arrivent, tu sais qu'ils ont porté contre moi un faux témoignage. Voici que je vais mourir, sans avoir rien fait de tout ce que leur méchanceté a imaginé contre moi. »

Le Seigneur entendit sa voix. Comme on la conduisait à la mort, Dieu éveilla l'esprit de sainteté chez un tout jeune garçon nommé Daniel, qui se mit à crier d'une voix forte : « Je suis innocent de la mort de cette femme ! » Tout le peuple se tourna vers lui et on lui demanda : « Que signifie cette parole que tu as prononcée ? » Alors, debout au milieu du peuple, il leur dit : « Fils d'Israël, vous êtes donc fous ? Sans interrogatoire, sans recherche de la vérité, vous avez condamné une fille d'Israël. Revenez au tribunal, car ces gens-là ont porté contre elle un faux témoignage. »

Tout le peuple revint donc en hâte, et le collège des anciens dit à Daniel : « Viens siéger au milieu de nous et donne-nous des explications, car Dieu a déjà fait de toi un ancien. » Et Daniel leur dit : « Séparez-les bien l'un de l'autre, je vais les interroger. » Quand on les eut séparés, Daniel appela le premier et lui dit : « Toi qui as vieilli dans le mal, tu portes maintenant le poids des péchés que tu as commis autrefois en jugeant injustement : tu condamnais les innocents et tu acquittais les coupables, alors que le Seigneur a dit : “Tu ne feras pas mourir l'innocent et le juste." Eh bien! si réellement tu as vu cette femme, dis-nous sous quel arbre tu les as vus se donner l'un à l'autre ? » Il répondit : « Sous un sycomore. » Daniel dit : « Voilà justement un mensonge qui te condamne : l'ange de Dieu a reçu un ordre de Dieu, et il va te mettre à mort. » Daniel le renvoya, fit amener l'autre et lui dit : « Tu es de la race de Canaan et non de Juda! La beauté t'a dévoyé et le désir a perverti ton cœur. C'est ainsi que vous traitiez les filles d'Israël, et, par crainte, elles se donnaient à vous. Mais une fille de Juda n'a pu consentir à votre crime. Dis-moi donc sous quel arbre tu les as vus se donner l'un à l'autre ? » Il répondit : « Sous un châtaignier. » Daniel lui dit : « Toi aussi, voilà justement un mensonge qui te condamne : l'ange de Dieu attend, l'épée à la main, pour te châtier, et vous faire exterminer. » Alors toute l'assemblée poussa une grande clameur et bénit Dieu qui sauve ceux qui espèrent en lui. Puis elle se retourna contre les deux anciens que Daniel avait convaincus de faux témoignage par leur propre bouche. Conformément à la loi de Moïse, on leur fit subir la peine que leur méchanceté avait imaginée contre leur prochain : on les mit à mort. Et ce jour-là, une vie innocente fut épargnée.

– Parole du Seigneur

## *Psaume* 22 (23)

℟ ***Si je traverse les ravins de la mort, je ne crains aucun mal, car tu es avec moi, Seigneur.***

Le Seigneur est mon berger :
je ne manque de rien.
Sur des prés d'herbe fraîche,
il me fait reposer. ℟

Il me mène vers les eaux tranquilles
et me fait revivre ;
il me conduit par le juste chemin
pour l'honneur de son nom. ℟

Si je traverse les ravins de la mort,
je ne crains aucun mal,
car tu es avec moi :
ton bâton me guide et me rassure. ℟

Tu prépares la table pour moi
devant mes ennemis ;
tu répands le parfum sur ma tête,
ma coupe est débordante. ℟

Grâce et bonheur m'accompagnent
tous les jours de ma vie ;
j'habiterai la maison du Seigneur
pour la durée de mes jours. ℟

17 - 23

### *Acclamation de l'Évangile*

***Ta parole, Seigneur, est vérité, et ta loi, délivrance.*** Je ne prends pas plaisir à la mort du méchant, dit le Seigneur. Qu'il se détourne de sa conduite, et qu'il vive ! ***Ta parole, Seigneur, est vérité, et ta loi, délivrance.***

## *Évangile de Jésus Christ*

selon saint Jean (8, 1-11)

*« Celui d'entre vous qui est sans péché, qu'il soit le premier à lui jeter une pierre »*

En ce temps-là, Jésus s'en alla au mont des Oliviers. Dès l'aurore, il retourna au Temple. Comme tout le peuple venait à lui, il s'assit et se mit à enseigner. Les scribes et les pharisiens lui amènent une femme qu'on avait surprise en situation d'adultère. Ils la mettent au milieu, et disent à Jésus : « Maître, cette femme a été surprise en flagrant délit d'adultère. Or, dans la Loi, Moïse nous a ordonné de lapider ces femmes-là. Et toi, que dis-tu ? » Ils parlaient ainsi pour le mettre à l'épreuve, afin de pouvoir l'accuser. Mais Jésus s'était baissé et, du doigt, il écrivait sur la terre*. Comme on persistait à l'interroger, il se redressa et leur dit : « Celui d'entre vous qui est sans péché, qu'il soit le premier à lui jeter une pierre. » Il se baissa de nouveau et il écrivait sur la terre. Eux, après avoir entendu cela, s'en allaient un par un, en commençant par les plus âgés. Jésus resta seul avec la femme toujours là au milieu. Il se redressa et lui demanda : « Femme, où sont-ils donc ? Personne ne t'a condamnée ? » Elle répondit : « Personne, Seigneur. » Et Jésus lui dit : « Moi non plus, je ne te condamne pas. Va, et désormais ne pèche plus. »

### *Prière sur les offrandes*

Au moment de célébrer les saints mystères, accorde-nous, Seigneur, comme un fruit de notre pénitence corporelle, la grâce de paraître devant toi avec un cœur purifié. Par le Christ, notre Seigneur. — ***Amen.*** *1re préface de la Passion, p. 361.*

### *Antienne de la communion*

Femme, dit Jésus,
personne ne t'a condamnée ?
– Personne, Seigneur.
– Moi non plus, je ne te condamne pas.
Va, et désormais ne pèche plus.
(cf. Jn 8, 10-11)

### *Prière après la communion*

Fortifiés par la bénédiction de tes sacrements, nous te prions, Seigneur : qu'ils nous purifient de nos penchants mauvais, et nous aident à progresser rapidement vers toi en suivant le Christ. Lui qui… – ***Amen.***

### *Prière sur le peuple*

*Le prêtre peut dire la prière suivante :*

Seigneur, nous t'en prions : libère de ses péchés ton peuple qui te supplie, fais que rien ne l'accable puisqu'il mène désormais une vie de sainteté. Par le Christ, notre Seigneur. – ***Amen.***



## INVITATION

En cette fête de saint Cyrille de Jérusalem, je peux prier particulièrement pour tous les habitants de la Ville sainte et pour la paix.

## COMMENTAIRE

**Signé Jésus** Jean 8, 1-11

**Jésus écrit sur la terre, des caractères éphémères. Verbe de Dieu, son existence tout entière fait signe. Ses mots, ses gestes sont là pour graver la mémoire et garder vif le souvenir. « Personne ne t'a condamnée ? » demande-t-il à la femme surprise en flagrant délit d'adultère. « Moi non plus, je ne te condamne pas. Va, et désormais ne pèche plus. » Puissions-nous, au quotidien, faire preuve d'une telle magnanimité. Elle dit le cœur de Dieu ! ■** ***Bénédicte de la Croix,*** *cistercienne*

## ❊ CLÉ DE LECTURE

**« Il écrivait sur la terre »** Jean 8, 6 *(p. 144)*

**Face à la manipulation mortifère de la Loi par ceux qui cherchent à piéger et à tuer, Jésus se tait, il ne répond pas. Mais son geste parle pour lui : il s'incline, il s'abaisse, non pas seulement vers la femme accusée, mais plus bas qu'elle, pour lui rendre sa dignité. Alors il écrit du doigt sur la terre, du geste même de Dieu écrivant les tables de la Loi pour Moïse (Ex 34, 1). Est-ce une autre Loi qu'il écrit ? Des paroles peut-être destinées à rejoindre et à ensemencer la terre elle-même ? Le texte ne nous dit pas ce que Jésus écrit. Mais, selon la merveilleuse suggestion de l'écrivain Erri de Luca, nous pouvons penser qu'il choisit dans le prologue même de la Loi quelques mots du Décalogue qui la domine et l'éclaire : « Tu ne tueras pas. » ■**

***Roselyne Dupont-Roc,*** *bibliste*

# MARDI 19 MARS 2024

COULEUR LITURGIQUE : BLANC

**Saint Joseph**



*Antienne d'ouverture*

**Voici le serviteur fidèle et avisé que le Seigneur a placé à la tête de sa famille.** (cf. Lc 12, 42)

*Gloire à Dieu* *(p. 355)*

*Prière*

Dieu tout-puissant, à l'aube des temps nouveaux tu as confié au bienheureux Joseph la garde des mystères du salut ; accorde maintenant à ton Église, soutenue par sa prière, de veiller toujours sur leur achèvement. Par Jésus… ***— Amen.***

*Lectures propres à la solennité de saint Joseph.*

## Lecture

du deuxième livre de Samuel (7, 4-5a.12-14a.16)

*« Le Seigneur Dieu lui donnera le trône de David son père »*

Cette nuit-là, la parole du Seigneur fut adressée au prophète Nathan : « Va dire à mon serviteur David : Ainsi parle le Seigneur : Quand tes jours seront accomplis et que tu reposeras auprès de tes pères, je te susciterai dans ta descendance un successeur, qui naîtra de toi, et je rendrai stable sa royauté. C'est lui qui bâtira une maison pour mon nom, et je rendrai stable pour toujours son trône royal. Moi, je serai pour lui un père ; et lui sera pour moi un fils. Ta maison et ta royauté subsisteront toujours devant moi, ton trône sera stable pour toujours. » – Parole du Seigneur

## Psaume 88 (89)

℟ ***Sa dynastie, sans fin subsistera.***

L'amour du Seigneur, sans fin je le chante ;
ta fidélité, je l'annonce d'âge en âge.
Je le dis : C'est un amour bâti pour toujours ;
ta fidélité est plus stable que les cieux. ℟

« Avec mon élu, j'ai fait une alliance,
j'ai juré à David, mon serviteur :
J'établirai ta dynastie pour toujours,
je te bâtis un trône pour la suite des âges. ℟

« Il me dira : Tu es mon Père,
mon Dieu, mon roc et mon salut !
Sans fin je lui garderai mon amour,
mon alliance avec lui sera fidèle. » ℟

## Lecture

de la lettre de saint Paul apôtre aux Romains (4, 13.16-18.22)

*« Espérant contre toute espérance, il a cru »*

Frères, ce n'est pas en vertu de la Loi que la promesse de recevoir le monde en héritage a été faite à Abraham et à sa descendance, mais en vertu de la justice obtenue par la foi. Voilà pourquoi on devient héritier par la foi : c'est une grâce, et la promesse demeure ferme pour tous

les descendants d'Abraham, non pour ceux qui se rattachent à la Loi seulement, mais pour ceux qui se rattachent aussi à la foi d'Abraham, lui qui est notre père à tous. C'est bien ce qui est écrit : *J'ai fait de toi le père d'un grand nombre de nations.* Il est notre père devant Dieu en qui il a cru, Dieu qui donne la vie aux morts et qui appelle à l'existence ce qui n'existe pas. Espérant contre toute espérance*, il a cru ; ainsi est-il devenu le père d'un grand nombre de nations, selon cette parole : *Telle sera la descendance que tu auras !* Et voilà pourquoi il lui fut accordé d'être juste.
– Parole du Seigneur

### *Acclamation de l'Évangile*

***Gloire et louange à toi, Seigneur Jésus.*** Heureux les habitants de ta maison, Seigneur : ils pourront te chanter encore ! ***Gloire et louange à toi, Seigneur Jésus.***



## *Évangile de Jésus Christ*

selon saint Matthieu (1, 16.18-21.24a)

*« Joseph fit ce que l'ange du Seigneur lui avait prescrit »*

Jacob engendra Joseph, l'époux de Marie, de laquelle fut engendré Jésus, que l'on appelle Christ.
Or, voici comment fut engendré Jésus Christ : Marie, sa mère, avait été accordée en mariage à Joseph ; avant qu'ils aient habité ensemble, elle fut enceinte par l'action de l'Esprit Saint. Joseph, son époux, qui était un homme juste, et ne voulait pas la dénoncer publiquement, décida de la renvoyer en secret. Comme il avait formé ce projet, voici que l'ange du Seigneur lui apparut en songe et

lui dit : « Joseph, fils de David, ne crains pas de prendre chez toi Marie, ton épouse, puisque l'enfant qui est engendré en elle vient de l'Esprit Saint ; elle enfantera un fils, et tu lui donneras le nom de Jésus (c'est-à-dire : Le-Seigneur-sauve), car c'est lui qui sauvera son peuple de ses péchés. » Quand Joseph se réveilla, il fit ce que l'ange du Seigneur lui avait prescrit.

*On peut aussi lire l'évangile selon saint Luc 2, 41-51a.*

## *Prière sur les offrandes*

Nous t'en prions, Seigneur, fais que nous puissions nous présenter au service de ton autel avec un cœur sans partage, à l'exemple du bienheureux Joseph qui s'est consacré tout entier à servir ton Fils unique, né de la Vierge Marie. Lui qui…
***— Amen.***

## *Prière eucharistique*

*(Préface de saint Joseph)*

Vraiment, il est juste et bon, pour ta gloire et notre salut, de t'offrir notre action de grâce, toujours et en tout lieu, Seigneur, Père très saint, Dieu éternel et tout-puissant. En fêtant saint Joseph, c'est à toi que nous devons rendre hommage, toi que nous exaltons et que nous bénissons. Car il fut l'homme juste que tu donnas comme époux à la Vierge Marie, la Mère de Dieu ; il fut le serviteur fidèle et prudent à qui tu confias la sainte Famille ; il veilla comme un père sur ton Fils unique conçu par la puissance du Saint-Esprit, Jésus Christ, notre Seigneur. Par lui, les anges célèbrent ta grandeur, et les esprits bienheureux adorent ta gloire ; par lui s'inclinent devant toi les puissances d'en haut, et tressaillent d'une même allégresse les innombrables créatures des cieux. À leur hymne de louange, laisse-nous joindre nos voix pour chanter et proclamer : ***Saint ! Saint ! Saint…***

### *Antienne de la communion*

Serviteur bon et fidèle,
entre dans la joie
de ton Seigneur.
(Mt 25, 21)

### *Prière après la communion*

Par cette nourriture reçue à ton autel, Seigneur, tu as rassasié ta famille, heureuse de fêter le bienheureux Joseph ; garde-la sous ta constante protection et, dans ta bonté, veille sur les dons que tu lui as faits. Par le Christ, notre Seigneur. — ***Amen.***

## INVITATION

En cette solennité de saint Joseph, je peux confier mon papa dans ma prière.

## COMMENTAIRE

**Visite nocturne** Matthieu 1, 16.18-21.24a

**Quelle est délicate cette visitation dans la nuit de Joseph. Accablé par la tristesse, il s'est endormi et voilà qu'une aile le frôle et balaye ses doutes. « Joseph, fils de David, ne crains pas de prendre chez toi Marie. » Non seulement il reçoit la confirmation que sa bien-aimée ne l'a pas trahi, mais Dieu lui confie la garde de son Fils. Pour ne pas succomber au choc de la Bonne Nouvelle, une légère anesthésie était bien nécessaire ! ■**

***Bénédicte de la Croix**, cistercienne*

## ❊ CLÉ DE LECTURE

**« Contre toute espérance »** Romains 4, 18 *(p. 149)*

**À la foi d'Abraham qui fait de lui un juste devant Dieu, Paul joint ici l'espérance, dans l'une de ces formulations paradoxales dont il a le secret : l'espérance contre toute espérance ! La foi d'Abraham n'est pas obéissance aveugle, elle est confiance absolue en la promesse de Dieu qui donne la vie. Parce qu'Abraham a cru que Dieu était indéfectiblement le Dieu des vivants, il n'a pas cru que sa vieillesse resterait stérile, il n'a pas craint la mort de son fils. Dans la foi, Abraham avait compris d'avance que Dieu, qui a appelé à la vie ce qui n'existait pas, ne cesse de rappeler de la mort ceux à qui il a donné la vie. Ainsi Abraham a-t-il espéré contre toute espérance, espéré au-delà de toutes les apparences le don d'une vie nouvelle, inespérée. ■**

***Roselyne Dupont-Roc**, bibliste*

# MERCREDI 20 MARS 2024

5[E] SEMAINE DE CARÊME COULEUR LITURGIQUE : VIOLET

**Temps du Carême,** *messe de la férie*

*Antienne d'ouverture*

**Toi qui me délivres des peuples en colère,
tu me feras triompher de mes agresseurs,
tu m'arracheras à la violence de l'homme, Seigneur.**

(cf. Ps 17, 49)

*Prière*

Dieu de miséricorde, éclaire le cœur de tes enfants, sanctifiés par la pénitence ; toi qui nous as donné le goût de te servir, écoute avec une grande bienveillance ceux qui te supplient. Par Jésus… — ***Amen.***



## Lecture

du livre du prophète Daniel (3, 14-20.91-92.95)

*« Dieu a envoyé son ange et délivré ses serviteurs ! »*

En ces jours-là, le roi Nabucodonosor parla ainsi : « Est-il vrai, Sidrac, Misac et Abdénago, que vous refusez de servir mes dieux et d'adorer la statue d'or que j'ai fait ériger ? Êtes-vous prêts, maintenant, à vous prosterner pour adorer la statue que j'ai faite, quand vous entendrez le son du cor, de la flûte, de la cithare, de la harpe, de la lyre, de la cornemuse et de toutes les sortes d'instruments ? Si vous n'adorez pas cette statue, vous serez immédiatement jetés dans la fournaise de feu ardent; et quel est le dieu qui vous délivrera de ma main ? » Sidrac, Misac et Abdénago dirent au roi Nabucodonosor : « Ce n'est pas à nous de te répondre. Si notre Dieu, que nous servons, peut nous délivrer, il nous délivrera de la fournaise de feu ardent et de ta main, ô roi. Et même s'il ne le fait pas, sois-en bien sûr, ô roi : nous ne servirons pas tes dieux, nous n'adorerons pas la statue d'or que tu as érigée. » Alors Nabucodonosor fut rempli de fureur contre Sidrac, Misac et Abdénago, et son visage s'altéra. Il ordonna de chauffer la fournaise sept fois plus qu'à l'ordinaire. Puis il ordonna aux plus vigoureux de ses soldats de ligoter Sidrac, Misac et Abdénago et de les jeter dans la fournaise de feu ardent. Le roi Nabucodonosor les entendit chanter. Stupéfait, il se leva précipitamment et dit à ses conseillers : « Nous avons bien jeté trois hommes, ligotés, au milieu du feu ? » Ils répondirent : « Assurément, ô roi. » Il reprit : « Eh bien moi, je vois quatre hommes* qui se promènent librement au milieu du feu, ils sont parfaitement indemnes, et le quatrième ressemble à un être divin. » Et Nabucodonosor s'écria : « Béni soit le Dieu de Sidrac, Misac et Abdénago, qui a envoyé son ange et délivré ses serviteurs ! Ils ont mis leur confiance en lui, et ils ont désobéi à l'ordre du roi; ils ont livré leur corps plutôt que de servir et d'adorer un autre dieu que leur Dieu. »

– Parole du Seigneur

## Cantique Daniel 3, 52, 53, 54, 55, 56

℟ ***À toi, louange et gloire éternellement !***

Béni sois-tu, Seigneur, Dieu de nos pères : ℟
Béni soit le nom très saint de ta gloire : ℟
Béni sois-tu dans ton saint temple de gloire : ℟
Béni sois-tu sur le trône de ton règne : ℟

Béni sois-tu, toi qui sondes les abîmes : ℟
Toi qui sièges au-dessus des Kéroubim : ℟
Béni sois-tu au firmament, dans le ciel : ℟

### Acclamation de l'Évangile

***Ta parole, Seigneur, est vérité, et ta loi, délivrance.*** Heureux ceux qui ont entendu la Parole dans un cœur bon et généreux, qui la retiennent et portent du fruit par leur persévérance. ***Ta parole, Seigneur, est vérité, et ta loi, délivrance.***



## Évangile de Jésus Christ

selon saint Jean (8, 31-42)

*« Si le Fils vous rend libres, réellement vous serez libres »*

En ce temps-là, Jésus disait à ceux des Juifs qui croyaient en lui : « Si vous demeurez fidèles à ma parole, vous êtes vraiment mes disciples ; alors vous connaîtrez la vérité, et la vérité vous rendra libres. » Ils lui répliquèrent : « Nous sommes la descendance d'Abraham, et nous n'avons jamais été les esclaves de personne. Comment peux-tu dire : “Vous deviendrez libres” ? » Jésus leur répondit : « Amen, amen, je vous le dis : qui commet le péché est esclave du péché. L'esclave ne demeure pas pour toujours dans la maison ; le fils, lui, y demeure pour toujours. Si donc le Fils vous rend libres, réellement vous serez libres. Je sais bien que vous êtes la descendance d'Abraham, et pourtant vous cherchez à me tuer, parce que ma parole ne trouve pas sa place en vous. Je dis ce que moi, j'ai vu auprès de mon Père, et vous aussi, vous faites ce que vous avez entendu chez votre père. » Ils lui répliquèrent : « Notre père, c'est Abraham. » Jésus leur dit : « Si vous étiez les enfants d'Abraham, vous feriez les œuvres d'Abraham. Mais maintenant, vous cherchez à me tuer, moi, un homme qui vous ai dit la vérité que j'ai entendue de Dieu. Cela, Abraham ne l'a pas fait. Vous, vous faites les œuvres de votre père. » Ils lui dirent : « Nous ne sommes pas nés de la prostitution ! Nous n'avons qu'un seul Père : c'est Dieu. » Jésus leur dit : « Si Dieu était votre Père, vous m'aimeriez, car moi, c'est de Dieu que je suis sorti et que je viens. Je ne suis pas venu de moi-même ; c'est lui qui m'a envoyé. »

### *Prière sur les offrandes*

Accepte en sacrifice, Seigneur, les présents que nous voulons te consacrer : tu nous les as donnés pour qu'ils soient offerts à la gloire de ton nom, et servent ainsi à nous guérir. Par le Christ, notre Seigneur. **— *Amen.***

*1re préface de la Passion, p. 361.*

### *Antienne de la communion*

Dieu nous a placés
dans le royaume de son Fils
bien-aimé : en lui, par son sang,
nous avons la rédemption,
le pardon de nos péchés.
(cf. Col 1, 13-14)

### *Prière après la communion*

Que cette communion à tes mystères, Seigneur, nous procure la guérison que toi seul peux donner : qu'elle arrache de nos cœurs jusqu'aux racines du mal, qu'elle nous protège et nous fortifie à jamais. Par le Christ, notre Seigneur.
***— Amen.***

### *Prière sur le peuple*

*Le prêtre peut dire la prière suivante :*
Dieu tout-puissant, montre-toi proche de ton peuple qui te supplie ; et puisque tu lui permets d'espérer avec confiance en ta tendresse, donne-lui, dans ta bonté, de goûter le fruit de ta constante miséricorde. Par le Christ, notre Seigneur. ***— Amen.***



## INVITATION

À qui vais-je apporter mon secours aujourd'hui ? Je peux identifier une association près de chez moi.

## COMMENTAIRE

**Dans la fournaise** Daniel 3, 14-20.91-92.95

**Qui sont ces jeunes gens qui ont l'audace de tenir tête au roi Nabucodonosor ? Des croyants qui refusent de confondre une statue, même éblouissante, avec le Dieu de leurs pères. Aujourd'hui, comme hier, plongés dans la fournaise de la consommation, de la violence, de l'indifférence aux choses religieuses, sans cesse menacés par l'idolâtrie, sommes-nous capables de discerner celui qui marche au milieu du feu et ne nous abandonne jamais ? ■**

*Bénédicte de la Croix,* cistercienne

## CLÉ DE LECTURE

**« Quatre hommes »** Daniel 3, 92 *(p. 154)*

**Qui est ce « quatrième homme », que rien ne laisse prévoir dans le texte hébreu, et que le roi babylonien décrit comme « un fils des dieux » ? Le texte grec insère un long développement dans le récit et signale que l'ange du Seigneur est descendu dans la fournaise avec les jeunes gens et a rejeté la flamme hors de la fournaise. Dans tous les cas, le roi que les jeunes gens ont refusé d'adorer et qui a ordonné leur mort, reconnaît que quelque chose ou quelqu'un le dépasse dans la confiance inébranlable qu'ils mettent en leur Dieu : elle leur permet de mépriser la mort, ou plutôt de la traverser. On comprend que les chrétiens ont pu reprendre ce texte pour y lire l'annonce de celui qui a affronté la mort, mais qui, par sa foi dans le Père, l'a vaincue. ■**

*Roselyne Dupont-Roc,* bibliste

**Temps du Carême,** *messe de la férie*

### *Antienne d'ouverture*

**Le Christ est le médiateur d'une alliance nouvelle,**
**d'un testament nouveau, puisque, par sa mort,**
**ceux qui sont appelés peuvent recevoir l'héritage éternel.** (cf. He 9, 15)

### *Prière*

Sois attentif à nos appels, Seigneur, et, dans ta bonté, protège ceux qui mettent leur espérance en ta miséricorde, afin que, purifiés de leurs péchés, ils persévèrent dans une vie de sainteté et deviennent les héritiers de ta promesse. Par Jésus… ***— Amen.***



## Lecture

du livre de la Genèse (17, 3-9)

*« Tu deviendras le père d'une multitude de nations »*

En ces jours-là, Abram tomba face contre terre et Dieu lui parla ainsi : « Moi, voici l'alliance que je fais avec toi : tu deviendras le père d'une multitude de nations. Tu ne seras plus appelé du nom d'Abram, ton nom sera Abraham, car je fais de toi le père d'une multitude de nations. Je te ferai porter des fruits à l'infini, de toi je ferai des nations, et des rois sortiront de toi. J'établirai mon alliance entre moi et toi, et après toi

avec ta descendance, de génération en génération ; ce sera une alliance éternelle ; ainsi je serai ton Dieu et le Dieu de ta descendance après toi. À toi et à ta descendance après toi je donnerai le pays où tu résides, tout le pays de Canaan en propriété perpétuelle, et je serai leur Dieu. » Dieu dit à Abraham : « Toi, tu observeras mon alliance, toi et ta descendance après toi, de génération en génération. »
– Parole du Seigneur

## *Psaume* 104 (105)

℟ ***Le Seigneur s'est toujours souvenu de son alliance.***

Cherchez le Seigneur et sa puissance,
recherchez sans trêve sa face ;
souvenez-vous des merveilles
qu'il a faites,
de ses prodiges, des jugements
qu'il prononça. ℟

Vous, la race d'Abraham son serviteur,
les fils de Jacob, qu'il a choisis.
Le Seigneur, c'est lui notre Dieu :
ses jugements font loi pour l'univers. ℟

Il s'est toujours souvenu de son alliance,
parole édictée pour mille générations :
promesse faite à Abraham,
garantie par serment à Isaac. ℟

### *Acclamation de l'Évangile*

***Tes paroles, Seigneur, sont esprit et elles sont vie.*** Aujourd'hui, ne fermez pas votre cœur, mais écoutez la voix du Seigneur. ***Tes paroles, Seigneur, sont esprit et elles sont vie.***

## *Évangile de Jésus Christ*

selon saint Jean (8, 51-59)

*« Abraham votre père a exulté, sachant qu'il verrait mon Jour »*

En ce temps-là, Jésus disait aux Juifs : « Amen, amen, je vous le dis : si quelqu'un garde ma parole, jamais il ne verra la mort. » Les Juifs lui dirent : « Maintenant nous savons bien que tu as un démon. Abraham est mort, les prophètes aussi, et toi, tu dis : "Si quelqu'un garde ma parole, il ne connaîtra jamais la mort." Es-tu donc plus grand que notre père Abraham ? Il est mort, et les prophètes aussi sont morts. Pour qui te prends-tu ? » Jésus répondit : « Si je me glorifie moi-même, ma gloire n'est rien ; c'est mon Père qui me glorifie, lui dont vous dites : "Il est notre Dieu", alors que vous ne le connaissez pas. Moi, je le connais et, si je dis que je ne le connais pas, je serai comme vous, un menteur. Mais je le connais, et sa parole, je la garde. Abraham votre père a exulté, sachant qu'il verrait mon Jour. Il l'a vu, et il s'est réjoui. » Les Juifs lui dirent alors : « Toi qui n'as pas encore cinquante ans, tu as vu Abraham ! » Jésus leur répondit : « Amen, amen, je vous le dis : avant qu'Abraham fût, moi, JE SUIS*. » Alors ils ramassèrent des pierres pour les lui jeter. Mais Jésus, en se cachant, sortit du Temple.



### *Prière sur les offrandes*

Regarde favorablement, Seigneur, le sacrifice que nous te présentons : qu'il serve à notre conversion et au salut du monde entier. Par le Christ, notre Seigneur.
**— Amen.** *1re préface de la Passion, p. 361.*

### *Antienne de la communion*

Dieu n'a pas épargné son propre Fils, mais il l'a livré pour nous tous : avec lui, il nous a tout donné.
(cf. Rm 8, 32)

### *Prière après la communion*

Tu nous as rassasiés, Seigneur, par ce don qui nous sauve, et nous implorons ta miséricorde : par ce même sacrement qui nous fortifie en cette vie, rends-nous participants de la vie éternelle. Par le Christ, notre Seigneur.
***— Amen.***

### *Prière sur le peuple*

*Le prêtre peut dire la prière suivante :*
Sois favorable à ton peuple, Seigneur, nous t'en prions, afin que, rejetant jour après jour ce qui te déplaît, il préfère trouver toute sa joie dans tes commandements. Par le Christ, notre Seigneur.
***— Amen.***

## INVITATION

« Je suis » : et si je prenais 10 minutes pour calligraphier ces mots en méditant sur le grand mystère que Jésus annonce dans l'évangile ?

## COMMENTAIRE

**Révélation**

Jean 8, 51-59

« Amen, amen, je vous le dis : avant qu'Abraham fût, moi, Je suis. » Jésus révèle sa véritable identité et il reçoit une pluie de cailloux ! Il doit se cacher pour sortir de la maison de son Père et échapper à une mort certaine ! Cette révélation est-elle trop démesurée et nos esprits trop étroits pour croire, croire vraiment que l'Éternel puisse choisir un corps d'homme pour en faire le temple de sa gloire ? ■

*Bénédicte de la Croix,* cistercienne

## ✻ CLÉ DE LECTURE

**« Je suis »**

Jean 8, 58 *(p. 161)*

La déclaration de Jésus évoque la révélation de Dieu à Moïse : « Je suis celui que je suis » (Ex 3, 14). La traduction grecque l'a tirée du côté de la philosophie : « je suis l'étant », où Dieu devient l'équivalent de l'être, sommet de la pensée platonicienne. Mais le texte de Jean est beaucoup plus proche d'Isaïe, où Dieu affirme « Je suis » (Is 43, 10), à l'exclusion de tout autre dans le passé et le futur. Dieu se révèle ainsi par sa présence dans le temps humain, couvrant passé, présent et avenir, si bien qu'il s'accorde au pas des hommes et ne cesse de les accompagner dans les circonstances tumultueuses de leurs vies. Jésus vient alors s'inscrire comme l'accomplissement, prévu depuis toujours, de cet immense projet dans notre histoire humaine. ■

*Roselyne Dupont-Roc,* bibliste

# VENDREDI 22 MARS 2024

5E SEMAINE DE CARÊME COULEUR LITURGIQUE : VIOLET

**Temps du Carême,** *messe de la férie*

*Antienne d'ouverture*

**Prends pitié de moi, Seigneur, je suis en détresse.**
**Délivre-moi des mains hostiles qui s'acharnent.**
**Seigneur, garde-moi d'être humilié, moi qui t'appelle.** (Ps 30, 10.16.18)

*Prière*

Pardonne, Seigneur, les fautes de ton peuple : puisque notre faiblesse nous a rendus captifs des liens du péché, que ta tendresse nous en délivre. Par Jésus… ***— Amen.***

*ou*

Seigneur Dieu, dans ta bonté, tu donnes maintenant à ton Église d'imiter avec amour la bienheureuse Marie quand elle contemplait la passion du Christ ; nous t'en prions, accorde-nous, par l'intercession de la Vierge, de nous attacher toujours plus fermement à ton Fils unique et de parvenir enfin à la plénitude de sa grâce. Lui qui… ***— Amen.***

## Lecture

du livre du prophète Jérémie (20, 10-13)

*« Le Seigneur est avec moi, tel un guerrier redoutable »*

**Moi, Jérémie, j'entends les calomnies de la foule : « Dénoncez-le ! Allons le dénoncer, celui-là, l'Épouvante-de-tous-côtés*. » Tous mes amis**

guettent mes faux pas, ils disent : « Peut-être se laissera-t-il séduire… Nous réussirons, et nous prendrons sur lui notre revanche ! » Mais le Seigneur est avec moi, tel un guerrier redoutable : mes persécuteurs trébucheront, ils ne réussiront pas. Leur défaite les couvrira de honte, d'une confusion éternelle, inoubliable. Seigneur de l'univers, toi qui scrutes l'homme juste, toi qui vois les reins et les cœurs, fais-moi voir la revanche que tu leur infligeras, car c'est à toi que j'ai remis ma cause.

Chantez le Seigneur, louez le Seigneur : il a délivré le malheureux de la main des méchants.

– Parole du Seigneur

## Psaume 17 (18)

℟ ***Dans mon angoisse, j'appelai le Seigneur ; il entend ma voix.***

Je t'aime, Seigneur, ma force :
Seigneur, mon roc, ma forteresse,
Dieu mon libérateur, le rocher qui m'abrite,
mon bouclier, mon fort,
mon arme de victoire ! ℟

Louange à Dieu !
Quand je fais appel au Seigneur,
je suis sauvé de tous mes ennemis. ℟

Les liens de la mort m'entouraient,
le torrent fatal m'emportait ;
des liens infernaux m'étreignaient :
j'étais pris aux pièges de la mort. ℟

Dans mon angoisse, j'appelai le Seigneur ;
vers mon Dieu, je lançai un cri ;
de son temple il entend ma voix :
mon cri parvient à ses oreilles. ℟

*Acclamation de l'Évangile*

***Gloire à toi, Seigneur, Fils du Dieu vivant!*** Tes paroles, Seigneur, sont esprit et elles sont vie. Tu as les paroles de la vie éternelle. ***Gloire à toi, Seigneur, Fils du Dieu vivant!***

## Évangile de Jésus Christ

selon saint Jean (10, 31-42)

*« Ils cherchaient à l'arrêter, mais il échappa à leurs mains »*

En ce temps-là, de nouveau, des Juifs prirent des pierres pour lapider Jésus. Celui-ci reprit la parole : « J'ai multiplié sous vos yeux les œuvres bonnes qui viennent du Père. Pour laquelle de ces œuvres voulez-vous me lapider ? » Ils lui répondirent : « Ce n'est pas pour une œuvre bonne que nous voulons te lapider, mais c'est pour un blasphème : tu n'es qu'un homme, et tu te fais Dieu. » Jésus leur répliqua : « N'est-il pas écrit dans votre Loi : *J'ai dit : Vous êtes des dieux ?* Elle les appelle donc des dieux, ceux à qui la parole de Dieu s'adressait, et l'Écriture ne peut pas être abolie. Or, celui que le Père a consacré et envoyé dans le monde, vous lui dites : "Tu blasphèmes", parce que j'ai dit : "Je suis le Fils de Dieu". Si je ne fais pas les œuvres de mon Père, continuez à ne pas me croire. Mais si je les fais, même si vous ne me croyez pas, croyez les œuvres. Ainsi vous reconnaîtrez, et de plus en plus, que le Père est en moi, et moi dans le Père. » Eux cherchaient de nouveau à l'arrêter, mais il échappa à leurs mains.

Il repartit de l'autre côté du Jourdain, à l'endroit où, au début, Jean baptisait ; et il y demeura. Beaucoup vinrent à lui en déclarant : « Jean n'a pas accompli de signe ; mais tout ce que Jean a dit de celui-ci était vrai. » Et là, beaucoup crurent en lui.

*Prière sur les offrandes*

Dieu de miséricorde, donne-nous de pouvoir toujours te servir à ton autel avec respect, et de trouver le salut dans la participation fidèle aux mystères que nous célébrons. Par le Christ, notre Seigneur. **— *Amen.*** *1re préface de la Passion, p. 361.*

*Antienne de la communion*

Jésus a porté nos péchés,
dans son corps, sur le bois, afin que,
morts à nos péchés, nous vivions
pour la justice. Par ses blessures,
nous sommes guéris. (1 P 2, 24)

*Prière après la communion*

Donne-nous, Seigneur, de trouver dans la communion à ce sacrifice une indéfectible protection ; grâce à elle, que tout mal soit à jamais éloigné de nous. Par le Christ, notre Seigneur. **— *Amen.***

*Prière sur le peuple*

*Le prêtre peut dire la prière suivante :*

Dieu tout-puissant, accorde à ceux qui te servent et recherchent la grâce de ta protection d'être libérés de tout mal, afin de pouvoir te servir d'un cœur paisible. Par le Christ, notre Seigneur. **— *Amen.***



## INVITATION

En ce dernier vendredi de Carême, particulièrement, je pourrais prendre le temps de vivre le chemin de croix sur l'heure du déjeuner.

## COMMENTAIRE

**L'un d'entre nous** Jean 10, 31-42

**« Je suis le Fils de Dieu », affirme Jésus à l'adresse de ceux qui cherchent à le lapider. Laissons résonner en nous cette phrase. Goûtons-en la profondeur abyssale et toute sa saveur. Si Jésus est vraiment tel qu'il se présente, Dieu s'est fait l'un de nous. En son Fils, il a épousé notre chair pour la remettre entre les mains du Père comme aux premiers jours de la Création. Oui, nous avons bien raison d'espérer envers et contre tout ! ■**

***Bénédicte de la Croix**, cistercienne*

## ❊ CLÉ DE LECTURE

**« Épouvante-de-tous-côtés »** Jérémie 20, 10 *(p. 164)*

**Jérémie ou les tourments d'un homme aux prises avec la parole de Dieu dans les soubresauts de l'histoire. Les Babyloniens qui menacent le petit royaume et exigent un tribut de plus en plus lourd ; un roi faible et mal entouré qui se fie à une intervention égyptienne fantasmée ! De tous côtés, l'épouvante assaille le peuple et le prophète solidaire. Mais le prophète doit parler de la part de Dieu, demander la soumission aux Babyloniens, au risque d'être considéré comme un traître... Un choix politique qui le déchire lui-même, une parole qui le brûle de l'intérieur, car le risque de se tromper le hante aussi. Mais Jérémie tient bon, et il tient bon à cause du Seigneur : le Dieu à qui il a « remis sa cause », en qui il continuera d'espérer, malgré tout ! ■**

***Roselyne Dupont-Roc**, bibliste*

# SAMEDI 23 MARS 2024

5E SEMAINE DE CARÊME COULEUR LITURGIQUE : VIOLET

**Temps du Carême**

*(Saint Turibio de Mogrovejo)*

*Antienne d'ouverture*

**Toi, Seigneur, ne sois pas loin :**
**ô ma force, viens vite à mon aide !**
**Moi, je suis un ver, pas un homme, raillé par les gens,**
**rejeté par le peuple.** (Ps 21, 20.7)

*Prière*

Seigneur Dieu, de tous ceux à qui tu as donné de renaître dans le Christ, tu as fait une descendance choisie, un sacerdoce royal ; accorde-nous de vouloir ce que tu commandes et de pouvoir l'accomplir, afin que le peuple appelé à l'éternité ait une même foi dans le cœur, une même charité dans l'action. Par Jésus… — ***Amen.***



## Lecture

du livre du prophète Ézékiel (37, 21-28)

*« J'en ferai une seule nation »*

**Ainsi parle le Seigneur Dieu : « Je vais prendre les fils d'Israël parmi les nations où ils sont allés. Je les rassemblerai de partout et les ramènerai sur leur terre. J'en ferai une seule nation dans le pays, sur les montagnes d'Israël. Ils n'auront tous qu'un seul roi ; ils ne formeront plus deux nations ; ils ne seront plus divisés en deux royaumes. Ils ne se rendront plus**

impurs avec leurs idoles immondes et leurs horreurs, avec toutes leurs révoltes. Je les sauverai en les retirant de tous les lieux où ils habitent et où ils ont péché, je les purifierai. Alors ils seront mon peuple, et moi je serai leur Dieu. Mon serviteur David régnera sur eux; ils n'auront tous qu'un seul berger; ils marcheront selon mes ordonnances, ils garderont mes décrets et les mettront en pratique. Ils habiteront le pays que j'ai donné à mon serviteur Jacob, le pays que leurs pères ont habité. Ils l'habiteront, eux-mêmes et leurs fils, et les fils de leurs fils pour toujours. David, mon serviteur, sera leur prince pour toujours. Je conclurai avec eux une alliance de paix, une alliance éternelle. Je les rétablirai, je les multiplierai, je mettrai mon sanctuaire au milieu d'eux pour toujours. Ma demeure sera chez eux, je serai leur Dieu et ils seront mon peuple. Alors les nations sauront que Je suis le Seigneur, celui qui sanctifie Israël, lorsque mon sanctuaire sera au milieu d'eux pour toujours. » – Parole du Seigneur

## Cantique Jérémie 31, 10, 11-12ab, 13

℟ ***Le Seigneur nous garde, comme un berger son troupeau.***

Écoutez, nations, la parole du Seigneur !
Annoncez dans les îles lointaines :
« Celui qui dispersa Israël le rassemble,
il le garde, comme un berger
son troupeau. ℟

Le Seigneur a libéré Jacob,
l'a racheté des mains d'un plus fort.
Ils viennent, criant de joie,
sur les hauteurs de Sion :
ils affluent vers les biens du Seigneur. ℟

La jeune fille se réjouit, elle danse ;
jeunes gens, vieilles gens, tous ensemble !

Je change leur deuil en joie,
les réjouis, les console après la peine. » ℟

### *Acclamation de l'Évangile*

***Ta parole, Seigneur, est vérité, et ta loi, délivrance.*** Rejetez tous les crimes que vous avez commis, faites-vous un cœur nouveau et un esprit nouveau. ***Ta parole, Seigneur, est vérité, et ta loi, délivrance.***

## *Évangile de Jésus Christ*

selon saint Jean (11, 45-57)

*« Afin de rassembler dans l'unité les enfants de Dieu dispersés »*

En ce temps-là, quand Lazare fut sorti du tombeau, beaucoup de Juifs, qui étaient venus auprès de Marie et avaient donc vu ce que Jésus avait fait, crurent en lui. Mais quelques-uns allèrent trouver les pharisiens pour leur raconter ce qu'il avait fait. Les grands prêtres et les pharisiens réunirent donc le Conseil suprême ; ils disaient : « Qu'allons-nous faire ? Cet homme accomplit un grand nombre de signes. Si nous le laissons faire, tout le monde va croire en lui, et les Romains viendront détruire notre Lieu saint et notre nation. » Alors, l'un d'entre eux, Caïphe, qui était grand prêtre cette année-là, leur dit : « Vous n'y comprenez rien ; vous ne voyez pas quel est votre intérêt : il vaut mieux qu'un seul homme meure pour le peuple, et que l'ensemble de la nation ne périsse pas. » Ce qu'il disait là ne venait pas de lui-même ; mais, étant grand prêtre cette année-là, il prophétisa que Jésus allait mourir pour la nation ; et ce

n'était pas seulement pour la nation, c'était afin de rassembler dans l'unité les enfants de Dieu dispersés.
À partir de ce jour-là, ils décidèrent de le tuer. C'est pourquoi Jésus ne se déplaçait plus ouvertement parmi les Juifs ; il partit pour la région proche du désert, dans la ville d'Éphraïm où il séjourna avec ses disciples. Or, la Pâque juive était proche, et beaucoup montèrent de la campagne à Jérusalem pour se purifier avant la Pâque. Ils cherchaient Jésus et, dans le Temple, ils se disaient entre eux : « Qu'en pensez-vous ? Il ne viendra sûrement pas à la fête ! » Les grands prêtres et les pharisiens avaient donné des ordres : quiconque saurait où il était devait le dénoncer, pour qu'on puisse l'arrêter.

## *Prière sur les offrandes*

Accepte, Seigneur, les offrandes présentées en ce temps de jeûne ; qu'elles nous purifient et nous rendent dignes de ta grâce, pour nous conduire aux biens promis dans l'éternité. Par le Christ, notre Seigneur. — ***Amen.***

*1re préface de la Passion, p. 361.*

## *Antienne de la communion*

Le Christ a été livré,
afin de rassembler dans l'unité
les enfants de Dieu dispersés.
(cf. Jn 11, 52)

## *Prière après la communion*

Dieu souverain, nous te le demandons humblement : puisque tu nous as fait communier au Corps et au Sang très saints de ton Fils, rends-nous participants de la nature divine. Par le Christ, notre Seigneur. — ***Amen.***

### *Prière sur le peuple*

*Le prêtre peut dire la prière suivante :*

Prends pitié, Seigneur, de ton Église en prière, et regarde avec bonté le cœur de tes fidèles tournés vers toi ; ne permets pas que le péché les entrave, ne laisse pas le malheur les accabler, puisque tu les as rachetés par la mort de ton Fils unique. Lui qui… — ***Amen.***

## INVITATION

Aujourd'hui, je peux prier la bienheureuse Vierge Marie, notre Mère,
avec le chapelet de Lourdes en le regardant en direct à 15 h 30
sur le site du sanctuaire www.lourdes-france.org, ou en l'écoutant sur RCF.



## COMMENTAIRE

### Malgré l'évidence

Jean 11, 45-57

**Beaucoup de Juifs ont été témoins de la résurrection de Lazare. Cet homme « qui sentait déjà » est sorti du tombeau et a repris le cours de sa vie. Admettre ce miracle, hors du commun, conduirait à reconnaître la divinité de Jésus : Dieu seul est maître de la vie. Sclérosés dans leurs croyances, les pharisiens refusent de se rendre au réel. Le danger nous guette de préférer le confort de nos habitudes à l'objectivité des faits. ■**

***Bénédicte de la Croix,*** *cistercienne*

# DIMANCHE 24 MARS 2024

## DIMANCHE DES RAMEAUX ET DE LA PASSION

**ANNÉE B – COULEUR LITURGIQUE : ROUGE**

*« Ils amenèrent le petit âne à Jésus, le couvrirent de leurs manteaux, et Jésus s'assit dessus. »* Marc 11, 7



**L'entrée à Jérusalem est triomphale.** Les foules l'acclament. Que connaissent-elles de ce Jésus dont bientôt elles se détourneront ? des rumeurs sur ses exploits, ses miracles, des bribes de ses paroles ? Comme ces foules, nous n'en avons jamais fini de découvrir le Christ, de nous étonner, de douter, d'être émerveillés. Aujourd'hui encore, laissons-nous surprendre !

# COMMÉMORATION DE L'ENTRÉE DU SEIGNEUR À JÉRUSALEM

## Procession ou entrée solennelle

*Antienne*

Hosanna au fils de David !
Béni soit celui qui vient au nom du Seigneur, le Roi d'Israël !
Hosanna au plus haut des cieux ! (cf. Mt 21, 9)

*OU*

*H27 ; T. : AELF ; M. : Julien ; Chalet.*

*Le chant terminé, le prêtre salue le peuple puis invite les fidèles à participer à la célébration par la brève allocution qui suit ou en des termes semblables :*

Frères et sœurs bien-aimés, depuis le début du Carême, nous avons préparé nos cœurs par la pénitence et la pratique de la charité.

Nous voici rassemblés aujourd'hui pour commencer avec toute l'Église la célébration du mystère pascal de notre Seigneur, celui de sa passion et de sa résurrection. En vue d'accomplir ce mystère pascal, il a fait son entrée dans sa ville de Jérusalem. Mettons toute notre foi et tout notre amour à rappeler maintenant le souvenir de cette entrée de Jésus notre Sauveur et suivons le Seigneur, afin qu'associés par grâce à la croix, nous ayons part à la résurrection et à la vie.

### *Prière*

Dieu éternel et tout-puissant, bénis et sanctifie ✠ ces rameaux, afin qu'en suivant dans l'allégresse le Christ notre Roi, nous puissions parvenir par lui jusqu'à la Jérusalem éternelle. Lui qui… ***– Amen.***

*OU*

Augmente la foi de ceux qui espèrent en toi, Seigneur Dieu, exauce en ta bonté les prières de ceux qui te supplient : aujourd'hui, nous tenons à la main ces rameaux pour acclamer le Christ en son triomphe ; puissions-nous, par nos œuvres bonnes, porter en lui du fruit à ta gloire. Lui qui… ***– Amen.***

### *Récit de l'entrée à Jérusalem*

Évangile de Jésus Christ selon saint Marc (11, 1-10)

**Lorsqu'ils approchent de Jérusalem, vers Bethphagé et Béthanie, près du mont des Oliviers, Jésus envoie deux de ses disciples et leur dit : « Allez au village qui est en face de vous. Dès que vous y**

entrerez, vous trouverez un petit âne attaché, sur lequel personne ne s'est encore assis. Détachez-le et amenez-le. Si l'on vous dit : "Que faites-vous là ?", répondez : "Le Seigneur en a besoin, mais il vous le renverra aussitôt." » Ils partirent, trouvèrent un petit âne attaché près d'une porte, dehors, dans la rue, et ils le détachèrent. Des gens qui se trouvaient là leur demandaient : « Qu'avez-vous à détacher cet ânon ? » Ils répondirent ce que Jésus leur avait dit, et on les laissa faire. Ils amenèrent le petit âne à Jésus, le couvrirent de leurs manteaux, et Jésus s'assit dessus.
Alors, beaucoup de gens étendirent leurs manteaux sur le chemin, d'autres, des feuillages coupés dans les champs. Ceux qui marchaient devant et ceux qui suivaient criaient : « Hosanna ! Béni soit celui qui vient au nom du Seigneur ! Béni soit le Règne qui vient, celui de David, notre père. Hosanna au plus haut des cieux ! »

*On peut aussi lire Jean 12, 12-16.*

## *Procession des rameaux*

*Après l'évangile et avant le départ de la procession,*
*le prêtre peut prononcer une brève homélie ou dire simplement :*
Et maintenant, frères et sœurs bien-aimés, imitons les foules de Jérusalem, heureuses d'acclamer Jésus, et avançons dans la paix.
*Ou bien seulement :*
Avançons dans la paix. — ***Au nom du Christ. Amen.***

*Tandis que la procession s'avance, on peut chanter l'antienne suivante ou d'autres chants en l'honneur du Christ Roi :*

Les enfants des Hébreux, portant des rameaux d'olivier,
allèrent au-devant du Seigneur ; ils l'acclamaient en disant :
Hosanna au plus haut des cieux !

*À l'entrée de la procession dans l'église, on chante le répons suivant ou un autre chant semblable :*

À l'entrée du Seigneur dans la Ville sainte,
les enfants des Hébreux, portant des palmes et des rameaux d'olivier, annonçaient la résurrection.
℟ ***Avec eux, nous chantons : Hosanna au plus haut des cieux !***
Quand le peuple apprit que Jésus arrivait à Jérusalem,
il sortit à sa rencontre.
℟ ***Avec eux, nous chantons : Hosanna au plus haut des cieux !***

## Entrée simple

*Acclamé puis injurié, Jésus marchera jusqu'au pied de la Croix en ne faisant que la volonté de son Père. Le Christ Jésus, prenant la condition de serviteur, vient montrer aux hommes la toute-puissance de l'amour de Dieu. Dans nos combats et nos faiblesses, il nous offre la joie du salut et l'espérance de la résurrection.*

### Chant d'entrée *(Suggestions p. 386)*

### *ou* Antienne d'ouverture

Six jours avant la fête de la Pâque, lorsque le Seigneur fit son entrée

à Jérusalem, les enfants allèrent à sa rencontre. Ils tenaient en main des branches de palmier, et criaient à pleine voix :
***— Hosanna au plus haut des cieux ! Sois béni, toi qui viens dans l'abondance de ta miséricorde !***

Portes, levez vos frontons,
élevez-vous, portes éternelles :
qu'il entre, le roi de gloire !
Qui donc est ce roi de gloire ?
C'est le Seigneur, Dieu de l'univers ;
c'est lui, le roi de gloire.

***— Hosanna au plus haut des cieux ! Sois béni, toi qui viens dans l'abondance de ta miséricorde !***
(cf. Jn 12, 1. 12-13 ; Ps 23, 9-10)

## *Suggestion de préparation pénitentielle* *(ou p. 352)*

Aujourd'hui, en entrant à Jérusalem, le Messie est acclamé par la foule. Bientôt, il sera mis à mort. Avec foi, tournons-nous vers Dieu et demandons-lui pardon pour nos péchés.

Seigneur Jésus, toi qui as la condition de Dieu, toi qui n'as pas retenu le rang qui t'égalait à Dieu, tu as pris la condition de serviteur, accorde-nous ton pardon. ***— Nous avons péché contre toi.***

Seigneur, toi que Dieu a doté du Nom qui est au-dessus de tout nom, toi qui appelles tous les hommes à proclamer ta royauté et ta sainteté, montre-nous ta miséricorde. ***— Et nous serons sauvés.***

Que Dieu tout-puissant nous fasse miséricorde ; qu'il nous pardonne nos péchés et nous conduise à la vie éternelle. ***– Amen.***

*Ensuite, on chante ou on dit le Kyrie eleison.*

*Pendant le Carême, on omet le Gloire à Dieu.*

## MESSE DE LA PASSION

### *Prière*

Dieu éternel et tout-puissant, pour donner au genre humain un exemple d'humilité, tu as voulu que notre Sauveur prenne chair et qu'il subisse la croix : accorde-nous, dans ta bonté, d'accueillir le témoignage de sa force dans la souffrance et d'avoir part à sa résurrection. Lui qui… ***– Amen.***

## LITURGIE DE LA PAROLE

### *Lecture* du livre du prophète Isaïe (50, 4-7)

*« Je n'ai pas caché ma face devant les outrages,*
*je sais que je ne serai pas confondu »*

**Le Seigneur mon Dieu m'a donné le langage des disciples, pour que je puisse, d'une parole, soutenir celui qui est épuisé. Chaque matin, il éveille, il éveille mon oreille pour qu'en disciple, j'écoute. Le Seigneur mon Dieu m'a ouvert l'oreille, et moi, je ne**

me suis pas révolté, je ne me suis pas dérobé. J'ai présenté mon dos à ceux qui me frappaient, et mes joues à ceux qui m'arrachaient la barbe. Je n'ai pas caché ma face devant les outrages et les crachats. Le Seigneur mon Dieu vient à mon secours ; c'est pourquoi je ne suis pas atteint par les outrages, c'est pourquoi j'ai rendu ma face dure comme pierre : je sais que je ne serai pas confondu.
– Parole du Seigneur.

## Psaume 21 (22)

℟ ***Mon Dieu, mon Dieu, pourquoi m'as-tu abandonné ?***

*T. : AELF ; M. : T. Ospital ; Éd. : ADF.*

Tous ceux qui me voient me bafouent,
ils ricanent et hochent la tête :
« Il comptait sur le Seigneur : qu'il le délivre !
Qu'il le sauve, puisqu'il est son ami ! » ℟

℟ ***Mon Dieu, mon Dieu, pourquoi m'as-tu abandonné ?***

Oui, des chiens me cernent,
une bande de vauriens m'entoure.
Ils me percent les mains et les pieds ;
je peux compter tous mes os. ℟

Ils partagent entre eux mes habits
et tirent au sort mon vêtement.
Mais toi, Seigneur, ne sois pas loin :
ô ma force, viens vite à mon aide ! ℟

Retrouvez ce psaume sur le CD "Les psaumes de l'année B"

Tu m'as répondu !
Et je proclame ton nom devant mes frères,
je te loue en pleine assemblée.
Vous qui le craignez, louez le Seigneur. ℟

## *Lecture* de la lettre de saint Paul apôtre aux Philippiens (2, 6-11)

*« Il s'est abaissé : c'est pourquoi Dieu l'a exalté »*

**Le Christ Jésus, ayant la condition de Dieu, ne retint pas jalousement le rang qui l'égalait à Dieu. Mais il s'est anéanti, prenant la condition de serviteur, devenant semblable aux hommes. Reconnu homme à son aspect, il s'est abaissé, devenant obéissant jusqu'à la mort, et la mort de la croix. C'est pourquoi Dieu l'a exalté : il l'a doté du Nom qui est au-dessus de tout nom, afin qu'au nom de Jésus tout genou fléchisse au ciel, sur terre et aux enfers, et**

que toute langue proclame : « Jésus Christ est Seigneur » à la gloire de Dieu le Père. – Parole du Seigneur.

## *Acclamation de l'Évangile*

***Gloire et louange à toi, Seigneur Jésus !*** Pour nous, le Christ est devenu obéissant, jusqu'à la mort, et la mort de la croix. C'est pourquoi Dieu l'a exalté : il l'a doté du Nom qui est au-dessus de tout nom. ***Gloire et louange à toi, Seigneur Jésus !***

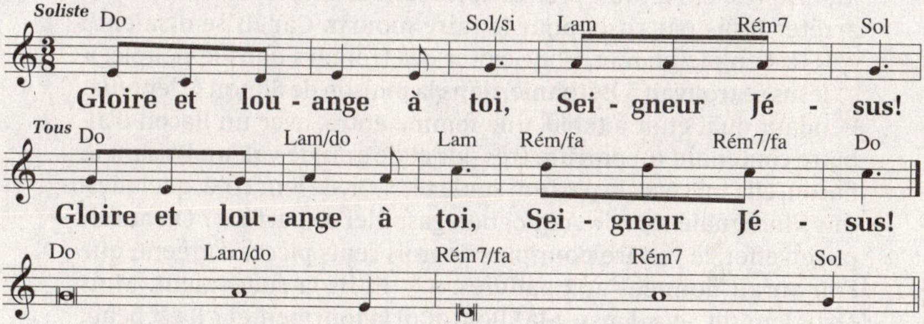


*U 77-01; T. : AELF; M. : P. Robert; ADF-Musique.*

*La lecture de la Passion se fait sans salutation au début.*

*Refrains suggérés au cours de la lecture de la Passion :*

℟ ***Ô croix dressée sur le monde*** *(H30) ou :* ***Victoire, tu régneras*** *(H32) ou :* ***Nous chantons la croix du Seigneur*** *(CNA n° 342).*

***Pour lire l'évangile de la Passion à plusieurs voix :***
*✢ Jésus ; Ⓛ lecteur ; Ⓓ disciples et amis ; Ⓕ foule ; Ⓐ autres personnages*

## *La Passion de notre Seigneur Jésus Christ*

selon saint Marc (14, 1 – 15, 47)

*(Si l'on choisit la lecture brève, Marc 15, 1-39, on lit le titre ci-dessus, puis on commence après le filet de la page 190)*

Ⓛ La fête de la Pâque et des pains sans levain allait avoir lieu deux jours après. Les grands prêtres et les scribes cherchaient comment arrêter Jésus par ruse, pour le faire mourir. Car ils se disaient : Ⓐ « Pas en pleine fête, pour éviter des troubles dans le peuple. » Ⓛ Jésus se trouvait à Béthanie, dans la maison de Simon le lépreux. Pendant qu'il était à table, une femme entra, avec un flacon d'albâtre contenant un parfum très pur et de grande valeur. Brisant le flacon, elle lui versa le parfum sur la tête. Or, de leur côté, quelques-uns s'indignaient : Ⓐ « À quoi bon gaspiller ce parfum ? On aurait pu, en effet, le vendre pour plus de trois cents pièces d'argent, que l'on aurait données aux pauvres. » Ⓛ Et ils la rudoyaient. Mais Jésus leur dit : ✢ « Laissez-la ! Pourquoi la tourmenter ? Il est beau, le geste qu'elle a fait envers moi. Des pauvres, vous en aurez toujours avec vous, et, quand vous le voulez, vous pouvez leur faire du bien ; mais moi, vous ne m'avez pas pour toujours. Ce qu'elle pouvait faire, elle l'a fait. D'avance elle a parfumé mon corps pour mon ensevelissement. Amen, je vous le dis : partout où l'Évangile sera proclamé – dans le monde entier –, on racontera, en souvenir d'elle, ce qu'elle vient de faire. »

Ⓛ Judas Iscariote, l'un des Douze, alla trouver les grands prêtres pour leur livrer Jésus. À cette nouvelle, ils se réjouirent et promirent de lui donner de l'argent. Et Judas cherchait comment le livrer au moment favorable.
Le premier jour de la fête des pains sans levain, où l'on immolait l'agneau pascal, les disciples de Jésus lui disent : Ⓓ « Où veux-tu que nous allions faire les préparatifs pour que tu manges la Pâque ? » Ⓛ Il envoie deux de ses disciples en leur disant : ✢ « Allez à la ville ; un homme portant une cruche d'eau viendra à votre rencontre. Suivez-le, et là où il entrera, dites au propriétaire : "Le Maître te fait dire : Où est la salle où je pourrai manger la Pâque avec mes disciples ?" Il vous indiquera, à l'étage, une grande pièce aménagée et prête pour un repas. Faites-y pour nous les préparatifs. » Ⓛ Les disciples partirent, allèrent à la ville ; ils trouvèrent tout comme Jésus leur avait dit, et ils préparèrent la Pâque. (℟)

Ⓛ Le soir venu, Jésus arrive avec les Douze. Pendant qu'ils étaient à table et mangeaient, Jésus déclara : ✢ « Amen, je vous le dis : l'un de vous, qui mange avec moi, va me livrer. » Ⓛ Ils devinrent tout tristes et, l'un après l'autre, ils lui demandaient : Ⓓ « Serait-ce moi ? » Ⓛ Il leur dit : ✢ « C'est l'un des Douze, celui qui est en train de se servir avec moi dans le plat. Le Fils de l'homme s'en va, comme il est écrit à son sujet ; mais malheureux celui par qui le Fils de l'homme est livré ! Il vaudrait mieux pour lui qu'il ne soit pas né, cet homme-là ! » Ⓛ Pendant le repas, Jésus, ayant pris du pain et prononcé la bénédiction, le rompit, le leur donna, et dit : ✢ « Prenez, ceci est mon corps. » Ⓛ Puis, ayant pris une coupe et ayant rendu grâce, il la leur donna, et ils en burent tous. Et il leur dit : ✢ « Ceci est mon sang, le sang de l'Alliance, versé pour la multitude. Amen, je vous le dis : je ne boirai plus du fruit de la vigne, jusqu'au jour où je le boirai, nouveau, dans le royaume de Dieu. »

Ⓛ Après avoir chanté les psaumes, ils partirent pour le mont des Oliviers. Jésus leur dit : ✢ « Vous allez tous être exposés à tomber, car il est écrit : *Je frapperai le berger, et les brebis seront dispersées.* Mais, une fois ressuscité, je vous précéderai en Galilée. » Ⓛ Pierre lui dit alors : Ⓓ « Même si tous viennent à tomber, moi, je ne tomberai pas. » Ⓛ Jésus lui répond : ✢ « Amen, je te le dis : toi, aujourd'hui, cette nuit même, avant que le coq chante deux fois, tu m'auras renié trois fois. » Ⓛ Mais lui reprenait de plus belle : Ⓓ « Même si je dois mourir avec toi, je ne te renierai pas. » Ⓛ Et tous en disaient autant.
Ils parviennent à un domaine appelé Gethsémani. Jésus dit à ses disciples : ✢ « Asseyez-vous ici, pendant que je vais prier. »

Ⓛ Puis il emmène avec lui Pierre, Jacques et Jean, et commence à ressentir frayeur et angoisse. Il leur dit : + « Mon âme est triste à mourir. Restez ici et veillez. » Ⓛ Allant un peu plus loin, il tombait à terre et priait pour que, s'il était possible, cette heure s'éloigne de lui. Il disait : + « *Abba*… Père, tout est possible pour toi. Éloigne de moi cette coupe. Cependant, non pas ce que moi, je veux, mais ce que toi, tu veux ! » Ⓛ Puis il revient et trouve les disciples endormis. Il dit à Pierre : + « Simon, tu dors ! Tu n'as pas eu la force de veiller seulement une heure ? Veillez et priez, pour ne pas entrer en tentation ; l'esprit est ardent, mais la chair est faible. » Ⓛ De nouveau, il s'éloigna et pria, en répétant les mêmes paroles. Et de nouveau, il vint près des disciples qu'il trouva endormis, car leurs yeux étaient alourdis de sommeil. Et eux ne savaient que lui répondre. Une troisième fois, il revient et leur dit : + « Désormais, vous pouvez dormir et vous reposer. C'est fait ; l'heure est venue : voici que le Fils de l'homme est livré aux mains des pécheurs. Levez-vous ! Allons ! Voici qu'il est proche, celui qui me livre. » (℟)

Ⓛ Jésus parlait encore quand Judas, l'un des Douze, arriva et avec lui une foule armée d'épées et de bâtons, envoyée par les grands prêtres, les scribes et les anciens. Or, celui qui le livrait leur avait donné un signe convenu : Ⓓ « Celui que j'embrasserai, c'est lui : arrêtez-le, et emmenez-le sous bonne garde. » Ⓛ À peine arrivé, Judas, s'approchant de Jésus, lui dit : Ⓓ « Rabbi ! » Ⓛ Et il l'embrassa. Les autres mirent la main sur lui et l'arrêtèrent. Or un de ceux qui étaient là tira son épée, frappa le serviteur du grand prêtre et lui trancha l'oreille. Alors Jésus leur déclara : + « Suis-je donc un bandit, pour que vous soyez venus vous saisir de moi, avec des épées et des bâtons ? Chaque jour, j'étais auprès de vous dans le Temple en train d'enseigner, et vous ne m'avez pas arrêté. Mais c'est pour que les Écritures s'accomplissent. » Ⓛ Les disciples l'abandonnèrent et s'enfuirent tous. Or, un jeune homme suivait Jésus ; il n'avait pour tout vêtement qu'un drap. On essaya de l'arrêter. Mais lui, lâchant le drap, s'enfuit tout nu.

Ⓛ Ils emmenèrent Jésus chez le grand prêtre. Ils se rassemblèrent tous, les grands prêtres, les anciens et les scribes. Pierre avait suivi Jésus à distance, jusqu'à l'intérieur du palais du grand prêtre, et là, assis avec les gardes, il se chauffait près du feu. Les grands prêtres et tout le Conseil suprême cherchaient un témoignage contre Jésus pour le faire mettre à mort, et ils n'en trouvaient pas. De fait, beaucoup portaient de faux témoignages contre Jésus, et ces témoignages ne concordaient pas. Quelques-uns se levèrent pour porter contre lui ce faux témoignage : Ⓐ « Nous l'avons entendu dire : "Je détruirai ce sanctuaire fait de main d'homme, et en trois jours j'en rebâtirai un autre qui ne sera pas fait de main d'homme." » Ⓛ Et même sur ce point, leurs témoignages n'étaient pas concordants. Alors s'étant levé, le grand prêtre, devant tous, interrogea Jésus : Ⓐ « Tu ne réponds rien ? Que dis-tu des témoignages qu'ils portent contre toi ? » Ⓛ Mais lui gardait le silence et ne répondait rien. Le grand prêtre l'interrogea de nouveau : Ⓐ « Es-tu le Christ, le Fils du Dieu béni ? » Ⓛ Jésus lui dit : ✢ « Je le suis. Et vous verrez le Fils de l'homme siéger à la droite du Tout-Puissant, et venir parmi les nuées du ciel. » Ⓛ Alors, le grand prêtre déchire ses vêtements et dit : Ⓐ « Pourquoi nous faut-il encore des témoins ? Vous avez entendu le blasphème. Qu'en pensez-vous ? » Ⓛ Tous prononcèrent qu'il méritait la mort. Quelques-uns se mirent à cracher sur lui, couvrirent son visage d'un voile, et le giflèrent, en disant : Ⓕ « Fais le prophète ! » Ⓛ Et les gardes lui donnèrent des coups.

Comme Pierre était en bas, dans la cour, arrive une des jeunes servantes du grand prêtre. Elle voit Pierre qui se chauffe, le dévisage et lui dit : Ⓐ « Toi aussi, tu étais avec Jésus de Nazareth ! » Ⓛ Pierre le nia : Ⓓ « Je ne sais pas, je ne comprends pas de quoi tu parles. » Ⓛ Puis il sortit dans le vestibule, au-dehors. Alors un coq chanta. La servante, ayant vu Pierre, se mit de nouveau à dire à ceux qui se trouvaient là : Ⓐ « Celui-ci est l'un d'entre eux ! » Ⓛ De nouveau, Pierre le niait. Peu après, ceux qui se trouvaient là lui disaient à leur tour : Ⓕ « Sûrement tu es l'un d'entre eux ! D'ailleurs, tu es galiléen. » Ⓛ Alors il se mit à protester violemment et à jurer : Ⓓ « Je ne connais pas cet homme dont vous parlez. » Ⓛ Et aussitôt, pour la seconde fois, un coq chanta. Alors Pierre se rappela cette parole que Jésus lui avait dite : « Avant que le coq chante deux fois, tu m'auras renié trois fois. » Et il fondit en larmes. (℟)

*Début de la lecture brève*

Ⓛ Dès le matin, les grands prêtres convoquèrent les anciens et les scribes, et tout le Conseil suprême. Puis, après avoir ligoté Jésus, ils l'emmenèrent et le livrèrent à Pilate. Celui-ci l'interrogea : Ⓐ « Es-tu le roi des Juifs ? » Jésus répondit : ✠ « C'est toi-même qui le dis. » Ⓛ Les grands prêtres multipliaient contre lui les accusations. Pilate lui demanda à nouveau : Ⓐ « Tu ne réponds rien ? Vois toutes les accusations qu'ils portent contre toi. » Ⓛ Mais Jésus ne répondit plus rien, si bien que Pilate fut étonné.

À chaque fête, il leur relâchait un prisonnier, celui qu'ils demandaient. Or, il y avait en prison un dénommé Barabbas, arrêté avec des émeutiers pour un meurtre qu'ils avaient commis lors de l'émeute. La foule monta donc chez Pilate, et se mit à demander ce qu'il leur accordait d'habitude. Pilate leur répondit : Ⓐ « Voulez-vous que je vous relâche le roi des Juifs ? » Ⓛ Il se rendait bien compte que c'était par jalousie que les grands prêtres l'avaient livré. Ces derniers soulevèrent la foule pour qu'il leur relâche plutôt Barabbas. Et comme Pilate reprenait : Ⓐ « Que voulez-vous donc que je fasse de celui que vous appelez le roi des Juifs ? », Ⓛ de nouveau ils crièrent : Ⓕ « Crucifie-le ! » Ⓛ Pilate leur disait :

Ⓐ « Qu'a-t-il donc fait de mal ? » Ⓛ Mais ils crièrent encore plus fort : Ⓕ « Crucifie-le ! » Ⓛ Pilate, voulant contenter la foule, relâcha Barabbas et, après avoir fait flageller Jésus, il le livra pour qu'il soit crucifié. Les soldats l'emmenèrent à l'intérieur du palais, c'est-à-dire dans le Prétoire. Alors ils rassemblent toute la garde, ils le revêtent de pourpre, et lui posent sur la tête une couronne d'épines qu'ils ont tressée. Puis ils se mirent à lui faire des salutations, en disant : Ⓕ « Salut, roi des Juifs ! » Ⓛ Ils lui frappaient la tête avec un roseau, crachaient sur lui, et s'agenouillaient pour lui rendre hommage. Quand ils se furent bien moqués de lui, ils lui enlevèrent le manteau de pourpre, et lui remirent ses vêtements.

Ⓛ Puis, de là, ils l'emmènent pour le crucifier, et ils réquisitionnent, pour porter sa croix, un passant, Simon de Cyrène, le père d'Alexandre et de Rufus, qui revenait des champs. Et ils amènent Jésus au lieu dit Golgotha, ce qui se traduit : Lieu-du-Crâne (ou Calvaire). Ils lui donnaient du vin aromatisé de myrrhe ; mais il n'en prit pas. Alors ils le crucifient, puis se partagent ses vêtements, en tirant au sort pour savoir la part de chacun. C'était la troisième heure (c'est-à-dire : neuf heures du matin) lorsqu'on le crucifia. L'inscription indiquant le motif de sa condamnation portait ces mots : « Le roi des Juifs ». Avec lui ils crucifient deux bandits, l'un à sa droite, l'autre à sa gauche. Les passants l'injuriaient en hochant la tête ; ils disaient : Ⓕ « Hé ! toi qui détruis le

Sanctuaire et le rebâtis en trois jours, sauve-toi toi-même, descends de la croix ! » Ⓛ De même, les grands prêtres se moquaient de lui avec les scribes, en disant entre eux : Ⓐ « Il en a sauvé d'autres, et il ne peut pas se sauver lui-même ! Qu'il descende maintenant de la croix, le Christ, le roi d'Israël ; alors nous verrons et nous croirons. » Ⓛ Même ceux qui étaient crucifiés avec lui l'insultaient.

Ⓛ Quand arriva la sixième heure (c'est-à-dire : midi), l'obscurité se fit sur toute la terre jusqu'à la neuvième heure. Et à la neuvième heure, Jésus cria d'une voix forte : ✝ « *Éloï, Éloï, lema sabactani ? »*, Ⓛ ce qui se traduit : ✝ « Mon Dieu, mon Dieu, pourquoi m'as-tu abandonné ? » Ⓛ L'ayant entendu, quelques-uns de ceux qui étaient là disaient : Ⓕ « Voilà qu'il appelle le prophète Élie ! » Ⓛ L'un d'eux courut tremper une éponge dans une boisson vinaigrée, il la mit au bout d'un roseau, et il lui donnait à boire, en disant : Ⓐ « Attendez ! Nous verrons bien si Élie vient le descendre de là ! » Ⓛ Mais Jésus, poussant un grand cri, expira.

*(Ici on fléchit le genou et on s'arrête un instant)*

Ⓛ Le rideau du Sanctuaire se déchira en deux, depuis le haut jusqu'en bas. Le centurion qui était là en face de Jésus, voyant comment il avait expiré, déclara : Ⓐ « Vraiment, cet homme était Fils de Dieu ! » (℟)

*Fin de la lecture brève*

Ⓛ Il y avait aussi des femmes, qui observaient de loin, et parmi elles, Marie Madeleine, Marie, mère de Jacques le Petit et de José, et Salomé, qui suivaient Jésus et le servaient quand il était en Galilée, et encore beaucoup d'autres, qui étaient montées avec lui à Jérusalem. Déjà il se faisait tard ; or, comme c'était le jour de la Préparation, qui précède le sabbat, Joseph d'Arimathie intervint. C'était un homme influent, membre du Conseil, et il attendait lui aussi le règne de Dieu. Il eut l'audace d'aller chez Pilate pour demander le corps de Jésus. Pilate s'étonna qu'il soit déjà mort ; il fit appeler le centurion, et l'interrogea pour savoir si Jésus était mort depuis longtemps. Sur le rapport du centurion, il permit à Joseph de prendre le corps. Alors Joseph acheta un linceul, il descendit Jésus de la croix, l'enveloppa dans le linceul et le déposa dans un tombeau qui était creusé dans le roc. Puis il roula une pierre contre l'entrée du tombeau.
Or, Marie Madeleine et Marie, mère de José, observaient l'endroit où on l'avait mis.

*Homélie*

*Profession de foi* (p. 356)

## *Suggestion de prière universelle*

*Le prêtre :*

Aujourd'hui, les foules acclament Jésus et attendent de lui un signe, un espoir, un miracle. Avec confiance, prions-le pour les habitants du monde et pour notre Église.

℟ ***Écoute-nous, Seigneur, et viens sauver ton peuple !***

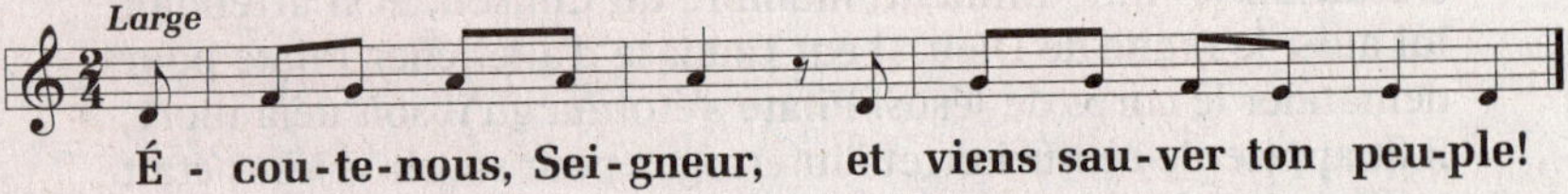


*MNA n° 31.34*

*Le diacre ou un lecteur :*

« Ô ma force, viens vite à mon aide ! » Pour ceux qui risquent leur vie pour l'Évangile, afin qu'ils fécondent l'Église de leur élan missionnaire. Avec l'Église universelle, prions le Seigneur. ℟

« Tous ceux qui me voient me bafouent. » Pour nos responsables politiques et économiques, afin qu'ils soutiennent les laissés-pour-compte de la société, prions le Seigneur. ℟

« Ils partagent entre eux mes habits et tirent au sort mes vêtements. » Pour les personnes bafouées dans leur âme et dans leur corps, afin qu'elles puisent réconfort dans la fraternité de nos églises, prions le Seigneur. ℟

« Je te loue en pleine assemblée ! » Pour nous tous rassemblés en cette fête des Rameaux, afin que la louange habite nos vies et suscite l'espérance parmi nos proches, prions le Seigneur. ℟

*(Ces intentions seront adaptées ou modifiées selon les circonstances.)*

*Le prêtre :*

Seigneur Jésus, toi qui as été acclamé puis humilié, tu connais la détresse humaine. Daigne écouter toutes nos prières, toi qui vis et règnes pour les siècles des siècles. ***— Amen.***

## LITURGIE EUCHARISTIQUE

### *Prière sur les offrandes*

Par la passion de ton Fils unique, nous te prions, Seigneur : ne tarde pas à nous réconcilier avec toi ; et même si nos œuvres ne méritent pas ton pardon, nous comptons sur ta miséricorde pour le recevoir, grâce à l'unique sacrifice du Christ. Lui qui… ***— Amen.***

### *Prière eucharistique*

*(Préface des Rameaux)*

Vraiment, il est juste et bon, pour ta gloire et notre salut, de t'offrir notre action de grâce, toujours et en tout lieu, Seigneur, Père très saint, Dieu éternel et tout-puissant, par le Christ, notre Seigneur. Alors qu'il était innocent, il a voulu souffrir pour les coupables, et, sans avoir commis le mal, il s'est laissé condamner pour les criminels ; sa mort a effacé nos fautes et sa résurrection a fait de nous des justes. C'est pourquoi nous te louons avec tous les anges et, dans la joie, nous te célébrons en proclamant : ***Saint ! Saint ! Saint…***

### *Chant de communion* *(Suggestions p. 386)*

*OU*

### *Antienne de la communion*

Mon Père, si cette coupe ne peut passer sans que je la boive,
que ta volonté soit faite !
(Mt 26, 42)

### *Prière après la communion*

Rassasiés par ce don sacré, nous te supplions humblement, Seigneur : toi qui nous as donné, dans la mort de ton Fils, d'espérer les biens auxquels nous croyons, donne-nous, par sa résurrection, de parvenir au but vers lequel nous tendons. Par le Christ, notre Seigneur.
***– Amen.***

## RITE DE CONCLUSION

### *Prière sur le peuple*

Regarde, Seigneur, nous t'en prions, la famille qui t'appartient : c'est pour elle que Jésus, le Christ, notre Seigneur, n'hésita pas à se livrer aux mains des méchants et à subir le supplice de la croix. Lui qui…
***– Amen.***

*Bénédiction solennelle*

Dieu, Père de toute miséricorde, vous a donné dans la passion de son Fils unique le modèle de la charité ; qu'il vous aide à recevoir, dans le service de Dieu et des hommes, le don incomparable de sa bénédiction.

***– Amen.***

Dans la foi, vous le savez, par la mort que le Christ a subie dans le temps, vous pouvez échapper à la mort éternelle : puissiez-vous obtenir de lui la grâce de la vie sans déclin.

***– Amen.***

Vous qui suivez l'exemple de son humilité, puissiez-vous avoir part à sa résurrection.

***– Amen.***

Et que la bénédiction de Dieu tout-puissant, le Père, et le Fils, ✠ et le Saint-Esprit, descende sur vous et y demeure toujours.

***– Amen.***

*Envoi*

**COMMENTAIRE DU DIMANCHE**

**Luc Forestier,** prêtre de l'Oratoire

# Brandir avec confiance les rameaux

Couper des branches, est-ce bien écologique ? Des esprits chagrins s'interrogeront sur cette tradition des Rameaux, au nom de la sauvegarde de notre maison commune. Pourtant, nous aimons recevoir ces feuillages bénits, les conserver à la maison, ou les porter à d'autres personnes qui n'ont pas pu venir, et qui seront touchées qu'on ait pensé à elles. Or, malgré les différences entre les quatre évangiles à propos de l'entrée triomphale de Jésus à Jérusalem, la tradition liturgique nous invite à brandir ces rameaux pour le saluer avec joie. Quel beau geste : une branche prolonge notre corps et notre vie. En brandissant avec confiance le feuillage vert, c'est toute notre humanité, notre prière, notre angoisse et notre espérance, que nous présentons à Jésus, accueilli comme Prince-de-la-paix.

Pourtant, c'est aussi en brandissant des roseaux que les soldats vont agresser le Christ pendant sa Passion. Et, sur la Croix, un roseau permettra une dernière fois de lui donner à boire. Voilà comment une plante, créée par Dieu, peut être retournée en arme destinée à blesser et à humilier.
Le dimanche des Rameaux nous aide donc à brandir sans blesser, à acclamer sans piétiner, à vivre sans menacer, à recevoir sans exiger. Nous entrons ainsi dans la Semaine sainte avec notre vie et ses ambiguïtés, et même avec toute la Création, associée elle aussi à la joie de la Résurrection. Alors, brandissons nos rameaux avec confiance, et recevons la vie nouvelle qui peut vraiment nous transformer.

À qui vais-je transmettre un brin de rameaux ?

Quelle est la place des créatures non humaines dans ma vie de foi ? ■

Prions en Église
junior

## LIRE L'ÉVANGILE AVEC LES ENFANTS

## CE QUE JE DÉCOUVRE

Aujourd'hui, l'évangile est très long ! C'est normal, on écoute la Passion de Jésus, l'histoire de la fin de sa vie. À Jérusalem, tout le monde est heureux de voir Jésus arriver. C'est la fête, il y a des cris de joie ! Mais, quelques jours plus tard, la même foule va demander sa mort. Jésus a été trahi par l'un de ses meilleurs amis. **Alors il donne sa vie pour nous montrer l'amour de Dieu. Jésus nous pardonne, il nous sauve !**

## CE QUE JE VIS

Quel est le moment de la Passion de Jésus qui te marque le plus ? Connais-tu un « calvaire », une grande croix qui rappelle ce que Jésus a fait en donnant sa vie ? **Dessine cette croix dans ton carnet de prières.**

Texte : Benoît Gschwind. Illustrations : Alban Marilleau

**MÉDITATION BIBLIQUE**

**DIMANCHE DES RAMEAUX ET DE LA PASSION**

Psaume 21 (22) ; Marc 14, 1 – 15, 47

# Jésus devient psaume

**La Passion de Jésus rappelle le psaume 21. Jusqu'au bout de sa vie, Jésus incarnera la parole de Dieu.**

## Le temps de la préparation

**« Tu sauves, Seigneur, l'homme et les bêtes : qu'il est précieux ton amour, ô mon Dieu ! » (Ps 35, 7-8)**

## Le temps de l'observation

Le psaume 21 décrit un homme voué à l'opprobre et à la moquerie. On l'imagine seul, entouré de personnes qui lui veulent du mal et qui souhaitent sa mort. Le psaume montre bien que le regard perçant et méprisant porté sur cet homme est plus douloureux encore que les coups dont il hérite. On ne sait rien de lui. On ne sait pas ce qui a amené à une telle situation et peu importe car, au fond, il n'y a jamais de cause à la barbarie humaine. Le mal comme l'amour est sans cause. L'homme se tourne vers Dieu et espère sa présence. Malgré les événements, il demeure dans la relation. Tout ...

... ne lui a donc pas encore été pris. Dieu apparaît comme étant le seul qui puisse le sauver de sa solitude, de son malheur, de sa peur. Dans l'obscurité qui est la sienne, il perçoit la réponse qui lui parvient. Il témoigne ainsi, qu'au cœur des ténèbres, il est encore possible de percevoir le salut de Dieu à l'œuvre.

## Le temps de la méditation

Ce n'est pas un hasard si la Passion de Jésus vient étrangement rappeler ce texte des psaumes et lui donner un visage connu. Le point commun de ces textes est l'humanité. Dans la Passion, Jésus devient psaume. Il incarne à son tour ce que de nombreuses femmes et de multiples hommes ont enduré et endurent encore chaque jour. Habitué à lire les psaumes, Jésus devait connaître ce texte particulier. Peut-être l'a-t-il en tête au moment où, dans sa vie, tout dérape, au moment où lui aussi se tourne vers le Père et lui remet sa vie. Se faisant psaume, Jésus incarne le Verbe, dans son agonie comme il l'a été dans le reste de son existence. Au moment de sa vie où il est sans pouvoir et sans force, il continue pourtant à se faire Parole. Il peut encore ainsi signifier à la multitude des abandonnés qui sont seuls face à la souffrance, au mal et à l'opprobre, que le Verbe s'y trouve et peut s'y vivre.

## Le temps de la prière

**« Le centurion qui était là en face de Jésus, voyant comment il avait expiré, déclara : "Vraiment, cet homme était Fils de Dieu !" » (Mc 15, 39)** ■

**Marie-Laure Durand,** bibliste

**LA SAINTE DU MOIS**

**26 MARS : BIENHEUREUSE MADELEINE MORANO (1847-1908)**

# Une figure d'espérance

Certaines canonisations ou béatifications ont une portée qui va au-delà de la seule personne que l'Église a décidé d'honorer. On peut citer, par exemple, la canonisation en 1920 de Jeanne d'Arc, qui visait à apaiser les relations entre le Saint-Siège et la France, ou la canonisation par saint Paul VI en 1977 – en pleine guerre civile libanaise – du moine maronite Charbel Makhlouf.

C'est avec un esprit similaire que saint Jean-Paul II se rendit, en novembre 1994, à Catane (Sicile), afin de béatifier la religieuse salésienne Madeleine Morano. Les catholiques siciliens étaient encore choqués par l'assassinat, un an plus tôt à Palerme, de Don Puglisi, un prêtre •••

••• courageux qui voulait soustraire les jeunes de l'emprise de la mafia. En mettant en avant une femme qui avait voué sa vie à la formation humaine et spirituelle de la jeunesse, le pape entendait réconforter les fidèles et rappeler que la Sicile possède « un héritage de foi chrétienne et de charité active ». Car, bien qu'originaire du Piémont, Madeleine Morano avait fait de la Sicile sa patrie d'adoption. Très jeune, elle s'était sentie appelée à se consacrer à Dieu et à l'enseignement. Mais, devant subvenir aux besoins de sa famille, Madeleine avait dû attendre jusqu'à 31 ans pour pouvoir réaliser sa double vocation : après avoir rencontré Don Bosco et Mère Marie-Dominique Mazzarello, elle entrait en 1879 chez les Filles de Marie Auxiliatrice. Envoyée en Sicile en 1881, elle y mena, pendant plus d'un quart de siècle, une intense activité spirituelle et éducative, ouvrant de nombreux oratoires, foyers, écoles, patronages… Appréciée pour son dynamisme et sa bienveillance, elle devint supérieure de son couvent, puis provinciale de sa congrégation et responsable de l'Œuvre du catéchisme pour toute la Sicile ! Jusqu'à sa mort en 1908, elle ne cessa de conseiller aux jeunes d'« élargir leur cœur à l'espérance ». ■

**Xavier Lecœur**

## UNE SAINTE POUR AUJOURD'HUI

La foi et la sagesse de la bienheureuse Madeleine Morano lui firent prononcer des paroles inspirantes et profondes que l'on peut encore méditer, à l'exemple de celle-ci : « Pense comme aurait pensé Jésus, prie comme aurait prié Jésus, agis comme aurait agi Jésus. »

# LUNDI 25 MARS 2024

**SEMAINE SAINTE COULEUR LITURGIQUE : VIOLET**

**Lundi de la Semaine sainte**

*Cette année, l'Annonciation est célébrée le 8 avril.*

### *Antienne d'ouverture*

**Accuse, Seigneur, ceux qui m'accusent,**
**attaque ceux qui m'attaquent.**
**Prends une armure, un bouclier, lève-toi pour me défendre,**
**Seigneur, force qui me sauve.** (cf. Ps 34, 1-2 ; 139, 8)

### *Prière*

Dieu tout-puissant, nous t'en supplions ; dans notre faiblesse, nous ne pouvons tenir ; donne-nous de reprendre souffle, grâce à la passion de ton Fils unique. Lui qui… ***– Amen.***

## Lecture

du livre du prophète Isaïe (42, 1-7)

*« Il ne criera pas, il ne fera pas entendre sa voix au-dehors »*

**Ainsi parle le Seigneur : « Voici mon serviteur que je soutiens, mon élu qui a toute ma faveur. J'ai fait reposer sur lui mon esprit ; aux nations, il proclamera le droit. Il ne criera pas, il ne haussera pas le ton, il ne fera pas entendre sa voix au-dehors. Il ne brisera pas le roseau qui fléchit, il n'éteindra pas la mèche qui faiblit, il proclamera le droit en vérité. Il ne faiblira pas, il ne fléchira pas, jusqu'à ce qu'il établisse le droit**

24 - 30

sur la terre, et que les îles lointaines aspirent à recevoir ses lois. »
Ainsi parle Dieu, le Seigneur, qui crée les cieux et les déploie, qui affermit la terre et ce qu'elle produit ; il donne le souffle au peuple qui l'habite, et l'esprit à ceux qui la parcourent : « Moi, le Seigneur, je t'ai appelé selon la justice* ; je te saisis par la main, je te façonne, je fais de toi l'alliance du peuple, la lumière des nations : tu ouvriras les yeux des aveugles, tu feras sortir les captifs de leur prison, et, de leur cachot, ceux qui habitent les ténèbres. »
– Parole du Seigneur.

## *Psaume* 26 (27)

℟ ***Le Seigneur est ma lumière et mon salut.***

Le Seigneur est ma lumière et mon salut ;
de qui aurais-je crainte ?
Le Seigneur est le rempart de ma vie ;
devant qui tremblerais-je ? ℟

Si des méchants s'avancent contre moi
pour me déchirer,
ce sont eux, mes ennemis,
mes adversaires,
qui perdent pied et succombent. ℟

Qu'une armée se déploie devant moi,
mon cœur est sans crainte ;
que la bataille s'engage contre moi,
je garde confiance. ℟

J'en suis sûr, je verrai les bontés du Seigneur
sur la terre des vivants.
« Espère le Seigneur,
sois fort et prends courage ;
espère le Seigneur. » ℟

### *Acclamation de l'Évangile*

***Louange à toi, Seigneur, Roi d'éternelle gloire !*** Salut, ô Christ, notre Roi : toi seul as pris en pitié nos égarements. ***Louange à toi, Seigneur, Roi d'éternelle gloire !***

## *Évangile de Jésus Christ*

selon saint Jean (12, 1-11)

*« Laisse-la observer cet usage en vue du jour de mon ensevelissement ! »*

Six jours avant la Pâque, Jésus vint à Béthanie où habitait Lazare, qu'il avait réveillé d'entre les morts. On donna un repas en l'honneur de Jésus. Marthe faisait le service, Lazare était parmi les convives avec Jésus. Or, Marie avait pris une livre d'un parfum très pur et de très grande valeur ; elle répandit le parfum sur les pieds de Jésus, qu'elle essuya avec ses cheveux ; la maison fut remplie de l'odeur du parfum. Judas Iscariote, l'un de ses disciples, celui qui allait le livrer, dit alors : « Pourquoi n'a-t-on pas vendu ce parfum pour trois cents pièces d'argent, que l'on aurait données à des pauvres ? » Il parla ainsi, non par souci des pauvres, mais parce que c'était un voleur : comme il tenait la bourse commune, il prenait ce que l'on y mettait. Jésus lui dit : « Laisse-la observer cet usage en vue du jour de mon ensevelissement ! Des pauvres, vous en aurez toujours avec vous, mais moi, vous ne m'aurez pas toujours. » Or, une grande foule de Juifs apprit que Jésus était là, et ils arrivèrent, non seulement à cause de Jésus, mais aussi pour voir ce Lazare qu'il avait réveillé d'entre les morts. Les grands prêtres décidèrent alors de tuer aussi Lazare, parce que beaucoup de Juifs, à cause de lui, s'en allaient, et croyaient en Jésus.

### *Prière sur les offrandes*

Seigneur, tu as prévu, dans ta miséricorde, de réparer les dommages de nos fautes, regarde les saints mystères que nous célébrons ; donne-nous d'en retirer des fruits pour la vie éternelle. Par le Christ, notre Seigneur. **— *Amen.***

*2e préface de la Passion, p. 361.*

### *Antienne de la communion*

Ne me cache pas ton visage
le jour où je suis en détresse !
Le jour où j'appelle, écoute-moi ;
viens vite, réponds-moi ! (Ps 101, 3)

### *Prière après la communion*

Visite ton peuple, Seigneur ; dans ton amour inlassable, veille sur nos cœurs sanctifiés par les mystères divins ; et puisque tu nous as donné dans ta miséricorde les remèdes du salut éternel, aide-nous, par ta protection, à les garder fidèlement. Par le Christ, notre Seigneur. **— *Amen.***

### *Prière sur le peuple*

*Le prêtre peut dire la prière suivante :*

Que ton secours, Seigneur, soit accordé aux humbles et ne cesse de protéger ceux qui se confient en ta miséricorde ; ainsi, pour célébrer les fêtes pascales, ils seront préparés par la discipline du corps, et, plus encore, par la pureté de l'esprit. Par le Christ, notre Seigneur.
**— *Amen.***

## INVITATION

À quand remonte ma dernière expérience de réconciliation ? Qu'est-ce que cela m'a apporté ? Je pourrais vivre ce sacrement alors que débute la Semaine sainte.

## COMMENTAIRE

### Un parfum d'amour

Jean 12, 1-11

À quoi bon, se demande Judas, dépenser tant d'argent pour un parfum ? À quoi bon, se demandent peut-être les disciples, perdre un temps précieux, ici, à Béthanie, alors que la Pâque approche ? Marie, elle, se pose moins de questions et prend le temps de verser un parfum précieux sur les pieds de Jésus. Quand l'argent vient à manquer, que le temps presse ou que les urgences s'accumulent, la priorité est bien souvent d'aimer, simplement, librement, à l'image de Marie de Béthanie. ■

***Bertrand Lesoing**, prêtre de la communauté Saint-Martin*

## ❊ CLÉ DE LECTURE

### « Selon la justice »

Isaïe 42, 6 *(p. 206)*

Qu'il s'agisse d'une personne unique (le prophète), ou du petit reste du peuple, qui rentrera à Jérusalem, Isaïe dessine ici les traits de celui qui se fait auprès de tous le Serviteur de Dieu. Si la proclamation du droit et de la justice lui donne une charge royale, il l'exercera dans l'humilité et la douceur. Sans faiblesse pourtant et en portant la parole de Dieu jusqu'aux extrémités de la terre. Plus encore, il délivrera tous ceux qui sont opprimés, méprisés, empêchés de parler et de vivre librement. Alors il manifestera que Dieu ne cesse d'offrir son alliance à son peuple et d'envoyer sa lumière à toutes les nations humaines. Le vieillard Syméon dans le Temple de Jérusalem verra dans l'Enfant Jésus le Serviteur par excellence du projet de Dieu. ■

***Roselyne Dupont-Roc**, bibliste*

# MARDI 26 MARS 2024

SEMAINE SAINTE COULEUR LITURGIQUE : VIOLET

Mardi de la Semaine sainte

### *Antienne d'ouverture*

**Seigneur, ne me livre pas à la merci de l'adversaire :**
**contre moi se sont levés de faux témoins qui soufflent la violence.**
(Ps 26, 12)

### *Prière*

Accorde-nous, Dieu éternel et tout-puissant, de célébrer les mystères de la passion du Seigneur de telle sorte que nous obtenions le pardon. Par Jésus… ***— Amen.***

## Lecture

du livre du prophète Isaïe (49, 1-6)

*« Je fais de toi la lumière des nations,*
*pour que mon salut parvienne jusqu'aux extrémités de la terre »*

**Écoutez-moi, îles lointaines ! Peuples éloignés, soyez attentifs ! J'étais encore dans le sein maternel quand le Seigneur m'a appelé ; j'étais encore dans les entrailles de ma mère quand il a prononcé mon nom. Il a fait de ma bouche une épée tranchante, il m'a protégé par l'ombre de sa main ; il a fait de moi une flèche acérée, il m'a caché dans son carquois. Il m'a dit : « Tu es mon serviteur, Israël, en toi je manifesterai ma splendeur. » Et moi, je disais : « Je me suis fatigué pour rien, c'est**

pour le néant, c'est en pure perte que j'ai usé mes forces. » Et pourtant, mon droit subsistait auprès du Seigneur, ma récompense, auprès de mon Dieu. Maintenant le Seigneur parle, lui qui m'a façonné dès le sein de ma mère pour que je sois son serviteur, que je lui ramène Jacob, que je lui rassemble Israël. Oui, j'ai de la valeur aux yeux du Seigneur, c'est mon Dieu qui est ma force. Et il dit : « C'est trop peu que tu sois mon serviteur pour relever les tribus de Jacob, ramener les rescapés d'Israël : je fais de toi la lumière des nations, pour que mon salut parvienne jusqu'aux extrémités de la terre. »

– Parole du Seigneur.

## Psaume 70 (71)

℟ ***Ma bouche annonce ton salut, Seigneur.***

En toi, Seigneur, j'ai mon refuge :
garde-moi d'être humilié pour toujours.
Dans ta justice, défends-moi,
libère-moi,
tends l'oreille vers moi, et sauve-moi. ℟

Sois le rocher qui m'accueille,
toujours accessible ;
tu as résolu de me sauver :
ma forteresse et mon roc, c'est toi ! ℟

Seigneur mon Dieu, tu es mon espérance,
Toi, mon soutien dès avant ma naissance,
tu m'as choisi dès le ventre de ma mère ;
tu seras ma louange toujours ! ℟

Ma bouche annonce tout le jour
tes actes de justice et de salut.
Mon Dieu, tu m'as instruit dès ma jeunesse,
jusqu'à présent,
j'ai proclamé tes merveilles. ℟

### *Acclamation de l'Évangile*

***Louange à toi, Seigneur, Roi d'éternelle gloire !*** Salut, ô Christ, notre Roi : obéissant au Père ; comme l'agneau vers l'abattoir, tu te laisses conduire à la croix. ***Louange à toi, Seigneur, Roi d'éternelle gloire !***

## *Évangile de Jésus Christ*

selon saint Jean (13, 21-33.36-38)

*« L'un de vous me livrera... Le coq ne chantera pas avant que tu m'aies renié trois fois »*

**En ce temps-là, au cours du repas que Jésus prenait avec ses disciples, il fut bouleversé en son esprit, et il rendit ce témoignage : « Amen, amen, je vous le dis : l'un de vous me livrera. » Les disciples se regardaient les uns les autres avec embarras, ne sachant pas de qui Jésus parlait. Il y avait à table, appuyé contre Jésus, l'un de ses disciples, celui que Jésus aimait. Simon-Pierre lui fait signe de demander à Jésus de qui il veut parler. Le disciple se penche donc sur la poitrine de Jésus et lui dit : « Seigneur, qui est-ce ? » Jésus lui répond : « C'est celui à qui je donnerai la bouchée que je vais tremper dans le plat. » Il trempe la bouchée, et la donne à Judas, fils de Simon l'Iscariote. Et, quand Judas eut pris la bouchée, Satan entra en lui. Jésus lui dit alors : « Ce que tu fais, fais-le vite. » Mais aucun des convives ne comprit pourquoi il lui avait dit cela. Comme Judas tenait la bourse commune, certains pensèrent que Jésus voulait lui dire d'acheter ce qu'il fallait pour la fête, ou de donner quelque chose aux pauvres. Judas prit donc la bouchée, et sortit aussitôt.**

**Or il faisait nuit. Quand il fut sorti, Jésus déclara : « Maintenant le Fils**

de l'homme est glorifié, et Dieu est glorifié en lui. Si Dieu est glorifié en lui, Dieu aussi le glorifiera ; et il le glorifiera bientôt.
« Petits enfants, c'est pour peu de temps encore que je suis avec vous. Vous me chercherez, et, comme je l'ai dit aux Juifs : "Là où je vais, vous ne pouvez pas aller", je vous le dis maintenant à vous aussi. » Simon-Pierre lui dit : « Seigneur, où vas-tu ? » Jésus lui répondit : « Là où je vais, tu ne peux pas me suivre maintenant ; tu me suivras plus tard. » Pierre lui dit : « Seigneur, pourquoi ne puis-je pas te suivre à présent ? Je donnerai ma vie pour toi ! » Jésus réplique : « Tu donneras ta vie pour moi ? Amen, amen, je te le dis : le coq ne chantera pas avant que tu m'aies renié trois fois. »

### *Prière sur les offrandes*

Regarde avec bienveillance, Seigneur, le sacrifice offert par ta famille ; toi qui nous fais déjà participer à tes dons sacrés, accorde-nous de les obtenir en plénitude. Par le Christ, notre Seigneur. — ***Amen.*** *2e préface de la Passion, p. 361.*

### *Antienne de la communion*

Dieu n'a pas épargné
son propre Fils,
mais il l'a livré
pour nous tous.
(Rm 8, 32)

### *Prière après la communion*

Tu nous as rassasiés, Seigneur, par ce don qui nous sauve, et nous implorons ta miséricorde ; tu as voulu nous fortifier en cette vie par ce même sacrement : qu'il nous rende participants de la vie éternelle. Par le Christ, notre Seigneur. — ***Amen.***

### *Prière sur le peuple*

*Le prêtre peut dire la prière suivante :*

Par ta miséricorde, Seigneur Dieu, purifie le peuple qui t'appartient de tout ce qui l'entraîne au vieillissement, et rends-le capable de renouveau dans la sainteté. Par le Christ, notre Seigneur. — ***Amen.***

## INVITATION

Nous fêtons la bienheureuse Madeleine Morano.
En quoi peut-elle m'inspirer pour aujourd'hui (lire page 203) ?

## COMMENTAIRE

**Plus jamais seuls** Jean 13, 21-33.36-38

**Jésus s'avance seul vers sa Passion. « Là où je vais, tu ne peux pas me suivre maintenant », dit-il à Pierre et les protestations de ce dernier – « Je donnerai ma vie pour toi ! » – n'y changeront rien. Jésus se prépare à expérimenter le plus grand abandon qui soit. S'il a ainsi franchi la porte de la solitude la plus radicale, nous pouvons nous dire qu'au cœur de nos propres sentiments de solitude, il y a désormais quelqu'un, il y a l'amour et la vie puisqu'il y a la présence réconfortante de Jésus.** ■

***Bertrand Lesoing,*** *prêtre de la communauté Saint-Martin*

# MERCREDI 27 MARS 2024

COULEUR LITURGIQUE : VIOLET

**Mercredi de la Semaine sainte**

*Antienne d'ouverture*

**Au nom de Jésus, que tout genou fléchisse**
**au ciel, sur terre et aux enfers.**
**Parce qu'il s'est fait obéissant jusqu'à la mort,**
**et la mort de la croix, Jésus Christ est Seigneur,**
**à la gloire de Dieu le Père.** (cf. Ph 2, 10.8.11)

*Prière*

Seigneur Dieu, tu as voulu que ton Fils soit soumis pour nous au supplice de la croix afin de nous arracher au pouvoir de l'Ennemi ; donne à ceux qui te servent de recevoir la grâce de la résurrection. Par Jésus… ***— Amen.***

## Lecture

du livre du prophète Isaïe (50, 4-9a)

*« Je n'ai pas caché ma face devant les outrages »*

**Le Seigneur mon Dieu m'a donné le langage des disciples, pour que je puisse, d'une parole, soutenir celui qui est épuisé. Chaque matin, il éveille, il éveille mon oreille pour qu'en disciple, j'écoute. Le Seigneur mon Dieu m'a ouvert l'oreille, et moi, je ne me suis pas révolté, je ne me suis pas dérobé. J'ai présenté mon dos à ceux qui me frappaient, et mes joues**

à ceux qui m'arrachaient la barbe. Je n'ai pas caché ma face devant les outrages et les crachats. Le Seigneur mon Dieu vient à mon secours ; c'est pourquoi je ne suis pas atteint par les outrages, c'est pourquoi j'ai rendu ma face dure comme pierre : je sais que je ne serai pas confondu. Il est proche, Celui qui me justifie. Quelqu'un veut-il plaider contre moi ? Comparaissons ensemble ! Quelqu'un veut-il m'attaquer en justice ? Qu'il s'avance vers moi ! Voilà le Seigneur mon Dieu, il prend ma défense ; qui donc me condamnera ?

– Parole du Seigneur.

## *Psaume* 68 (69)

℟ ***Dans ton grand amour, Dieu, réponds-moi ; c'est l'heure de ta grâce.***

C'est pour toi que j'endure l'insulte,
que la honte me couvre le visage :
je suis un étranger pour mes frères,
un inconnu pour les fils de ma mère.
L'amour de ta maison m'a perdu ;
on t'insulte, et l'insulte retombe sur moi. ℟

L'insulte m'a broyé le cœur,
le mal est incurable ;
j'espérais un secours, mais en vain,
des consolateurs, je n'en ai pas trouvé.
À mon pain, ils ont mêlé du poison ;
quand j'avais soif,
ils m'ont donné du vinaigre. ℟

Mais je louerai le nom de Dieu
par un cantique,
je vais le magnifier, lui rendre grâce.
Les pauvres l'ont vu, ils sont en fête :
« Vie et joie, à vous qui cherchez Dieu ! »
Car le Seigneur écoute les humbles,
il n'oublie pas les siens emprisonnés. ℟

*Acclamation de l'Évangile*

***Louange à toi, Seigneur, Roi d'éternelle gloire !*** Salut, ô Christ, notre Roi : toi seul as pris en pitié nos égarements. ***Louange à toi, Seigneur, Roi d'éternelle gloire !***

*OU*

***Louange à toi, Seigneur, Roi d'éternelle gloire !*** Salut, ô Christ, notre Roi : obéissant au Père, comme l'agneau vers l'abattoir tu te laisses conduire à la croix. ***Louange à toi, Seigneur, Roi d'éternelle gloire !***

## Évangile de Jésus Christ

selon saint Matthieu (26, 14-25)

*« Le Fils de l'homme s'en va, comme il est écrit ; mais malheureux celui par qui il est livré ! »*

En ce temps-là, l'un des Douze, nommé Judas Iscariote, se rendit chez les grands prêtres et leur dit : « Que voulez-vous me donner, si je vous le livre ? » Ils lui remirent trente pièces d'argent. Et depuis, Judas cherchait une occasion favorable pour le livrer.

Le premier jour de la fête des pains sans levain, les disciples s'approchèrent et dirent à Jésus : « Où veux-tu que nous te fassions les préparatifs pour manger la Pâque ? » Il leur dit : « Allez à la ville, chez untel, et dites-lui : "Le Maître te fait dire : Mon temps est proche ; c'est chez toi que je veux célébrer la Pâque avec mes disciples." » Les disciples firent ce que Jésus leur avait prescrit et ils préparèrent la Pâque.

Le soir venu, Jésus se trouvait à table avec les Douze. Pendant le repas, il déclara : « Amen, je vous le dis : l'un de vous va me livrer. » Profondément attristés, ils se mirent à lui demander, chacun son tour : « Serait-ce moi, Seigneur ? » Prenant la parole, il dit : « Celui qui s'est servi au plat en même temps que moi, celui-là va me livrer. Le Fils de l'homme s'en va, comme il est écrit à son sujet ; mais malheureux celui par qui le Fils de l'homme est livré ! Il vaudrait mieux pour lui qu'il ne soit pas né, cet homme-là ! » Judas, celui qui le livrait, prit la parole : « Rabbi, serait-ce moi ? » Jésus lui répond : « C'est toi-même qui l'as dit ! »

### *Prière sur les offrandes*

Accueille, Seigneur, le don qui t'est offert et mets en œuvre ta miséricorde : pour qu'en célébrant la passion de ton Fils, nous obtenions de participer à ce mystère en produisant des fruits de sainteté. Par le Christ, notre Seigneur. — ***Amen.***

*2e préface de la Passion, p.361.*

### *Antienne de la communion*

Le Fils de l'homme n'est pas venu
pour être servi, mais pour servir,
et donner sa vie en rançon
pour la multitude.
(Mt 20, 28)

### *Prière après la communion*

Dieu tout-puissant, accorde-nous de croire, au plus profond de nous-mêmes, que tu nous as donné la vie éternelle par la mort de ton Fils, subie dans le cours du temps et annoncée par les saints mystères. Par le Christ, notre Seigneur. — ***Amen.***

**PrionsenÉglise**

**Chers amis,**

En cette période de Pâques, Jésus a appelé ses apôtres à la prière en paroles et en actes durant la nuit de la Cène.

Avec Prions en Église, vous avez cheminé jusqu'au jour de Pâques et vous savez combien il vous accompagne dans votre prière quotidienne.

**C'est pourquoi nous vous invitons à offrir un abonnement à *Prions en Église*** à ceux qui vous sont chers car prier avec l'Évangile est le meilleur atout pour approcher Dieu et faire grandir l'espérance.

Bonnes fêtes de Pâques !

K Bustica

**Karem Bustica**
Rédactrice en chef
de *Prions en Église*

***Prière sur le peuple***

*Le prêtre peut dire la prière suivante :*

Seigneur, nous t'en prions : donne à tes fidèles de recueillir sans cesse les fruits des sacrements de Pâques et d'attendre les biens futurs avec un grand désir, afin qu'ils demeurent attachés aux mystères qui les ont fait renaître et parviennent ainsi à la vie nouvelle. Par le Christ, notre Seigneur. **— *Amen.***

## INVITATION

Je pourrais choisir un chant p. 386 pour m'accompagner jusqu'à dimanche.

## COMMENTAIRE

**L'untel**

Matthieu 26, 14-25

**« Allez à la ville, chez untel », dit Jésus à ses disciples. C'est donc chez ce mystérieux « untel » que s'est déroulée la dernière Cène. Le nom de cet homme ne nous est pas parvenu. À nos yeux, il demeure un anonyme ; mais aux yeux de Dieu, il s'agit d'un homme, avec un nom et un visage. Lorsque nous avons l'impression de ne plus beaucoup exister pour nos proches, lorsque nos efforts paraissent susciter l'indifférence autour de nous, rappelons-nous qu'aux yeux de Dieu, ce que nous faisons, et surtout ce que nous sommes, a une valeur infinie ! ■**

***Bertrand Lesoing**, prêtre de la communauté Saint-Martin*

# MESSE CHRISMALE

**COULEUR LITURGIQUE : BLANC**

*L'évêque, entouré des prêtres de son diocèse, manifeste la prière et l'unité de son presbyterium avec lui.*

*Au cours de cette messe, le saint chrême qui sera utilisé cette année est consacré. Il servira à l'accueil des nouveaux baptisés, au sacrement de la confirmation et à l'ordination des nouveaux prêtres.*

*L'évêque bénit l'huile des malades, qui manifestera la proximité de l'Église et la présence de Dieu auprès des personnes qui recevront le sacrement des malades.*

*L'évêque bénit enfin l'huile des catéchumènes destinée à soutenir ceux qui recevront le baptême.*

*Cette messe est célébrée normalement le Jeudi saint au matin, mais elle peut être anticipée un autre jour au début de la Semaine sainte.*

## RITES INITIAUX

### *Antienne d'ouverture*

Jésus Christ a fait de nous un royaume et des prêtres pour Dieu son Père : à lui, la gloire et la souveraineté pour les siècles des siècles. Amen.
(Ap 1, 6)

### *Suggestion de préparation pénitentielle* *(ou p.352)*

Frères et sœurs, en cette messe chrismale, préparons-nous à célébrer le mystère de l'eucharistie en demandant à Dieu pardon pour nos péchés.

Prends pitié de nous, Seigneur, toi qui as été envoyé guérir ceux qui ont le cœur brisé, toi qui consoles ceux qui sont en deuil et répands sur leur front l'huile de la joie.
***— Nous avons péché contre toi.***

Toi le témoin fidèle, premier né d'entre les morts, tu nous délivres de nos péchés par le don de ta vie, montre-nous, ta miséricorde, ô Roi consacré. ***— Et donne-nous ton salut.***

Que Dieu tout-puissant nous fasse miséricorde ; qu'il nous pardonne nos péchés et nous conduise à la vie éternelle. ***— Amen.***

*Ensuite, on dit ou on chante le Kyrie eleison.*

### *Gloire à Dieu* *(p.355)*

*Prière*
Seigneur Dieu, tu as donné l'onction de l'Esprit Saint à ton Fils unique et l'as établi Christ et Seigneur ; nous t'en prions : puisque tu nous fais participer à sa consécration, accorde-nous d'être dans le monde les témoins de la rédemption. Par Jésus... ***— Amen.***

## LITURGIE DE LA PAROLE

### *Lecture* du livre du prophète Isaïe (61, 1-3a.6a.8b-9)

*Le Seigneur m'a consacré par l'onction, il m'a envoyé annoncer la bonne nouvelle aux humbles, et leur donner l'huile de joie*

**L'esprit du Seigneur Dieu est sur moi parce que le Seigneur m'a consacré par l'onction. Il m'a envoyé annoncer la bonne nouvelle aux humbles, guérir ceux qui ont le cœur brisé, proclamer aux captifs leur délivrance, aux prisonniers leur libération, proclamer une année de bienfaits accordée par le Seigneur, et un jour de vengeance pour notre Dieu, consoler tous ceux qui sont en deuil, ceux qui sont en deuil dans Sion, mettre le diadème sur leur tête au lieu de la cendre, l'huile de joie au lieu du deuil, un habit de fête au lieu d'un esprit abattu. Vous serez appelés « Prêtres du Seigneur » ; on vous dira « Servants de notre Dieu ». Loyalement, je vous donnerai la récompense, je conclurai avec vous une alliance éternelle. Vos descendants seront connus parmi les nations, et votre postérité, au milieu des peuples. Qui les verra pourra reconnaître la descendance bénie du Seigneur.** – Parole du Seigneur.

## *Psaume* 88 (89)

℟ ***Ton amour, Seigneur, sans fin je le chante !***

*T.: AELF; M.: B. Delattre; Bayard Liturgie.*

Autrefois, tu as parlé à tes amis,
dans une vision, tu leur as dit :
« J'ai trouvé David, mon serviteur,
je l'ai sacré avec mon huile sainte. ℟

« Ma main sera pour toujours avec lui,
mon bras fortifiera son courage.
Mon amour et ma fidélité sont avec lui,
mon nom accroît sa vigueur. ℟

« Il me dira : "Tu es mon Père,
mon Dieu, mon roc et mon salut !"
Sans fin je lui garderai mon amour,
mon alliance avec lui sera fidèle. » ℟

## Lecture de l'Apocalypse de saint Jean (1, 5-8)

*« Il a fait de nous un royaume et des prêtres pour son Dieu et Père »*

Que la grâce et la paix vous soient données de la part de Jésus Christ, le témoin fidèle, le premier-né des morts, le prince des rois de la terre. À lui qui nous aime, qui nous a délivrés de nos péchés par son sang, qui a fait de nous un royaume et des prêtres pour son Dieu et Père, à lui, la gloire et la souveraineté pour les siècles des siècles. Amen. Voici qu'il vient avec les nuées, tout œil le verra, ils le verront, ceux qui l'ont transpercé ; et sur lui se lamenteront toutes les tribus de la terre. Oui ! Amen ! Moi, je suis l'Alpha et l'Oméga, dit le Seigneur Dieu, Celui qui est, qui était et qui vient, le Souverain de l'univers. – Parole du Seigneur.

### *Acclamation de l'Évangile*

***Gloire et louange à toi, Seigneur Jésus.*** L'Esprit du Seigneur est sur moi : il m'a envoyé porter la Bonne Nouvelle aux pauvres. ***Gloire et louange à toi, Seigneur Jésus.***

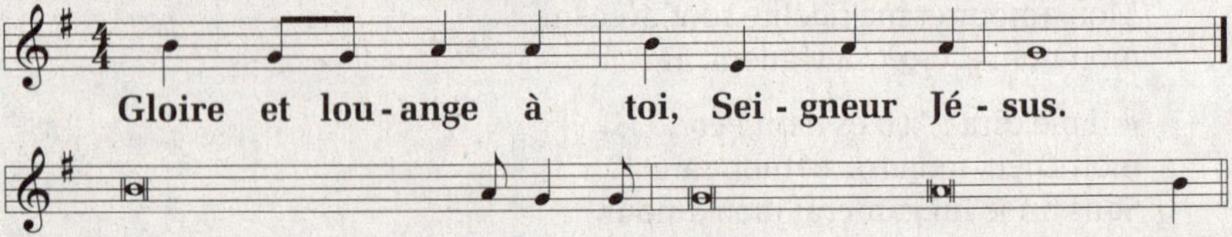


*X 10 ; M. : L. Deiss ; SM.*

## *Évangile de Jésus Christ* selon saint Luc (4, 16-21)

*« L'Esprit du Seigneur est sur moi ; il m'a consacré par l'onction »*

**En ce temps-là, Jésus vint à Nazareth, où il avait été élevé. Selon son habitude, il entra dans la synagogue le jour du sabbat, et il se leva pour faire la lecture. On lui remit le livre du prophète Isaïe. Il ouvrit le livre et trouva le passage où il est écrit : *L'Esprit du Seigneur est sur moi parce que le Seigneur m'a consacré par l'onction. Il m'a envoyé porter la Bonne Nouvelle aux pauvres, annoncer aux captifs leur libération, et aux aveugles qu'ils retrouveront la vue, remettre en liberté les opprimés, annoncer une année favorable accordée par le Seigneur.***
**Jésus referma le livre, le rendit au servant et s'assit. Tous, dans la synagogue, avaient les yeux fixés sur lui. Alors il se mit à leur dire : « Aujourd'hui s'accomplit ce passage de l'Écriture que vous venez d'entendre. »**

***Homélie***

## RÉNOVATION DES PROMESSES SACERDOTALES

*L'évêque invite les prêtres à renouveler leurs promesses sacerdotales en ces termes ou d'autres semblables :*

Fils très chers, en cet anniversaire du jour où le Christ fit participer ses Apôtres et chacun d'entre nous à son sacerdoce, voulez-vous,

devant votre évêque et le peuple saint de Dieu, renouveler les engagements que vous avez pris autrefois ?
*Les prêtres :* ***— Oui, je le veux.***
Voulez-vous vivre toujours plus unis au Seigneur Jésus et chercher à lui ressembler, en renonçant à vous-mêmes, en étant fidèles aux engagements attachés à la charge ministérielle que vous avez reçue avec joie, par amour du Christ et pour le service de son Église, au jour de votre ordination sacerdotale ?
***— Oui, je le veux.***
Voulez-vous être les fidèles intendants des mystères de Dieu par la sainte eucharistie et les autres célébrations liturgiques, et assurer fidèlement la charge sainte de l'enseignement, à la suite du Christ, notre Tête et notre Pasteur, avec désintéressement et souci des âmes ?
***— Oui, je le veux.***
*Tourné vers le peuple, l'évêque poursuit :* Et vous, frères et sœurs bien-aimés, priez pour vos prêtres : que le Seigneur répande sur eux ses dons en abondance, afin qu'ils soient les fidèles ministres du Christ, le Souverain Prêtre, et vous conduisent à lui, la source du salut.
*L'assemblée :* ***— Ô Christ, écoute-nous ; ô Christ, exauce-nous.***
Priez aussi pour moi, votre évêque : que je sois fidèle à la charge apostolique qui m'a été confiée, malgré ma faiblesse ; que je reflète parmi vous une image vivante et toujours plus parfaite du Christ Prêtre, Bon Pasteur, Maître et Serviteur de tous.
***— Ô Christ, écoute-nous ; ô Christ, exauce-nous.***

Que le Seigneur nous garde les uns et les autres dans son amour ; que lui-même nous conduise, pasteurs et brebis, jusqu'à la vie éternelle.

*Tous :* **— Amen.**

*On ne dit pas la profession de foi.*

## *Suggestion de prière universelle*

*Le prêtre :*

« Le Seigneur m'a consacré par l'onction. » Avec Jésus, envoyé dans le monde pour rendre l'espoir aux hommes, tournons-nous vers le Père de toute bonté. Confions-lui tous les habitants du monde.

℟ ***Ô Seigneur, écoute et prends pitié.***

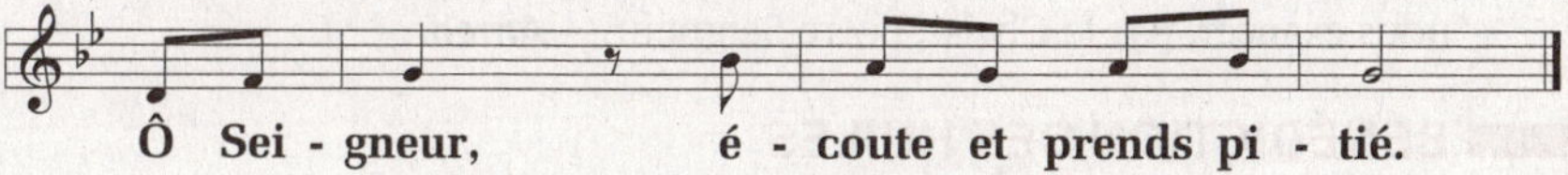


*YB 19 ; T. et M. : Pape Gélase ; T. : transcription en français : J. Gelineau; Musique et Liturgie.*

*Le diacre ou un lecteur :*

Pour nos pasteurs, qui renouvellent leurs promesses sacerdotales en cette eucharistie. Afin qu'ils soient remplis de bonheur et de joie en cette Semaine sainte. Ensemble, prions. ℟

Pour les baptisés, les confirmés, les ordonnés, qui seront oints du saint chrême cette année, que la force de l'Esprit les anime et les fasse grandir dans la foi, l'espérance et l'amour. Ensemble, prions. ℟

Pour les futurs baptisés qui seront oints de l'huile des catéchumènes. Qu'ils grandissent dans leur connaissance de la Bonne Nouvelle et dans l'attachement à Jésus Christ. Ensemble, prions. ℟

Pour les souffrants, qui sont oints de l'huile des malades. Qu'elle soit pour eux un signe réconfort, d'espoir, de confiance et de guérison. Ensemble, prions. ℟

*(Ces intentions seront adaptées ou modifiées selon les circonstances.)*

*Le prêtre :*

Père de toute bonté, viens aujourd'hui écouter nos prières. Daigne nous exaucer, par le Christ, notre Seigneur. – ***Amen.***

## BÉNÉDICTION DES HUILES

### *L'huile des malades*

*Entouré des prêtres, l'évêque bénit d'abord l'huile des malades :*

Dieu notre Père, de qui vient tout réconfort, toi qui as voulu, par ton Fils, guérir nos faiblesses et nos maladies, sois attentif à la prière de notre foi : envoie du ciel ton Esprit Saint Consolateur sur cette huile que ta création nous procure pour rendre vigueur à nos corps. Qu'elle devienne ✠ par ta bénédiction l'huile sainte que nous recevons de toi pour soulager le corps, l'âme et l'esprit des malades qui en recevront l'onction, pour chasser toute douleur, toute maladie, tout mal physique, moral et spirituel. Que cette huile devienne ainsi l'instrument dont tu te sers pour nous donner ta grâce au nom de Jésus, le Christ, notre Seigneur. (Lui qui vit et règne pour les siècles des siècles.) – ***Amen.***

## *L'huile des catéchumènes*

*L'évêque bénit ensuite l'huile des catéchumènes :*

Dieu tout-puissant, tu es la force de ton peuple, tu veilles sur lui et tu as créé l'huile, symbole de vigueur ; daigne bénir + cette huile, accorde ta force aux catéchumènes qui en seront marqués : recevant de toi intelligence et énergie, ils comprendront plus profondément la Bonne Nouvelle et s'engageront de grand cœur dans les luttes de la vie chrétienne ; rendus capables de devenir tes fils adoptifs, ils seront heureux de naître à nouveau et de vivre dans ton Église. Par le Christ, notre Seigneur. – ***Amen.***

## *Consécration du chrême*

*L'évêque (après avoir versé le parfum dans l'huile destinée au chrême, si le mélange n'a pas été fait auparavant) invite le peuple à la prière :*

Prions tous ensemble notre Dieu, le Père tout-puissant, de bénir cette huile parfumée et de la sanctifier, afin que tous ceux qui en recevront l'onction en soient pénétrés au plus profond d'eux-mêmes et deviennent capables d'obtenir le salut.

*L'évêque, s'il le juge opportun, souffle sur l'orifice du vase contenant le chrême. Puis il dit cette prière ou une autre :*

Dieu qui as institué les sacrements et qui donnes la vie, nous rendons grâce à ton incomparable bonté : tu avais déjà, dans l'ancienne alliance, laissé entrevoir le mystère de l'huile sainte, et, lorsqu'est venue la plénitude des temps, tu lui as donné tout son éclat dans le Christ que tu as présenté comme ton Fils bien-aimé lors de son baptême dans le Jourdain. Tu révélais ainsi en Jésus de Nazareth le prophète envoyé pour annoncer la Bonne Nouvelle aux pauvres, le souverain prêtre qui rachèterait les hommes dans son sang, le pasteur qui les conduirait aux sources de la vie.

En effet, lorsque ton Fils, notre Seigneur, eut sauvé le genre humain dans le mystère de sa Pâque, il remplit ton Église de l'Esprit Saint avec la merveilleuse abondance de ses dons, afin qu'elle puisse achever dans ce monde l'œuvre du salut. Depuis, par le mystère du saint chrême, tu dispenses les richesses de ta grâce : ainsi, tes enfants, après être renés dans l'eau du baptême, sont fortifiés par l'onction de l'Esprit, et, rendus semblables au Christ, ils participent à sa fonction prophétique, sacerdotale et royale.

*Tous les concélébrants étendent la main droite vers le chrême jusqu'à la fin de la prière, sans rien dire.*

Aussi nous t'en supplions, Seigneur : par la puissance de ta grâce, que ce mélange d'huile et de parfum devienne pour nous le sacrement de ta bénédiction ✠ ; répands largement les dons du Saint-Esprit sur nos frères et nos sœurs que cette onction va imprégner ; fais resplendir ta sainteté sur les lieux et les objets qui seront marqués de cette huile sainte ; mais surtout, par les sacrements où cette huile sera employée, fais progresser encore ton Église jusqu'à ce qu'elle atteigne cette plénitude où toi-même, dans l'éternelle lumière, tu seras totalement présent à tous les êtres avec le Christ, dans l'Esprit Saint, pour les siècles des siècles. **– *Amen.***

## LITURGIE EUCHARISTIQUE

### *Prière sur les offrandes*

Dans ta bienveillance, Seigneur, fais que la puissance de ce sacrifice purifie tout ce qui vieillit en nous : qu'elle fasse grandir la vie nouvelle et nous apporte le salut. Par le Christ, notre Seigneur. **– *Amen.***

### *Prière eucharistique* *(Préface de la messe chrismale)*

Vraiment, il est juste et bon, pour ta gloire et notre salut, de t'offrir notre action de grâce, toujours et en tout lieu, Seigneur, Père très saint, Dieu éternel et tout-puissant. Par l'onction de l'Esprit Saint, tu as établi ton Fils unique grand prêtre de l'Alliance nouvelle et éternelle ; et, dans ton admirable providence, tu as voulu que son unique sacerdoce demeure à jamais dans l'Église. C'est lui, le Christ, qui donne au peuple racheté la dignité du sacerdoce royal ; et, dans son amour fraternel, il choisit aussi des

hommes qui, en recevant l'imposition des mains, auront part à son ministère. En son nom, ils renouvellent le sacrifice rédempteur, ils dressent pour tes fils la table du banquet pascal ; par la charité, ils montrent la voie à ton peuple saint, par la parole, ils le nourrissent, et par les sacrements, ils le fortifient. En livrant leur vie pour toi et pour le salut de leurs frères, ils s'efforceront d'être conformes à l'image du Christ, et te donneront avec constance la preuve de leur foi et de leur amour. C'est pourquoi, avec les anges et tous les saints, nous te louons, Seigneur, et nous exultons de joie en proclamant :
***Saint ! Saint ! Saint...***

### *Antienne de la communion*
L'amour du Seigneur, sans fin je le chante ;
ta fidélité, je l'annonce d'âge en âge. (Ps 88, 2)

### *Prière après la communion*
Nous t'en supplions, Dieu tout-puissant : donne à ceux que tu as fortifiés par tes sacrements d'être au milieu du monde la bonne odeur du Christ. Lui qui… ***— Amen.***

## RITE DE CONCLUSION

### *Bénédiction*

### *Envoi*

# JEUDI 28 MARS 2024

## JEUDI SAINT

## MESSE DU SOIR EN MÉMOIRE DE LA CÈNE DU SEIGNEUR

**ANNÉE B – COULEUR LITURGIQUE : BLANC**

*« Alors, Seigneur, pas seulement les pieds, mais aussi les mains et la tête ! »* Jean 13, 9





**L'exhortation de Jésus est sans équivoque.** Fils de Dieu, il s'est fait le serviteur de tous les hommes. Le suivre, c'est nous mettre au service, comme lui, de nos frères et de nos sœurs en humanité. Que faisons-nous de notre prochain ? Souhaitons-nous son bonheur, son plein épanouissement ? Servir nos frères est un chemin de béatitude pour eux et pour nous-mêmes !

## RITES INITIAUX

***Chant d'entrée*** *(Suggestions p. 386)*
OU ***Antienne d'ouverture***

Que notre seule fierté soit la croix de notre Seigneur
Jésus Christ. En lui, nous avons le salut, la vie et la résurrection,
par lui, nous sommes sauvés et délivrés. (cf. Ga 6, 14)

***Suggestion de préparation pénitentielle*** *(ou p. 352)*

Le Christ nous invite à nous laver les pieds les uns aux autres. En ce jour où nous fêtons Jésus qui s'est fait pour nous serviteur jusqu'au don total de sa vie, tournons-nous vers Dieu et demandons-lui pardons pour nos péchés.

Seigneur Jésus, toi notre Maître et notre Dieu, tu t'es fait serviteur de tous les hommes. Béni sois-tu et prends pitié de nous.
***— Béni sois-tu et prends pitié de nous.***

Ô Christ, toi notre Roi souverain, tu enseignes aux hommes un chemin d'amour et de service. Béni sois-tu et prends pitié de nous.
***— Béni sois-tu et prends pitié de nous.***

Seigneur, toi qui te donnes à nous en nourriture, tu invites les hommes à veiller sur ceux qui ont faim et soif. Béni sois-tu et prends pitié de nous.
***— Béni sois-tu et prends pitié de nous.***

Que Dieu tout-puissant nous fasse miséricorde ; qu'il nous pardonne nos péchés et nous conduise à la vie éternelle. ***— Amen.***

*Gloire à Dieu* *(p. 355)*

*Prière*
Seigneur Dieu, tu nous appelles à célébrer la très sainte Cène où ton Fils unique, avant de se livrer lui-même à la mort, a remis pour toujours à son Église le sacrifice nouveau, le repas qui est le sacrement de son amour ; donne-nous de puiser à ce grand mystère la charité et la vie en plénitude. Par Jésus Christ… — ***Amen.***

## LITURGIE DE LA PAROLE

### *Lecture* du livre de l'Exode (12, 1-8.11-14)

*Prescriptions concernant le repas pascal*

**En ces jours-là, dans le pays d'Égypte, le Seigneur dit à Moïse et à son frère Aaron : « Ce mois-ci sera pour vous le premier des mois, il marquera pour vous le commencement de l'année. Parlez ainsi à toute la communauté d'Israël : le dix de ce mois, que l'on prenne un agneau par famille, un agneau par maison. Si la maisonnée est trop peu nombreuse pour un agneau, elle le prendra avec son voisin le plus proche, selon le nombre des personnes. Vous choisirez l'agneau d'après ce que chacun peut manger. Ce sera une bête sans défaut, un mâle, de l'année. Vous prendrez un agneau ou un chevreau. Vous le garderez jusqu'au quatorzième jour du mois. Dans toute l'assemblée de la communauté d'Israël,**

on l'immolera au coucher du soleil. On prendra du sang, que l'on mettra sur les deux montants et sur le linteau des maisons où on le mangera. On mangera sa chair cette nuit-là, on la mangera rôtie au feu, avec des pains sans levain et des herbes amères. Vous mangerez ainsi : la ceinture aux reins, les sandales aux pieds, le bâton à la main. Vous mangerez en toute hâte : c'est la Pâque du Seigneur. Je traverserai le pays d'Égypte, cette nuit-là ; je frapperai tout premier-né au pays d'Égypte, depuis les hommes jusqu'au bétail. Contre tous les dieux de l'Égypte j'exercerai mes jugements : Je suis le Seigneur. Le sang sera pour vous un signe, sur les maisons où vous serez. Je verrai le sang, et je passerai : vous ne serez pas atteints par le fléau dont je frapperai le pays d'Égypte.

« Ce jour-là sera pour vous un mémorial. Vous en ferez pour le Seigneur une fête de pèlerinage. C'est un décret perpétuel : d'âge en âge vous la fêterez. »

– Parole du Seigneur.

## *Psaume* 115 (116B)

℟ ***La coupe de bénédiction est communion au sang du Christ.***

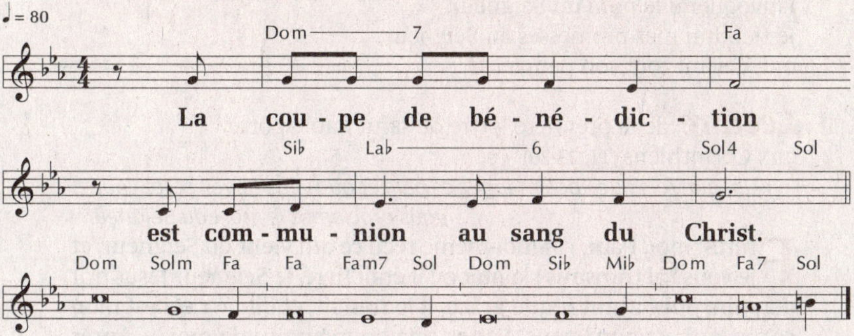


*T. : AELF; M. : J.-P. Hervy; Éd. : ADF.*

Comment rendrai-je au Seigneur
tout le bien qu'il m'a fait ?
J'élèverai la coupe du salut,
j'invoquerai le nom du Seigneur. ℟

Il en coûte au Seigneur
de voir mourir les siens !
Ne suis-je pas, Seigneur, ton serviteur,
moi, dont tu brisas les chaînes ? ℟

Retrouvez
ce psaume sur le CD
"Les psaumes
de l'année B"

℟ ***La coupe de bénédiction est communion au sang du Christ.***
Je t'offrirai le sacrifice d'action de grâce,
j'invoquerai le nom du Seigneur.
Je tiendrai mes promesses au Seigneur,
oui, devant tout son peuple. ℟

## *Lecture* de la première lettre de saint Paul apôtre aux Corinthiens (11, 23-26)

*« Chaque fois que vous mangez ce pain et que vous buvez cette coupe, vous proclamez la mort du Seigneur »*

**Frères, moi, Paul, j'ai moi-même reçu ce qui vient du Seigneur, et je vous l'ai transmis : la nuit où il était livré, le Seigneur Jésus prit du pain, puis, ayant rendu grâce, il le rompit, et dit : « Ceci est mon corps, qui est pour vous. Faites cela en mémoire de moi. » Après le repas, il fit de même avec la coupe, en disant : « Cette coupe est la nouvelle Alliance en mon sang. Chaque fois que vous en boirez, faites cela en mémoire de moi. » Ainsi donc, chaque fois que vous mangez ce pain et que vous buvez cette coupe, vous proclamez la mort du Seigneur, jusqu'à ce qu'il vienne.** – Parole du Seigneur.

## *Acclamation de l'Évangile*

***Gloire et louange à toi, Seigneur Jésus !*** Je vous donne un commandement nouveau, dit le Seigneur : « Aimez-vous les uns les autres comme je vous ai aimés. » ***Gloire et louange à toi, Seigneur Jésus !***

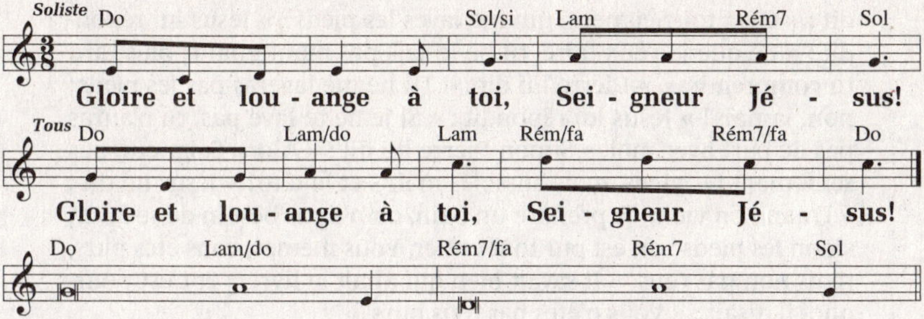


*U 77-01 ; T. : AELF ; M. : P. Robert ; ADF-Musique.*

## *Évangile de Jésus Christ* selon saint Jean (13, 1-15)

*« Il les aima jusqu'au bout »*

Avant la fête de la Pâque, sachant que l'heure était venue pour lui de passer de ce monde à son Père, Jésus, ayant aimé les siens qui étaient dans le monde, les aima jusqu'au bout.
Au cours du repas, alors que le diable a déjà mis dans le cœur de Judas, fils de Simon l'Iscariote, l'intention de le livrer, Jésus, sachant que le Père a tout remis entre ses mains, qu'il est sorti de Dieu et qu'il s'en va vers Dieu, se lève de table, dépose son vêtement, et prend un linge qu'il se noue à la ceinture ; puis il verse de l'eau dans un bassin. Alors il se mit à laver les pieds des disciples et à les essuyer avec le linge qu'il avait à la ceinture. Il arrive donc à Simon-Pierre, qui lui

dit : « C'est toi, Seigneur, qui me laves les pieds ? » Jésus lui répondit : « Ce que je veux faire, tu ne le sais pas maintenant ; plus tard tu comprendras. » Pierre lui dit : « Tu ne me laveras pas les pieds ; non, jamais ! » Jésus lui répondit : « Si je ne te lave pas, tu n'auras pas de part avec moi. » Simon-Pierre lui dit : « Alors, Seigneur, pas seulement les pieds, mais aussi les mains et la tête ! » Jésus lui dit : « Quand on vient de prendre un bain, on n'a pas besoin de se laver, sinon les pieds : on est pur tout entier. Vous-mêmes, vous êtes purs, mais non pas tous. » Il savait bien qui allait le livrer ; et c'est pourquoi il disait : « Vous n'êtes pas tous purs. »
Quand il leur eut lavé les pieds, il reprit son vêtement, se remit à table et leur dit : « Comprenez-vous ce que je viens de faire pour vous ? Vous m'appelez "Maître" et "Seigneur", et vous avez raison, car vraiment je le suis. Si donc moi, le Seigneur et le Maître, je vous ai lavé les pieds, vous aussi, vous devez vous laver les pieds les uns aux autres. C'est un exemple que je vous ai donné afin que vous fassiez, vous aussi, comme j'ai fait pour vous. »

***Homélie***

## LAVEMENT DES PIEDS

*Avant de reprendre le geste du Christ partageant le pain et le vin, nous sommes invités à reprendre un autre signe de son amour « jusqu'au bout ». À la manière de Jésus, le président d'assemblée va laver les pieds de douze personnes. Pendant ce rite, entrons dans les sentiments du Christ Serviteur, dans ceux des Apôtres aussi : c'est aux pieds de chacun et chacune de nous que Jésus s'est abaissé. Pendant ce temps, on chante les antiennes suivantes ou d'autres chants qui conviennent.*

## *Antienne*

À ceci, tous reconnaîtront que vous êtes mes disciples :
si vous avez de l'amour les uns pour les autres. (Jn 13, 35)

*OU*

Je vous donne un commandement nouveau : c'est de vous aimer les uns les autres, comme je vous ai aimés, dit le Seigneur.
(Jn 13, 34)

## *Suggestion de prière universelle*

*Le prêtre :*

Le Christ a aimé les hommes jusqu'au bout, jusqu'au don de sa vie. En ce jour où nous contemplons un tel amour, implorons le Christ, Serviteur des serviteurs, pour toute l'humanité.

℟ ***Avec Marie ta mère, nous te supplions.***

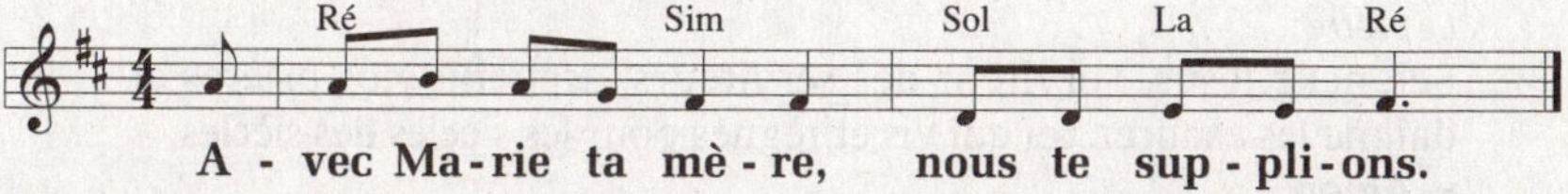


*M. : M. Wackenheim; Bayard Liturgie.*

℟ ***Avec Marie ta mère, nous te supplions.***

*Le diacre ou un lecteur :*

Loué sois-tu, Seigneur Jésus, pour les évêques, les prêtres et les diacres qui se donnent sans compter au service du peuple de Dieu. Donne-leur de vivre leur mission dans la confiance et la joie. Ensemble, nous te prions. ℟

Loué sois-tu, Seigneur Jésus, pour les responsables politiques, pour les élus, qui vivent leur mission comme un service. Aide-les à discerner les besoins les plus urgents de notre société. Ensemble, nous te prions. ℟

Loué sois-tu, Seigneur Jésus, pour les catéchistes qui se dépensent sans compter au service de la Bonne Nouvelle. Inspire leurs paroles et leurs gestes aux quatre coins de la terre. Ensemble, nous te prions. ℟

Loué sois-tu Seigneur Jésus, pour les familles de notre assemblée réunie en ce Jeudi saint. Inspire-leur des gestes de solidarité envers les plus pauvres et les plus délaissés. Ensemble, nous te prions. ℟

*(Ces intentions seront adaptées ou modifiées selon les circonstances.)*

*Le prêtre :*

Seigneur Jésus, Serviteur des serviteurs, accueille nos prières et daigne les exaucer, toi qui vis et règnes pour les siècles des siècles.

***— Amen.***

## LITURGIE EUCHARISTIQUE

### *Prière sur les offrandes*

Accorde-nous, Seigneur, nous t'en prions, de participer dignement à ces mystères, car chaque fois qu'est célébré ce sacrifice en mémorial, c'est l'œuvre de notre rédemption qui s'accomplit. Par le Christ, notre Seigneur. ***— Amen.***

### *Prière eucharistique*

*(1re préface de l'eucharistie)*

Vraiment, il est juste et bon, pour ta gloire et notre salut, de t'offrir notre action de grâce, toujours et en tout lieu, Seigneur, Père très saint, Dieu éternel et tout-puissant, par le Christ, notre Seigneur. Il est le Prêtre éternel et véritable, qui institua le sacrement destiné à perpétuer son sacrifice ; il s'est d'abord offert à toi en victime pour notre salut et nous a prescrit de faire cette offrande en mémoire de lui. Quand nous recevons sa chair immolée pour nous, nous sommes fortifiés ; quand nous buvons le sang qu'il a versé pour nous, nous sommes purifiés. C'est pourquoi, avec les anges et les archanges, avec les puissances d'en haut et tous les esprits bienheureux, nous chantons l'hymne de ta gloire et sans fin nous proclamons : ***Saint ! Saint ! Saint...***

### *Chant de communion* *(Suggestions p. 386)*

*OU*

### *Antienne de la communion*

« Ceci est mon corps, livré pour vous, dit le Seigneur. Faites cela en mémoire de moi. Cette coupe est la nouvelle Alliance en mon sang. Chaque fois que vous en boirez, faites cela en mémoire de moi. » (1 Co 11, 24.25)

*La communion achevée, la réserve eucharistique pour la communion du lendemain reste sur l'autel, et on conclut la messe par la prière après la communion.*

### *Prière après la communion*

Nous avons repris des forces, Dieu tout-puissant, en célébrant aujourd'hui la Cène de ton Fils ; accorde-nous d'être rassasiés au banquet de l'éternité. Par le Christ, notre Seigneur. – ***Amen.***

## TRANSFERT DU SAINT-SACREMENT

*À la fin de la célébration, le Saint-Sacrement est retiré de l'église jusqu'à la veillée pascale. Pendant que le président d'assemblée le transporte dans un lieu approprié (chapelle ou autel secondaire), nous vénérons le Christ en chantant (suggestions de chants p. 386).*

## VEILLÉE EUCHARISTIQUE

*Ensuite, on dépouille l'autel et on enlève ou on voile les croix de l'église. On peut voir dans ce dépouillement de l'autel le signe du Christ qui, dans sa Passion et sa mort, est dépouillé de tout. Celles et ceux qui le peuvent sont invités à poursuivre l'adoration devant le Saint-Sacrement avant de se retirer.*

**COMMENTAIRE DU JEUDI SAINT**
**Vincent Leclercq,** prêtre assomptionniste

# Jusqu'au bout

« Jésus, ayant aimé les siens qui étaient dans le monde, les aima jusqu'au bout. » Le Seigneur ne nous a pas aimés de loin ou en passant. Il est allé jusqu'au bout de son amour pour nous. Le lavement des pieds est bien plus qu'un rite à reproduire dans nos célébrations. Il est une invitation à devenir ce que Jésus est pour chacun de nous, un serviteur.
Ce soir, nous sommes le disciple qu'il appelle et enseigne, celui qu'il rejoint et dont il prend soin. Le Christ se penche sur notre vie pour l'illuminer de sa tendresse. Nos pieds fatigués par la marche ou blessés par les cailloux de la route sont entre ses mains. Il nous envoie pour que nous nous mettions à notre tour au service les uns des autres. En ce Jeudi saint, le Seigneur s'apprête à passer de la vie à la mort pour que nous passions par lui et avec lui, •••

••• de toutes ces petites morts qui nous clouent au sol et nous empêchent d'avancer, à sa vie à lui. Au seuil d'un procès perdu d'avance, il nous offre son corps et son sang en nourriture. Face à la mort, le sens de sa mission est dévoilé. Il se livre pour nous dans l'amour d'une vie entièrement donnée. Ce soir, notre joie d'être ses amis doit l'emporter. Nous nous rappelons que le Seigneur a tout dit et il a tout fait pour que nous puissions lui ressembler. « Vous ferez cela en mémoire de moi. » Désormais, il reconnaîtra ses disciples dans le don de soi et le service des autres.

~

Suis-je comme Pierre, encore réticent à montrer au Seigneur ma fatigue et mes misères ?
Devant le Saint-Sacrement, vais-je expérimenter son amour qui me donne d'aimer à mon tour et de le suivre jusqu'au bout ? ■

# VENDREDI 29 MARS 2024

## VENDREDI SAINT – LA PASSION DU SEIGNEUR

ANNÉE B – COULEUR LITURGIQUE : ROUGE

*« Alors, il leur livra Jésus pour qu'il soit crucifié. »* Jean 19, 6





**Ô Croix dressée sur le monde, ô croix de Jésus Christ.** Face au Christ en croix, face au Christ en proie à la souffrance, à l'insulte, à l'humiliation, au mépris, nous sommes sans voix. Quel mystère ! Dieu nous a tant aimés qu'il se retrouve là, devant nous, crucifié. Oui, il n'y a pas de plus grand amour que de donner sa vie pour ceux qu'on aime. Aujourd'hui, faisons silence en nous-mêmes, et contemplons le Messie qui nous aime à l'infini.

### *Prière*

Souviens-toi, Seigneur, de ta miséricorde, sanctifie ceux qui veulent te servir et protège-les toujours, car c'est pour eux que ton Fils Jésus Christ a institué par son sang répandu le sacrement pascal. Lui qui… ***– Amen.***

*OU*

Seigneur Dieu, par la passion du Christ, ton Fils, notre Seigneur, tu as détruit la mort héritée du premier péché, elle qui tenait l'humanité sous sa loi ; accorde-nous de ressembler à ton Fils : du fait de notre nature, nous sommes à l'image de l'homme pétri d'argile ; de même, que ta grâce nous sanctifie pour que nous soyons à l'image de celui qui vient du ciel. Par le Christ, notre Seigneur. ***– Amen.***

## LITURGIE DE LA PAROLE

## *Lecture*

du livre du prophète Isaïe (52, 13 – 53, 12)

*« C'est à cause de nos fautes qu'il a été broyé »*

**Mon serviteur réussira, dit le Seigneur ; il montera, il s'élèvera, il sera exalté ! La multitude avait été consternée en le voyant, car il était si défiguré qu'il ne ressemblait plus à un homme ; il n'avait plus l'apparence d'un fils d'homme. Il étonnera de même une multitude de nations ; devant lui les rois resteront bouche bée, car ils verront ce que, jamais, on ne leur avait dit, ils découvriront**

ce dont ils n'avaient jamais entendu parler. Qui aurait cru ce que nous avons entendu ? Le bras puissant du Seigneur, à qui s'est-il révélé ? Devant lui, le serviteur a poussé comme une plante chétive, une racine dans une terre aride ; il était sans apparence ni beauté qui attire nos regards, son aspect n'avait rien pour nous plaire. Méprisé, abandonné des hommes, homme de douleurs, familier de la souffrance, il était pareil à celui devant qui on se voile la face ; et nous l'avons méprisé, compté pour rien. En fait, c'étaient nos souffrances qu'il portait, nos douleurs dont il était chargé. Et nous, nous pensions qu'il était frappé, meurtri par Dieu, humilié. Or, c'est à cause de nos révoltes qu'il a été transpercé, à cause de nos fautes qu'il a été broyé. Le châtiment qui nous donne la paix a pesé sur lui : par ses blessures, nous sommes guéris. Nous étions tous errants comme des brebis, chacun suivait son propre chemin. Mais le Seigneur a fait retomber sur lui nos fautes à nous tous.

Maltraité, il s'humilie, il n'ouvre pas la bouche : comme un agneau conduit à l'abattoir, comme une brebis muette devant les tondeurs, il n'ouvre pas la bouche. Arrêté, puis jugé, il a été supprimé. Qui donc s'est inquiété de son sort ? Il a été retranché de la terre des vivants, frappé à mort pour les révoltes de son peuple. On a placé sa tombe avec les méchants, son tombeau avec les riches ; et pourtant il n'avait pas commis de violence, on ne trouvait pas de tromperie dans sa bouche. Broyé par la souffrance,

il a plu au Seigneur. S'il remet sa vie en sacrifice de réparation, il verra une descendance, il prolongera ses jours : par lui, ce qui plaît au Seigneur réussira.
Par suite de ses tourments, il verra la lumière, la connaissance le comblera. Le juste, mon serviteur, justifiera les multitudes, il se chargera de leurs fautes. C'est pourquoi, parmi les grands, je lui donnerai sa part, avec les puissants il partagera le butin, car il s'est dépouillé lui-même jusqu'à la mort, et il a été compté avec les pécheurs, alors qu'il portait le péché des multitudes et qu'il intercédait pour les pécheurs.
– Parole du Seigneur.

## *Psaume* 30 (31)

℟ ***Ô Père, en tes mains je remets mon esprit.***

*T. : AELF; M. : G. Previdi; Éd. : ADF.*

En toi, Seigneur, j'ai mon refuge ;
garde-moi d'être humilié pour toujours.
En tes mains je remets mon esprit ;
tu me rachètes, Seigneur, Dieu de vérité. ℟

Je suis la risée de mes adversaires
et même de mes voisins ;
je fais peur à mes amis,
s'ils me voient dans la rue, ils me fuient. ℟

On m'ignore comme un mort oublié,
comme une chose qu'on jette.
J'entends les calomnies de la foule :
ils s'accordent pour m'ôter la vie. ℟

Moi, je suis sûr de toi, Seigneur,
je dis : « Tu es mon Dieu ! »
Mes jours sont dans ta main : délivre-moi
des mains hostiles qui s'acharnent. ℟

Sur ton serviteur, que s'illumine ta face ;
sauve-moi par ton amour.
Soyez forts, prenez courage,
vous tous qui espérez le Seigneur ! ℟

Retrouvez
ce psaume sur le CD
"Les psaumes
de l'année B"

***Lecture*** de la lettre aux Hébreux (4, 14-16 ; 5, 7-9)

*Il apprit l'obéissance et il est devenu*
*pour tous ceux qui lui obéissent la cause du salut éternel*

**Frères, en Jésus, le Fils de Dieu, nous avons le grand prêtre par excellence, celui qui a traversé les cieux ; tenons donc ferme l'affirmation de notre foi. En effet, nous n'avons pas un grand prêtre incapable de compatir à nos faiblesses, mais un grand prêtre éprouvé en toutes choses, à notre ressemblance, excepté le péché. Avançons-nous donc avec assurance vers le Trône de la grâce, pour obtenir miséricorde et recevoir, en temps voulu, la grâce de son secours. Le Christ, pendant les jours de sa vie dans la chair, offrit, avec un grand cri et dans les larmes, des prières et des supplications à Dieu qui pouvait le sauver de la mort, et il fut exaucé en raison de son grand respect. Bien qu'il soit le Fils, il apprit par ses souffrances l'obéissance et, conduit à sa perfection, il est devenu pour tous ceux qui lui obéissent la cause du salut éternel.**

– Parole du Seigneur.

## *Acclamation de l'Évangile*

***Le Christ s'est anéanti, prenant la condition de serviteur.*** Pour nous, le Christ est devenu obéissant, jusqu'à la mort, et la mort de la croix. C'est pourquoi Dieu l'a exalté : il l'a doté du Nom qui est au-dessus de tout nom. ***Le Christ s'est anéanti, prenant la condition de serviteur.***

*U77-01; T. : AELF; M. : P. Robert, Bayard liturgie.*

*La lecture de la Passion se fait sans salutation au début.*
***Pour lire l'évangile de la Passion à plusieurs voix :***
*✠ Jésus ; Ⓛ lecteur ; Ⓓ disciples et amis ; Ⓕ foule ; Ⓐ autres personnages.*

# La Passion de notre Seigneur Jésus Christ

selon saint Jean (18, 1 – 19, 42)

*Passion de notre Seigneur Jésus Christ*

Ⓛ En ce temps-là, après le repas, Jésus sortit avec ses disciples et traversa le torrent du Cédron ; il y avait là un jardin, dans lequel il entra avec ses disciples. Judas, qui le livrait, connaissait l'endroit, lui aussi, car Jésus et ses disciples s'y étaient souvent réunis. Judas, avec un détachement de soldats ainsi que des gardes envoyés par les grands prêtres et les pharisiens, arrive à cet endroit. Ils avaient des lanternes, des torches et des armes. Alors Jésus, sachant tout ce qui allait lui arriver, s'avança et leur dit : ✠ « Qui cherchez-vous ? » Ⓛ Ils lui répondirent : Ⓕ « Jésus le Nazaréen. » Ⓛ Il leur dit : ✠ « C'est moi, je le suis. » Ⓛ Judas, qui le livrait, se tenait avec eux. Quand Jésus leur répondit : « C'est moi, je le suis », ils reculèrent, et ils tombèrent à terre. Il leur demanda de nouveau : ✠ « Qui cherchez-vous ? » Ⓛ Ils dirent : Ⓕ « Jésus le Nazaréen. » Ⓛ Jésus répondit : ✠ « Je vous l'ai dit : c'est moi, je le suis. Si c'est bien moi que vous cherchez, ceux-là, laissez-les partir. » Ⓛ Ainsi s'accomplissait la parole qu'il avait dite : « Je n'ai perdu aucun de ceux que tu m'as donnés. » Or Simon-Pierre avait une épée ; il la tira, frappa le serviteur du grand prêtre et lui coupa l'oreille droite. Le nom de ce serviteur était Malcus. Jésus dit à Pierre : ✢ « Remets ton épée au fourreau. La coupe que m'a donnée le Père, vais-je refuser de la boire ? » Ⓛ Alors la troupe, le commandant et les gardes juifs se saisirent de Jésus et le ligotèrent. Ils l'emmenèrent d'abord chez Hanne, beau-père de Caïphe, qui était grand prêtre cette année-là. Caïphe était celui qui avait donné aux Juifs ce conseil : « Il vaut mieux qu'un seul homme meure pour le peuple. »

Or Simon-Pierre, ainsi qu'un autre disciple, suivait Jésus. Comme ce disciple était connu du grand prêtre, il entra avec Jésus dans le palais du grand prêtre. Pierre se tenait près de la porte, dehors. Alors l'autre disciple – celui qui était connu du grand prêtre – sortit, dit un mot à la servante qui gardait la porte, et fit entrer Pierre. Cette jeune servante dit alors à Pierre : Ⓐ « N'es-tu pas, toi aussi, l'un des disciples de cet homme ? » Ⓛ Il répondit : Ⓓ « Non, je ne le suis pas ! » Ⓛ Les serviteurs et les gardes se tenaient là ; comme il faisait froid, ils avaient fait un feu de braise pour se réchauffer. Pierre était avec eux, en train de se chauffer. Le grand prêtre interrogea Jésus sur ses disciples et sur son enseignement. Jésus lui répondit : ✢ « Moi, j'ai parlé au monde ouvertement. J'ai toujours enseigné à la synagogue et dans le Temple, là où tous les Juifs se réunissent, et je n'ai jamais parlé en cachette. Pourquoi m'interroges-tu ? Ce que je leur ai dit, demande-le à ceux qui m'ont entendu. Eux savent ce que j'ai dit. » Ⓛ À ces mots, un des gardes, qui était à côté de Jésus,

lui donna une gifle en disant : Ⓐ « C'est ainsi que tu réponds au grand prêtre ! » Ⓛ Jésus lui répliqua : ✝ « Si j'ai mal parlé, montre ce que j'ai dit de mal. Mais si j'ai bien parlé, pourquoi me frappes-tu ? » Ⓛ Hanne l'envoya, toujours ligoté, au grand prêtre Caïphe.
Simon-Pierre était donc en train de se chauffer. On lui dit : Ⓐ « N'es-tu pas, toi aussi, l'un de ses disciples ? » Ⓛ Pierre le nia et dit : Ⓓ « Non, je ne le suis pas ! » Ⓛ Un des serviteurs du grand prêtre, parent de celui à qui Pierre avait coupé l'oreille, insista : Ⓐ « Est-ce que moi, je ne t'ai pas vu dans le jardin avec lui ? » Ⓛ Encore une fois, Pierre le nia. Et aussitôt un coq chanta.
Alors on emmène Jésus de chez Caïphe au Prétoire. C'était le matin. Ceux qui l'avaient amené n'entrèrent pas dans le Prétoire, pour éviter une souillure et pouvoir manger l'agneau pascal. Pilate sortit donc à leur rencontre et demanda : Ⓐ « Quelle accusation portez-vous contre cet homme ? » Ⓛ Ils lui répondirent : Ⓕ « S'il n'était pas un malfaiteur, nous ne t'aurions pas livré cet homme. » Ⓛ Pilate leur dit : Ⓐ « Prenez-le vous-mêmes et jugez-le suivant votre loi. » Ⓛ Les Juifs lui dirent : Ⓕ « Nous n'avons pas le droit de mettre quelqu'un à mort. » Ⓛ Ainsi s'accomplissait la parole que Jésus avait dite pour signifier de quel genre de mort il allait mourir. Alors Pilate rentra dans le Prétoire ; il appela Jésus et lui dit : Ⓐ « Es-tu le roi des Juifs ? » Ⓛ Jésus lui demanda : ✝ « Dis-tu cela de toi-même, ou bien d'autres te l'ont dit à mon sujet ? » Ⓛ Pilate répondit : Ⓐ « Est-ce que je suis juif, moi ? Ta nation et les grands prêtres t'ont livré à moi : qu'as-tu

donc fait ? » Ⓛ Jésus déclara : ✠ « Ma royauté n'est pas de ce monde ; si ma royauté était de ce monde, j'aurais des gardes qui se seraient battus pour que je ne sois pas livré aux Juifs. En fait, ma royauté n'est pas d'ici. » Ⓛ Pilate lui dit : Ⓐ « Alors, tu es roi ? » Ⓛ Jésus répondit : ✠ « C'est toi-même qui dis que je suis roi. Moi, je suis né, je suis venu dans le monde pour ceci : rendre témoignage à la vérité. Quiconque appartient à la vérité écoute ma voix. » Ⓛ Pilate lui dit : Ⓐ « Qu'est-ce que la vérité ? » Ⓛ Ayant dit cela, il sortit de nouveau à la rencontre des Juifs, et il leur déclara : Ⓐ « Moi, je ne trouve en lui aucun motif de condamnation. Mais, chez vous, c'est la coutume que je vous relâche quelqu'un pour la Pâque : voulez-vous donc que je vous relâche le roi des Juifs ? » Ⓛ Alors ils répliquèrent en criant : Ⓕ « Pas lui ! Mais Barabbas ! » Ⓛ Or ce Barabbas était un bandit.

Alors Pilate fit saisir Jésus pour qu'il soit flagellé. Les soldats tressèrent avec des épines une couronne qu'ils lui posèrent sur la tête ; puis ils le revêtirent d'un manteau pourpre. Ils s'avançaient vers lui et ils disaient : Ⓕ « Salut à toi, roi des Juifs ! » Ⓛ Et ils le giflaient.

Pilate, de nouveau, sortit dehors et leur dit : Ⓐ « Voyez, je vous l'amène dehors pour que vous sachiez que je ne trouve en lui aucun motif de condamnation. » Ⓛ Jésus donc sortit dehors, portant la couronne d'épines et le manteau pourpre. Et Pilate leur déclara : Ⓐ « Voici l'homme. » Ⓛ Quand ils le virent, les grands prêtres et les gardes se mirent à crier : Ⓕ « Crucifie-le ! Crucifie-le ! » Ⓛ Pilate leur dit : Ⓐ « Prenez-le vous-mêmes, et crucifiez-le ; moi, je ne trouve en lui aucun motif de condamnation. » Ⓛ Ils lui répondirent : Ⓕ « Nous avons une Loi, et suivant la Loi il doit mourir, parce qu'il s'est fait Fils de Dieu. » Ⓛ Quand Pilate entendit ces paroles, il redoubla de crainte. Il rentra dans le Prétoire, et dit à Jésus : Ⓐ « D'où es-tu ? » Ⓛ Jésus ne lui fit aucune réponse. Pilate lui dit alors : Ⓐ « Tu refuses de me parler, à moi ? Ne sais-tu pas que j'ai pouvoir de te relâcher, et pouvoir de te crucifier ? » Ⓛ Jésus répondit : ✠ « Tu n'aurais aucun pouvoir sur moi si tu ne l'avais reçu d'en haut ; c'est pourquoi celui qui m'a livré à toi porte un péché plus grand. » Ⓛ Dès lors, Pilate cherchait à le relâcher ; mais des Juifs se mirent à crier : Ⓕ « Si tu le relâches, tu n'es pas un ami de l'empereur. Quiconque se fait roi s'oppose à l'empereur. » Ⓛ En entendant ces paroles, Pilate amena Jésus au-dehors ; il le fit asseoir sur une estrade au lieu dit le Dallage – en hébreu : Gabbatha. C'était le jour de la Préparation de la Pâque, vers la sixième heure, environ midi. Pilate dit aux Juifs : Ⓐ « Voici votre roi. » Ⓛ Alors ils crièrent : Ⓕ « À mort ! À mort ! Crucifie-le ! » Ⓛ Pilate leur dit : Ⓐ « Vais-je crucifier votre roi ? » Ⓛ Les grands prêtres répondirent : Ⓕ « Nous n'avons pas d'autre roi que l'empereur. » Ⓛ Alors, il leur livra Jésus pour qu'il soit crucifié.

Ils se saisirent de Jésus. Et lui-même, portant sa croix, sortit en direction du lieu dit Le Crâne (ou Calvaire), qui se dit en hébreu Golgotha. C'est là qu'ils le crucifièrent, et deux autres avec lui, un de chaque côté, et Jésus au milieu. Pilate avait rédigé un écriteau qu'il fit placer sur la croix ; il était écrit : « Jésus le Nazaréen, roi des Juifs ».

Beaucoup de Juifs lurent cet écriteau, parce que l'endroit où l'on avait crucifié Jésus était proche de la ville, et que c'était écrit en hébreu, en latin et en grec. Alors les grands prêtres des Juifs dirent à Pilate : Ⓕ « N'écris pas : "Roi des Juifs" ; mais : "Cet homme a dit : Je suis le roi des Juifs." » Ⓛ Pilate répondit : Ⓐ « Ce que j'ai écrit, je l'ai écrit. » Ⓛ Quand les soldats eurent crucifié Jésus, ils prirent ses habits ; ils en firent quatre parts, une pour chaque soldat. Ils prirent aussi la tunique ; c'était une tunique sans couture, tissée tout d'une pièce de haut en bas. Alors ils se dirent entre eux : Ⓐ « Ne la déchirons pas, désignons par le sort celui qui l'aura. » Ⓛ Ainsi s'accomplissait la parole de l'Écriture : *Ils se sont partagé mes habits ; ils ont tiré au sort mon vêtement.* C'est bien ce que firent les soldats.
Or, près de la croix de Jésus se tenaient sa mère et la sœur de sa mère, Marie, femme de Cléophas, et Marie Madeleine. Jésus, voyant sa mère, et près d'elle le disciple qu'il aimait, dit à sa mère : ✠ « Femme, voici ton fils. » Ⓛ Puis il dit au disciple : ✠ « Voici ta mère. » Ⓛ Et à partir de cette heure-là, le disciple la prit chez lui. Après cela, sachant que tout, désormais, était achevé pour que l'Écriture s'accomplisse jusqu'au bout, Jésus dit : ✠ « J'ai soif. » Ⓛ Il y avait là un récipient plein d'une boisson vinaigrée. On fixa donc une éponge remplie de ce vinaigre à une branche d'hysope, et on l'approcha de sa bouche. Quand il eut pris le vinaigre, Jésus dit : ✠ « Tout est accompli. » Ⓛ Puis, inclinant la tête, il remit l'esprit.

*(Ici on fléchit le genou, et on s'arrête un instant.)*

Comme c'était le jour de la Préparation (c'est-à-dire le vendredi), il ne fallait pas laisser les corps en croix durant le sabbat, d'autant plus que ce sabbat était le grand jour de la Pâque. Aussi les Juifs demandèrent à Pilate qu'on enlève les corps après leur avoir brisé les jambes. Les soldats allèrent donc briser les jambes du premier, puis de l'autre homme crucifié avec Jésus. Quand ils arrivèrent à Jésus, voyant qu'il était déjà mort, ils ne lui brisèrent pas les jambes, mais un des soldats avec sa lance lui perça le côté ; et aussitôt, il en sortit du sang et de l'eau. Celui qui a vu rend témoignage, et son témoignage est véridique ; et celui-là sait qu'il dit vrai afin que vous aussi, vous croyiez. Cela, en effet, arriva pour que s'accomplisse l'Écriture : *Aucun de ses os ne sera brisé.* Un autre passage de l'Écriture dit encore : *Ils lèveront les yeux vers celui qu'ils ont transpercé.*

Après cela, Joseph d'Arimathie, qui était disciple de Jésus, mais en secret par crainte des Juifs, demanda à Pilate de pouvoir enlever le corps de Jésus. Et Pilate le permit. Joseph vint donc enlever le corps de Jésus. Nicodème – celui qui, au début, était venu trouver Jésus pendant la nuit – vint lui aussi ; il apportait un mélange de myrrhe et d'aloès pesant environ cent livres. Ils prirent donc le corps de Jésus, qu'ils lièrent de linges, en employant les aromates selon la coutume juive d'ensevelir les morts.

À l'endroit où Jésus avait été crucifié, il y avait un jardin et, dans ce jardin, un tombeau neuf dans lequel on n'avait encore déposé personne. À cause de la Préparation de la Pâque juive, et comme ce tombeau était proche, c'est là qu'ils déposèrent Jésus.

## *Homélie*

## *Prière universelle*

*Le prêtre :*
À travers la Passion et la mort de son Fils, Dieu nous a longuement parlé. Il nous a dit son immense amour, son pardon total, sa tendresse fidèle. À nous maintenant de prendre la parole. Prenons le temps de lui dire nos pauvretés et notre confiance filiale. Faisons place à l'humanité entière dans notre prière.

### 1. Pour la sainte Église

*Le diacre (ou un lecteur) :* Prions, frères et sœurs bien-aimés, pour la sainte Église de Dieu : que notre Dieu et Seigneur lui donne la paix, la rassemble dans l'unité et la garde par toute la terre ; qu'il nous accorde une vie calme et paisible, pour glorifier Dieu le Père tout-puissant.
*Prière en silence. Puis le prêtre dit ou chante l'oraison :*
Dieu éternel et tout-puissant, dans le Christ, tu as révélé ta gloire à tous les peuples ; protège l'œuvre de ta miséricorde, afin que ton Église répandue par tout l'univers demeure inébranlable dans la foi pour proclamer ton nom. Par le Christ, notre Seigneur. ***— Amen.***

## 2. Pour le pape

*Le diacre :*

Prions pour notre saint Père le pape N., choisi par Dieu notre Seigneur dans le collège des évêques : qu'il le garde sain et sauf au service de son Église pour gouverner le peuple saint de Dieu.

*Prière en silence. Puis le prêtre dit ou chante l'oraison :*

Dieu éternel et tout-puissant dont la sagesse organise toutes choses, écoute en ta bonté notre prière : protège avec amour l'évêque de Rome que tu nous as choisi, afin que, sous la conduite de ce pasteur suprême, le peuple chrétien que tu gouvernes progresse toujours dans la foi. Par le Christ, notre Seigneur.

***— Amen.***

## 3. Pour le clergé et le peuple fidèle

*Le diacre :*

Prions pour notre évêque N., pour tous les évêques, les prêtres, les diacres de l'Église et pour l'ensemble du peuple des fidèles.

*Prière en silence. Puis le prêtre dit ou chante l'oraison :*

Dieu éternel et tout-puissant dont l'Esprit sanctifie et gouverne le corps entier de l'Église, exauce les prières que nous t'adressons pour tes ministres : afin que, par le don de ta grâce, tout ton peuple te serve avec fidélité. Par le Christ, notre Seigneur.

***— Amen.***

**4. Pour les catéchumènes**

*Le diacre :* Prions pour les (nos) catéchumènes : que Dieu notre Seigneur ouvre leur cœur à sa parole et les accueille dans sa miséricorde ; après avoir reçu le pardon de tous leurs péchés par le bain de la naissance nouvelle, qu'ils soient reconnus comme appartenant au Christ Jésus notre Seigneur.

*Prière en silence. Puis le prêtre dit ou chante l'oraison :*

Dieu éternel et tout-puissant, toi qui assures la fécondité de ton Église en lui donnant toujours de nouveaux enfants, augmente en nos catéchumènes la foi et l'intelligence de la foi : qu'ils renaissent à la source du baptême et prennent place parmi tes enfants d'adoption. Par le Christ, notre Seigneur. ***— Amen.***

**5. Pour l'unité des chrétiens**

*Le diacre :* Prions pour tous nos frères et sœurs qui croient au Christ et cherchent à faire la vérité : que le Seigneur notre Dieu les rassemble et les garde dans son unique Église.

*Prière en silence. Puis le prêtre dit ou chante l'oraison :*

Dieu éternel et tout-puissant, toi qui rassembles ce qui est dispersé et qui gardes ce que tu as rassemblé, jette un regard de paix sur le troupeau conduit par ton Fils : accorde à ceux qu'un même baptême a consacrés d'être unis dans la plénitude de la foi et de demeurer en communion par le lien de la charité. Par le Christ, notre Seigneur.

***— Amen.***

**6. Pour le peuple juif**

*Le diacre :* Prions pour les juifs, à qui le Seigneur notre Dieu a parlé en premier : qu'il leur donne de progresser dans l'amour de son nom et dans la fidélité à son alliance.

*Prière en silence. Puis le prêtre dit ou chante l'oraison :*

Dieu éternel et tout-puissant, toi qui as confié tes promesses à Abraham et à sa descendance, écoute avec bonté les prières de ton Église : donne au peuple que tu as choisi en premier de parvenir à la plénitude de la rédemption. Par le Christ, notre Seigneur.

***— Amen.***

**7. Pour les autres croyants**

*Le diacre :* Prions pour ceux qui ne croient pas au Christ : demandons qu'à la lumière de l'Esprit Saint, ils puissent s'engager, eux aussi, sur le chemin du salut.

*Prière en silence. Puis le prêtre dit ou chante l'oraison :*

Dieu éternel et tout-puissant, donne à ceux qui ne reconnaissent pas le Christ de marcher en ta présence d'un cœur sincère, afin de découvrir la vérité ; et donne-nous de progresser sans cesse dans l'amour mutuel, attentifs à percevoir plus pleinement le mystère de ta vie, pour être dans le monde des témoins plus parfaits de ton amour. Par le Christ, notre Seigneur.

***— Amen.***

**8. Pour celles et ceux qui ne connaissent pas Dieu**

*Le diacre :* Prions pour ceux qui ne connaissent pas Dieu : demandons qu'en recherchant d'un cœur sincère ce qui est droit ils puissent parvenir jusqu'à Dieu lui-même.

*Prière en silence. Puis le prêtre dit ou chante l'oraison :*

Dieu éternel et tout-puissant, tu as créé l'être humain pour qu'il te cherche dans un désir inlassable et que son cœur s'apaise en te trouvant ; nous t'en prions, fais que tous, au milieu des difficultés qui leur font obstacle, discernent les signes de ta tendresse et perçoivent le témoignage des œuvres bonnes de ceux qui croient en toi, afin d'avoir le bonheur de te reconnaître, toi, le seul vrai Dieu et notre Père. Par le Christ, notre Seigneur. — ***Amen.***

**9. Pour les responsables des pouvoirs publics**

*Le diacre :* Prions pour les chefs d'État et tous les responsables des affaires publiques : que le Seigneur notre Dieu dirige leur esprit et leur cœur selon sa volonté pour la paix véritable et la liberté de tous.

*Prière en silence. Puis le prêtre dit ou chante l'oraison :*

Dieu éternel et tout-puissant, le cœur humain et les droits des peuples sont dans ta main ; regarde avec bienveillance ceux qui exercent le pouvoir sur nous ; que par ta grâce s'affermissent partout sur la terre la sécurité et la paix, la prospérité des nations et la liberté religieuse. Par le Christ, notre Seigneur. — ***Amen.***

**10. Pour nos frères et sœurs dans l'épreuve**

*Le diacre :* Frères et sœurs bien-aimés, prions Dieu le Père tout-puissant, pour qu'il purifie le monde de toute erreur, chasse les maladies et repousse la famine, ouvre les prisons et brise les chaînes, protège ceux qui voyagent, ramène chez eux les exilés, donne la force aux malades, et, aux mourants, accorde le salut.

*Prière en silence. Puis le prêtre dit ou chante l'oraison :*

Dieu éternel et tout-puissant, consolation des affligés, force de ceux qui peinent, entends les prières de ceux qui crient vers toi, quelles que soient leurs souffrances : que tous aient la joie de trouver dans leurs détresses le secours de ta miséricorde. Par le Christ, notre Seigneur.

***— Amen.***

## ADORATION DE LA SAINTE CROIX

*À l'époque du Christ, la croix évoquait l'horreur et l'humiliation. On l'appelait « le supplice honteux » et il était défendu de crucifier un citoyen romain. La mort sur la croix était réservée aux esclaves et aux bandits d'origine étrangère. Mais en faisant de sa mort un geste d'amour « jusqu'au bout », Jésus en a fait l'instrument de notre salut.*

### *Présentation de la sainte Croix*

*Le prêtre, le diacre ou un autre ministre présente la Croix en chantant à trois reprises :* Voici le bois de la Croix, qui a porté le salut du monde.

***— Venez, adorons !***

T. et M. : AELF.

*Ceux qui le peuvent s'agenouillent et adorent en silence pendant quelques instants.*

### *Adoration de la sainte Croix*

## SAINTE COMMUNION

*On communie au corps du Christ consacré la veille.*

### *Notre Père*

Comme nous l'avons appris du Sauveur, et selon son commandement, nous osons dire :

*OU*

Unis dans le même Esprit, nous pouvons dire avec confiance la prière que nous avons reçue du Sauveur :

***Notre Père qui es aux cieux, que ton nom soit sanctifié,***
***que ton règne vienne, que ta volonté soit faite***
***sur la terre comme au ciel.***

***Donne-nous aujourd'hui notre pain de ce jour.***
***Pardonne-nous nos offenses,***
***comme nous pardonnons aussi à ceux qui nous ont offensés.***
***Et ne nous laisse pas entrer en tentation, mais délivre-nous du Mal.***
Délivre-nous de tout mal, Seigneur, et donne la paix à notre temps : soutenus par ta miséricorde, nous serons libérés de tout péché, à l'abri de toute épreuve, nous qui attendons que se réalise cette bienheureuse espérance : l'avènement de Jésus Christ, notre Sauveur.
***Car c'est à toi qu'appartiennent le règne,***
***la puissance et la gloire pour les siècles des siècles !***

*Montrant aux fidèles le pain eucharistique, le prêtre invite à la communion en ces termes :*
Voici l'Agneau de Dieu, voici celui qui enlève les péchés du monde. Heureux les invités au repas des noces de l'Agneau !
***— Seigneur, je ne suis pas digne de te recevoir ;***
***mais dis seulement une parole et je serai guéri.***

### *Prière après la communion*

Dieu éternel et tout-puissant, tu nous as renouvelés par la mort et la résurrection bienheureuse de ton Christ ; entretiens en nous l'œuvre de ta miséricorde : que notre communion à ce mystère consacre à ton service notre vie tout entière. Par le Christ, notre Seigneur.
***— Amen.***

## RITE DE CONCLUSION

*Prière sur le peuple*

Que ta bénédiction, nous t'en prions, Seigneur, descende en abondance sur ton peuple qui a célébré la mort de ton Fils dans l'espérance de sa propre résurrection : accorde-lui pardon et réconfort, augmente sa foi, assure son éternelle rédemption. Par le Christ, notre Seigneur. **— *Amen.***

## COMMENTAIRE DU VENDREDI SAINT

**Tommy Scholtes,** prêtre jésuite, *Prions en Église* Belgique

# Inouï

Ah ! qu'il était le bon temps de rencontre avec Jésus parcourant la Galilée, venant au-devant de tous ! Ah ! comme elles étaient belles ses paroles de guérison et de réconciliation ! Ah ! qu'il était apaisant et réconfortant celui qui nous donnait la Loi à vivre après la Loi de Moïse. Lui qui nous avait initiés en se faisant lui-même baptiser alors qu'il était sans péché. Lui qui nous avait donné, et à la multitude, son corps et son sang en nourriture en rémission des péchés. Mais voilà que sa présence vivifiante tourne au drame. Son procès n'est qu'iniquité. Ses dernières paroles sont une acceptation en toute liberté pour donner sa vie jusqu'au bout. Lui, l'innocent, est traité comme un brigand. Et une de ses paroles est pour dire au brigand qu'il sera avec lui dans son royaume. Sa parole s'arrête. Le sang •••

••• coule. Et sa mort déchire le rideau du Temple. La terre est bouleversée. Sa Mère est là, confiante, elle porte tout dans la foi. Sait-elle déjà que cette mort donnera vie ? Osons-nous croire que la mort de Jésus en croix donne vie ? Croyons-nous vraiment que l'amour seul peut sauver ? Alors que les tensions du monde sont maximales, la mort par amour de Jésus apparaît comme la seule manière de donner vie au monde. La mort reste pour chacun de nous un mystère. Mais nous le savons, nous le croyons parce qu'il nous l'a promis sans que nous le comprenions vraiment, qu'il ressusciterait le troisième jour.

Je prends le temps de la contemplation de cette mort unique qui donne vie.

Dans l'action de grâce, je vénère le Christ pour sa vie donnée, dont je suis invité à vivre à mon tour. ■

**Thibault Van Den Driessche**, journaliste

# Les pierres crieront-elles ?

**Avec Marie, Symon de Cyrène, Véronique et les femmes de Jérusalem, accompagnons le Christ sur le chemin du calvaire. Confions le monde à sa prière.**

## 1 Jésus est condamné à mort

Hier, palmes à la main, la foule t'acclamait. Aujourd'hui, poings levés, elle exige ta mort. Tu n'as cessé de remettre les égarés sur le chemin de la vie. Pourquoi t'envoie-t-on à la fosse ? Tes paroles de vie fascinent, mais t'attirent l'inimitié. Pardon, Seigneur, de rêver un christianisme confortable où, lovés dans un fauteuil, nous serions à l'abri des cris du monde. Pardon de préférer, quelquefois, la médiocrité à la sainteté.

## 2 Jésus est chargé de sa croix

À la suite de ton père adoptif, Joseph le charpentier, tu chérissais le bois, son odeur, ses lignes, tandis que tu le taillais, le ponçais, lui donnais les plus belles formes. Ironie du sort, une grossière poutre sera l'instrument de ton supplice. Comme nos péchés, qui chargent tes épaules. Pardon, Seigneur. Change-nous en madriers robustes, en voliges résistantes, en chevrons fiables, précieux pour l'édification de ton Église.

## 3 Jésus tombe une première fois

Épuisé, affamé, accablé par le poids du dédain et des sarcasmes, tu aurais pu rester cloué à terre, au milieu des femmes et des hommes terrassés par les humiliations, par l'injustice, par la misère. Soutenu par une invincible espérance, tu te relèves, entraînant avec toi ceux qui se noient dans leur désespoir. Jésus, quand nous sommes accablés, que ta vaillance nous revigore.

## 4 Jésus rencontre sa mère

Trente ans plus tôt, immense était ta joie, Marie, alors que tu gambadais dans la campagne, à la rencontre d'Élisabeth. Ton sein abritait celui dont le « règne n'aura pas de fin » (Lc 1, 33). Aujourd'hui, te voilà impuissante à le protéger, solidaire de bien des mères désemparées pour leurs enfants en péril. Désarmée et néanmoins resplendissante. Noble dans ce désastre. Avec toutes les fibres de ton être, tu pressens que tu le reverras bientôt.

## 5 Simon de Cyrène porte la Croix derrière Jésus

Simon de Cyrène, pensais-tu rentrer tôt des champs, pour la joie de ta femme et de tes enfants ? Te voilà réquisitionné. Le condamné a besoin d'aide. Soulager un supplicié te procure-t-il sérénité ? Ressens-tu la gratitude et l'innocence de l'homme de douleurs ? La charité n'attend pas. Elle nous presse. Seigneur, ne nous permets pas de résister aux cris des malades, des écorchés vifs.

## 6 Véronique essuie le visage de Jésus

Tous ne t'ont pas abandonné. Spontanément, bravant les soldats, Véronique essuie d'un linge ton sang, ta sueur, tes larmes, et adoucit ton martyre. Toi, la générosité incarnée, le dégoût naturel pour l'homme avili ne l'arrête pas. Toi aussi, quelques semaines plus tôt, sans reculer, tu secourais les lépreux, laissés-pour-compte de Palestine. Donne-nous, Seigneur, de chercher ton visage et de te consoler dans les parias allongés à nos portes.

## 7 Jésus tombe une deuxième fois

Malgré l'aide de Simon de Cyrène, tu gis à nouveau, à même le sol. Resteras-tu immobile et prostré, dans l'attente d'un miracle ? C'eût été fuir ta mission : tracer un sillon d'espérance pour nous tous. Douloureusement, tu te relèves. Pour nous, paralysés à bien des reprises. Dépression et angoisse nous terrassent. Les addictions nous engluent. À ta suite, donne-nous, Seigneur, d'avancer boiteux au lieu de demeurer enlisés.

## 8 Jésus rencontre les femmes de Jérusalem

Quelle tragédie ! En te croisant, des femmes de Jérusalem pleurent de désolation. Comme nous tous. Tes paroles étaient un baume sur nos plaies, tes miracles le présage d'un monde meilleur. « Versez des larmes, murmures-tu, des larmes néanmoins différentes. Torrents versés en souvenir de vos péchés.

Vos yeux ruisselants vous mèneront à la joie, joie de vous retrouver un jour avec moi, dans le jardin de la vie. »

## 9 Jésus tombe une troisième fois

Un coq chante. Simon le passionné, épris de sainteté, prêt à te suivre jusqu'aux confins, t'a renié. À trois reprises. À chacune de ses chutes, tu échoues dans la terre rocailleuse souillée de sang… aux côtés de Pierre l'inconsolable, forgé au creuset de l'humilité. À l'oreille, tu lui chuchotes : « Je sais que tu m'aimes. Allons. Debout. Comme un enfant, sois prompt à te relever. Jamais ma main ne te lâchera. Crois seulement. Espère toujours. »

## 10 Jésus est dépouillé de ses vêtements

Des soldats jouent aux dés les lambeaux qui voilent ton intimité. Te voilà nu, la dignité dérobée. Comme au jour de ton premier cri. Au berceau, les uns croulent sous les barboteuses. Les autres se voient ravir leur unique chemise. Comme toi, gravissant le Golgotha. Pourtant, ta peau lacérée abrite une dignité imprenable, notre dignité commune, qui nous permet de traverser la vie, tête haute : nous sommes enfants de Dieu, fils et filles de Roi.

## 11 Jésus est cloué sur la Croix

Les hommes se jouent-ils de toi ? Ils t'ont laissé charrier une poutre trop lourde. Ils t'ont raillé quand tu avalais la poussière du sol. Maintenant, muni de son marteau, le bourreau cloue tes membres. Lorsque nous ignorons ton visage de mendiant nauséabond, d'alcoolique débraillé ou de fou repoussant, ne lui ressemblons-nous pas ? Cependant, tes bras demeurent assidûment étendus, en une attitude de pardon ininterrompue.

## 12 Jésus meurt sur la Croix

Tu ne joues pas la comédie. Ta soif est extrême, ton corps est une plaie vive, ton sentiment d'abandon est incommensurable : « Mon Dieu, mon Dieu, pourquoi m'as-tu abandonné ? » Ton cri rejoint celui de Job, astreint à se gratter dans la cendre. Ou de Rachel, qui pleure ses enfants disparus. Motivée par l'amour, ta souffrance d'homme-Dieu fait écho à celle du cancéreux en phase terminale, du prisonnier condamné à perpétuité, de l'enfant battu, violé, inconsolable.

## 13 Jésus, détaché de la Croix, est remis à sa mère

La dépouille de ton fils gît sur tes genoux, Marie. Tes bras l'entourent en un geste de protection. Quelles pensées te traversent l'esprit ? Te rappelles-tu ta joie à bercer le nourrisson ? Te remémores-tu la beauté de sa vie, son extrême fécondité ? Tout ça pour en arriver là… Dans la douleur que les mots ne peuvent décrire, tu restes digne. Ton fils, ton chéri dont tu étreins le cadavre, est vraiment le Fils de Dieu !

## 14 Jésus est déposé au tombeau

Tout est accompli. De la crèche à la Croix, il n'y a qu'un pas. Nourrisson, Joseph t'avait déposé dans une mangeoire garnie de paille. Aujourd'hui, un autre Joseph, venu d'Arimathie, t'offre son tombeau, neuf. Les bandelettes enveloppent ton corps. Myrrhe et aloès exhalent leur parfum. La pierre referme le sépulcre. La Bonne Nouvelle est emmurée, étouffée, censurée. Tout est fini. Vraiment ? Pour venger pareille injustice, les pierres crieront-elles ?

***« Obscure est la nuit du tombeau, et pourtant l'éclat des plaies sacrées traverse l'épaisseur de la pierre, la soulève et la met de côté comme une plume ; de l'obscurité du tombeau se lève le corps ressuscité du Fils de l'homme, éblouissant de lumière, rayonnant de clarté. »*** **(Extrait d'une poésie d'Edith Stein)**

Photos : chemin de croix de la chapelle des pères assomptionnistes d'Albertville (73). © Benoît Gschwind.

# SAMEDI 30 MARS 2024

## SAMEDI SAINT

**« Ils ont fait descendre aux enfers le soleil de tous les soleils : La porte est sur lui verrouillée... Qui pourrait dormir ? »**

*Hymne de l'Office des Lectures*

Lors de ton entrée à Jérusalem, beaucoup étendaient leurs manteaux et t'acclamaient : « Béni soit celui qui vient, le Roi, au nom du Seigneur. » Quelques pharisiens voulaient te faire taire. Mais on ne muselle pas la Bonne Nouvelle : « Si eux se taisent, les pierres crieront » (Lc 19, 40). Restons en éveil. Tout n'est pas fini. En ce grand samedi où l'attente creuse nos cœurs, notre joie se mêle à nos larmes. Bientôt, l'éclat de tes plaies sacrées traversera l'épaisseur de la pierre.

# DANS LA NUIT
# DU 30 AU 31 MARS 2024

## VEILLÉE PASCALE

**ANNÉE B – COULEUR LITURGIQUE : BLANC**

*« Vous cherchez*
*Jésus de Nazareth,*
*le Crucifié ?*
*Il est ressuscité. »*

Marc 16, 6



**Qu'exulte la Création tout entière !** Depuis la création du monde, Dieu fait alliance avec les hommes et il ne cesse de renouveler les promesses de son amour. Jusqu'à la venue de son Fils dans le monde. Né dans une mangeoire, héros de la Bonne Nouvelle, Christ a été mis à mort. Mais aujourd'hui, en cette incroyable nuit, nous célébrons sa résurrection. En grande joie, laissons-nous bouleverser par la formidable histoire du salut !

## OFFICE DE LA LUMIÈRE

*À l'endroit qui convient, un feu a été préparé. Lorsque le peuple est rassemblé, le prêtre s'y rend avec le diacre et les autres ministres, dont l'un porte le cierge pascal. Le prêtre salue l'assemblée et lui explique brièvement le sens de la veillée par les paroles suivantes, ou en des termes semblables :*

Frères et sœurs bien-aimés, en cette nuit très sainte où notre Seigneur Jésus Christ est passé de la mort à la vie, l'Église invite tous ses enfants disséminés de par le monde à se réunir pour veiller et prier.

Nous allons donc commémorer la Pâque du Seigneur en écoutant sa parole et en célébrant ses mystères ; ainsi nous aurons l'espérance d'avoir part à son triomphe sur la mort et de vivre avec lui en Dieu.

*Puis le prêtre bénit le feu :*

Seigneur Dieu, par ton Fils tu as apporté à tes fidèles le feu de ta splendeur ; sanctifie ce feu ✠ nouveau ; accorde-nous, durant ces fêtes pascales, d'être enflammés d'un si grand désir du ciel que nous puissions parvenir, avec un cœur pur, aux fêtes de l'éternelle lumière. Par le Christ, notre Seigneur. – ***Amen.***

*Le prêtre peut à ce moment souligner les symboles inscrits sur le cierge pascal : la croix, les lettres grecques alpha et oméga, et les quatre chiffres du millésime de l'année en cours.*

*Il prononce en même temps les paroles suivantes :*

Le Christ, hier et aujourd'hui, commencement et fin de toutes choses, Alpha et Oméga ; à lui, le temps et l'éternité, à lui, la gloire et la puissance pour les siècles sans fin. Amen.

*Le prêtre allume alors le cierge pascal au feu nouveau, en disant :*

Que la lumière du Christ, ressuscitant dans la gloire, dissipe les ténèbres de notre cœur et de notre esprit. Amen.

*La procession commence. Dans l'église obscurcie, seule brille la clarté du cierge pascal. Le diacre (à défaut, le prêtre) chante cette acclamation :*

*T. et M. : AELF.*

*On répète trois fois sur un ton de plus en plus élevé. Les fidèles allument leur cierge au cierge pascal ou bien s'en communiquent la flamme.*

## *Annonce de Pâques*

*L'annonce de la Pâque est chantée par le diacre ou, à défaut, par un prêtre ou par un chantre. Tous se tiennent debout, portant leur cierge allumé.*

## *Forme longue*

*Des acclamations du peuple peuvent être insérées dans le cours de ce chant.*
Exultez dans le ciel, multitude des anges ! Exultez, célébrez les mystères divins ! Résonne, trompette du salut, pour la victoire d'un si grand Roi ! Que la terre, elle aussi, soit heureuse, irradiée de tant de feux : illuminée de la splendeur du Roi éternel, qu'elle voie s'en aller l'obscurité qui recouvrait le monde entier ! Réjouis-toi, Église notre mère, parée d'une lumière si éclatante ! Que retentisse dans ce lieu saint l'acclamation de tous les peuples !
*Si l'annonce est chantée par un laïc, il omet les paroles entre parenthèses jusqu'à « Et avec votre esprit ».* (Et vous, mes frères et sœurs bien-aimés, qui vous tenez ici dans l'admirable clarté de cette lumière sainte, invoquez avec moi, je vous prie, la miséricorde de Dieu tout-puissant. Il m'a choisi dans mon indignité pour être à son service : qu'il répande la clarté de sa lumière, pour que je puisse chanter la louange du cierge pascal.)
(Le Seigneur soit avec vous. — ***Et avec votre esprit.***)
Élevons notre cœur. — ***Nous le tournons vers le Seigneur.***
Rendons grâce au Seigneur notre Dieu. — ***Cela est juste et bon.***
Vraiment, il est juste et bon de chanter à pleine voix, dans tout l'élan du cœur et de l'esprit, le Père tout-puissant, Dieu invisible, et son

Fils unique, Jésus Christ, notre Seigneur. C'est lui qui a remis pour nous au Père éternel le prix de la dette encourue par Adam ; c'est lui qui répandit son sang par amour pour effacer la condamnation du premier péché.

Car voici la fête de la Pâque dans laquelle est mis à mort l'Agneau véritable dont le sang consacre les portes des croyants. Voici la nuit où tu as tiré d'Égypte les enfants d'Israël, nos pères, et leur as fait passer la mer Rouge à pied sec. Voici la nuit où le feu d'une colonne lumineuse a dissipé les ténèbres du péché. Voici la nuit qui arrache au monde corrompu, aveuglé par le mal, ceux qui, aujourd'hui et dans tout l'univers, ont mis leur foi dans le Christ : nuit qui les rend à la grâce et leur ouvre la communion des saints. Voici la nuit où le Christ, brisant les liens de la mort, s'est relevé, victorieux, du séjour des morts.

À quoi nous servirait-il de naître sans le bonheur d'être sauvés ? Ô merveilleuse condescendance de ta tendresse envers nous ! Inestimable choix de ton amour : pour racheter l'esclave, tu as livré le Fils ! Il fallait le péché d'Adam que la mort du Christ abolit. Ô bienheureuse faute qui nous valut pareil Rédempteur !

Ô nuit de vrai bonheur, qui seule mérita de connaître le temps et l'heure où le Christ a surgi du séjour des morts ! Voici la nuit dont il est écrit : « La nuit resplendira comme le jour ; la nuit même est lumière pour ma joie. » Car le pouvoir sanctifiant de cette nuit chasse les crimes et lave les fautes, rend l'innocence aux coupables et l'allégresse aux affligés, dissipe la haine, dispose à la concorde et soumet toute puissance. Dans la grâce de cette nuit, accueille, Père très saint, en sacrifice du soir (la flamme montant de) cette colonne de cire (œuvre des abeilles) que la sainte Église t'offre par nos mains. Mais déjà nous savons ce que proclame cette colonne qui brûle avec éclat en l'honneur de Dieu : quand on en transmet la flamme, sa clarté ne diminue pas. (Car elle se nourrit de la cire produite par l'abeille, comme par une mère, pour former la substance de ce précieux luminaire.)

Ô nuit de vrai bonheur, nuit où le ciel s'unit à la terre, où l'homme rencontre Dieu. Aussi nous t'en prions, Seigneur : permets que ce cierge consacré en l'honneur de ton nom brûle sans déclin pour dissiper les ténèbres de cette nuit. Qu'il te soit d'un parfum agréable et joigne sa clarté à celle des étoiles. Qu'il brûle encore quand se lèvera l'astre du matin, cet astre sans pareil qui ne connaît pas de couchant, le Christ, ton Fils, revenu du séjour des morts, qui répand sur le genre humain sa lumière et sa paix, lui qui vit et règne pour les siècles des siècles.

***— Amen.***

## LITURGIE DE LA PAROLE

*La Bible fait le récit des grands gestes de l'amour de Dieu. Le prêtre nous invite à écouter ces témoignages en disant, par exemple :*

Frères et sœurs bien-aimés, nous voici entrés dans la vigile solennelle : écoutons maintenant d'un cœur paisible la parole de Dieu.
Méditons, et voyons comment, dans les temps passés, Dieu a sauvé son peuple, et comment dans ces temps qui sont les derniers, il nous a envoyé son Fils comme Rédempteur.
Demandons à notre Dieu de conduire jusqu'à son plein achèvement cette œuvre de salut inaugurée dans le mystère de Pâques.

### *Lectures*

## *Lecture* du livre de la Genèse (1, 1 – 2, 2)

*(Lecture brève : 1, 1. 26-31a)*

*« Dieu vit tout ce qu'il avait fait : cela était très bon »*

**Au commencement, Dieu créa le ciel et la terre.**

*La suite de la lecture brève reprend p. 288*

**La terre était informe et vide, les ténèbres étaient au-dessus de l'abîme et le souffle de Dieu planait au-dessus des eaux.**
**Dieu dit : « Que la lumière soit. » Et la lumière fut. Dieu vit que la lumière était bonne, et Dieu sépara la lumière des ténèbres. Dieu appela la lumière « jour », il appela les ténèbres « nuit ». Il y eut un soir, il y eut un matin : premier jour.**
**Et Dieu dit : « Qu'il y ait un firmament au milieu des eaux, et qu'il sépare les eaux. » Dieu fit le firmament, il sépara les eaux qui sont au-dessous du firmament et les eaux qui sont au-dessus. Et ce fut ainsi. Dieu appela le firmament « ciel ». Il y eut un soir, il y eut un matin : deuxième jour.**
**Et Dieu dit : « Les eaux qui sont au-dessous du ciel, qu'elles se rassemblent en un seul lieu, et que paraisse la terre ferme. » Et ce fut ainsi. Dieu appela la terre ferme « terre », et il appela la masse des eaux « mer ». Et Dieu vit que cela était bon.**
**Dieu dit : « Que la terre produise l'herbe, la plante qui porte sa semence, et que, sur la terre, l'arbre à fruit donne, selon son espèce, le fruit qui porte sa semence. » Et ce fut ainsi. La terre produisit l'herbe, la plante qui porte sa semence, selon son espèce, et**

l'arbre qui donne, selon son espèce, le fruit qui porte sa semence. Et Dieu vit que cela était bon. Il y eut un soir, il y eut un matin : troisième jour.
Et Dieu dit : « Qu'il y ait des luminaires au firmament du ciel, pour séparer le jour de la nuit ; qu'ils servent de signes pour marquer les fêtes, les jours et les années ; et qu'ils soient, au firmament du ciel, des luminaires pour éclairer la terre. » Et ce fut ainsi. Dieu fit les deux grands luminaires : le plus grand pour commander au jour, le plus petit pour commander à la nuit ; il fit aussi les étoiles. Dieu les plaça au firmament du ciel pour éclairer la terre, pour commander au jour et à la nuit, pour séparer la lumière des ténèbres. Et Dieu vit que cela était bon. Il y eut un soir, il y eut un matin : quatrième jour.
Et Dieu dit : « Que les eaux foisonnent d'une profusion d'êtres vivants, et que les oiseaux volent au-dessus de la terre, sous le firmament du ciel. » Dieu créa, selon leur espèce, les grands monstres marins, tous les êtres vivants qui vont et viennent et foisonnent dans les eaux, et aussi, selon leur espèce, tous les oiseaux qui volent. Et Dieu vit que cela était bon. Dieu les bénit par ces paroles : « Soyez féconds et multipliez-vous, remplissez les mers, que les oiseaux se multiplient sur la terre. » Il y eut un soir, il y eut un matin : cinquième jour.
Et Dieu dit : « Que la terre produise des êtres vivants selon leur espèce, bestiaux, bestioles et bêtes sauvages selon leur espèce. » Et ce fut ainsi. Dieu fit les bêtes sauvages selon leur espèce, les

bestiaux selon leur espèce, et toutes les bestioles de la terre selon leur espèce. Et Dieu vit que cela était bon.

*Reprise de la lecture brève*

Dieu dit : « Faisons l'homme à notre image, selon notre ressemblance. Qu'il soit le maître des poissons de la mer, des oiseaux du ciel, des bestiaux, de toutes les bêtes sauvages, et de toutes les bestioles qui vont et viennent sur la terre. » Dieu créa l'homme à son image, à l'image de Dieu il le créa, il les créa homme et femme. Dieu les bénit et leur dit : « Soyez féconds et multipliez-vous, remplissez la terre et soumettez-la. Soyez les maîtres des poissons de la mer, des oiseaux du ciel, et de tous les animaux qui vont et viennent sur la terre. » Dieu dit encore : « Je vous donne toute plante qui porte sa semence sur toute la surface de la terre, et tout arbre dont le fruit porte sa semence : telle sera votre nourriture. À tous les animaux de la terre, à tous les oiseaux du ciel, à tout ce qui va et vient sur la terre et qui a souffle de vie, je donne comme nourriture toute herbe verte. » Et ce fut ainsi. Et Dieu vit tout ce qu'il avait fait ; et voici : cela était très bon. Il y eut un soir, il y eut un matin : sixième jour.

*Fin de la lecture brève*

Ainsi furent achevés le ciel et la terre, et tout leur déploiement. Le septième jour, Dieu avait achevé l'œuvre qu'il avait faite. Il se reposa, le septième jour, de toute l'œuvre qu'il avait faite.
– Parole du Seigneur.

## *Psaume* 103 (104)

℟ ***Ô Seigneur, envoie ton Esprit qui renouvelle la face de la terre !***

*T. : AELF; M. : J.-P. Hervy; Éd. : ADF.*

Bénis le Seigneur, ô mon âme ;
Seigneur mon Dieu, tu es si grand !
Revêtu de magnificence,
tu as pour manteau la lumière ! ℟

Tu as donné son assise à la terre :
qu'elle reste inébranlable au cours des temps.
Tu l'as vêtue de l'abîme des mers :
les eaux couvraient même les montagnes. ℟

Retrouvez ce psaume sur le CD "Les psaumes de l'année B"

℟ ***Ô Seigneur, envoie ton Esprit qui renouvelle la face de la terre !***

Dans les ravins tu fais jaillir des sources
et l'eau chemine aux creux des montagnes.
Les oiseaux séjournent près d'elle :
dans le feuillage on entend leurs cris. ℟

De tes demeures tu abreuves les montagnes,
et la terre se rassasie du fruit de tes œuvres;
tu fais pousser les prairies pour les troupeaux,
et les champs pour l'homme qui travaille. ℟

Quelle profusion dans tes œuvres, Seigneur !
Tout cela, ta sagesse l'a fait ;
la terre s'emplit de tes biens.
Bénis le Seigneur, ô mon âme ! ℟

*On peut aussi prendre le psaume 32 (33).*

### *Prière*

Dieu éternel et tout-puissant, toi qui es admirable dans la réalisation de toutes tes œuvres, donne à ceux que tu as rachetés de comprendre que le sacrifice du Christ, notre Pâque, à la plénitude des temps, est une œuvre plus merveilleuse encore que la création au commencement du monde. Lui qui… ***— Amen.***

*OU*

Seigneur Dieu, tu as créé l'être humain d'une manière admirable et tu l'as racheté d'une manière plus admirable encore ; nous t'en prions, donne-nous de résister aux attraits du péché par un esprit de sagesse, et de parvenir ainsi aux joies éternelles. Par le Christ, notre Seigneur.
***— Amen.***

## *Lecture* du livre de la Genèse (22, 1-18)

*(Lecture brève : 22, 1-2.9a.10-13.15-18)*

*Sacrifice et délivrance d'Isaac, le fils bien-aimé*

**En ces jours-là, Dieu mit Abraham à l'épreuve. Il lui dit : « Abraham ! » Celui-ci répondit : « Me voici ! » Dieu dit : « Prends ton fils, ton unique, celui que tu aimes, Isaac, va au pays de Moriah, et là tu l'offriras en holocauste sur la montagne que je t'indiquerai. »**

*Interruption de la lecture brève*

**Abraham se leva de bon matin, sella son âne, et prit avec lui deux de ses serviteurs et son fils Isaac. Il fendit le bois pour l'holocauste, et se mit en route vers l'endroit que Dieu lui avait indiqué. Le troisième jour, Abraham, levant les yeux, vit l'endroit de loin. Abraham dit à ses serviteurs : « Restez ici avec l'âne. Moi et le garçon, nous irons jusque là-bas pour adorer, puis nous reviendrons vers vous. » Abraham prit le bois pour l'holocauste et le chargea sur son fils Isaac ; il prit le feu et le couteau, et tous deux**

s'en allèrent ensemble. Isaac dit à son père Abraham : « Mon père ! – Eh bien, mon fils ? » Isaac reprit : « Voilà le feu et le bois, mais où est l'agneau pour l'holocauste ? » Abraham répondit : « Dieu saura bien trouver l'agneau pour l'holocauste, mon fils. » Et ils s'en allaient tous les deux ensemble.

Ils arrivèrent à l'endroit que Dieu avait indiqué. Abraham y bâtit l'autel et disposa le bois, puis il lia son fils Isaac et le mit sur l'autel, par-dessus le bois ;

*Reprise de la lecture brève*

*(Lecture brève :* Quand ils furent arrivés à l'endroit que Dieu avait indiqué,*)* Abraham étendit la main et saisit le couteau pour immoler son fils. Mais l'ange du Seigneur l'appela du haut du ciel et dit : « Abraham ! Abraham ! » Il répondit : « Me voici ! » L'ange lui dit : « Ne porte pas la main sur le garçon ! Ne lui fais aucun mal ! Je sais maintenant que tu crains Dieu : tu ne m'as pas refusé ton fils, ton unique. » Abraham leva les yeux et vit un bélier retenu par les cornes dans un buisson. Il alla prendre le bélier et l'offrit en holocauste à la place de son fils.

*Interruption de la lecture brève*

Abraham donna à ce lieu le nom de « Le-Seigneur-voit ». On l'appelle aujourd'hui : « Sur-le-mont-le-Seigneur-est-vu. »

*Reprise de la lecture brève*

Du ciel, l'ange du Seigneur appela une seconde fois Abraham. Il déclara : « Je le jure par moi-même, oracle du Seigneur : parce que

tu as fait cela, parce que tu ne m'as pas refusé ton fils, ton unique, je te comblerai de bénédictions, je rendrai ta descendance aussi nombreuse que les étoiles du ciel et que le sable au bord de la mer, et ta descendance occupera les places fortes de ses ennemis. Puisque tu as écouté ma voix, toutes les nations de la terre s'adresseront l'une à l'autre la bénédiction par le nom de ta descendance. »
– Parole du Seigneur.

## *Psaume* 15 (16)

**℟ *Garde-moi, mon Dieu : j'ai fait de toi mon refuge.***

*T. : AELF; M. : B. Delattre; Éd. : ADF.*

Seigneur, mon partage et ma coupe :
de toi dépend mon sort.
Je garde le Seigneur devant moi sans relâche ;
il est à ma droite : je suis inébranlable. ℟

Retrouvez ce psaume sur le CD "Les psaumes de l'année B"

℟ ***Garde-moi, mon Dieu : j'ai fait de toi mon refuge.***

Mon cœur exulte, mon âme est en fête,
ma chair elle-même repose en confiance :
tu ne peux m'abandonner à la mort
ni laisser ton ami voir la corruption. ℟

Tu m'apprends le chemin de la vie :
devant ta face, débordement de joie !
À ta droite, éternité de délices ! ℟

### *Prière*

Dieu très-haut, Père des croyants, en répandant la grâce de l'adoption, tu multiplies sur toute la terre les fils de ta promesse ; par le mystère pascal, tu établis ton serviteur Abraham père de toutes les nations, comme tu en as fait le serment ; accorde aux peuples qui t'appartiennent la grâce d'entrer dignement dans cet appel. Par le Christ, notre Seigneur. ***— Amen.***

## *Lecture* du livre de l'Exode (14, 15 – 15, 1a)

*« Les fils d'Israël avaient marché à pied sec au milieu de la mer »*

**En ces jours-là, le Seigneur dit à Moïse : « Pourquoi crier vers moi ? Ordonne aux fils d'Israël de se mettre en route ! Toi, lève ton bâton, étends le bras sur la mer, fends-la en deux, et que les fils d'Israël entrent au milieu de la mer à pied sec. Et moi, je ferai en**

sorte que les Égyptiens s'obstinent : ils y entreront derrière eux ; je me glorifierai aux dépens de Pharaon et de toute son armée, de ses chars et de ses guerriers. Les Égyptiens sauront que je suis le Seigneur, quand je me serai glorifié aux dépens de Pharaon, de ses chars et de ses guerriers. »
L'ange de Dieu, qui marchait en avant d'Israël, se déplaça et marcha à l'arrière. La colonne de nuée se déplaça depuis l'avant-garde et vint se tenir à l'arrière, entre le camp des Égyptiens et le camp d'Israël. Cette nuée était à la fois ténèbres et lumière dans la nuit, si bien que, de toute la nuit, ils ne purent se rencontrer.
Moïse étendit le bras sur la mer. Le Seigneur chassa la mer toute la nuit par un fort vent d'est ; il mit la mer à sec, et les eaux se fendirent. Les fils d'Israël entrèrent au milieu de la mer à pied sec, les eaux formant une muraille à leur droite et à leur gauche. Les Égyptiens les poursuivirent ; tous les chevaux de Pharaon, ses chars et ses guerriers entrèrent derrière eux jusqu'au milieu de la mer.
Aux dernières heures de la nuit, le Seigneur observa, depuis la colonne de feu et de nuée, l'armée des Égyptiens, et il la frappa de panique. Il faussa les roues de leurs chars, et ils eurent beaucoup de peine à les conduire. Les Égyptiens s'écrièrent : « Fuyons devant Israël, car c'est le Seigneur qui combat pour eux contre nous ! »
Le Seigneur dit à Moïse : « Étends le bras sur la mer : que les eaux reviennent sur les Égyptiens, leurs chars et leurs guerriers ! » Moïse étendit le bras sur la mer. Au point du jour, la mer reprit sa place ;

dans leur fuite, les Égyptiens s'y heurtèrent, et le Seigneur les précipita au milieu de la mer. Les eaux refluèrent et recouvrirent les chars et les guerriers, toute l'armée de Pharaon qui était entrée dans la mer à la poursuite d'Israël. Il n'en resta pas un seul. Mais les fils d'Israël avaient marché à pied sec au milieu de la mer, les eaux formant une muraille à leur droite et à leur gauche.
Ce jour-là, le Seigneur sauva Israël de la main de l'Égypte, et Israël vit les Égyptiens morts sur le bord de la mer. Israël vit avec quelle main puissante le Seigneur avait agi contre l'Égypte. Le peuple craignit le Seigneur, il mit sa foi dans le Seigneur et dans son serviteur Moïse. Alors Moïse et les fils d'Israël chantèrent ce cantique au Seigneur :

## Cantique Exode 15, 1b.2.3-4.5-6.17-18

℟ ***Chantons pour le Seigneur ! Éclatante est sa gloire !***

*T. : AELF; M. : J.-P. Lécot; Éd. : ADF.*

Retrouvez ce psaume sur le CD "Les psaumes de l'année B"

Je chanterai pour le Seigneur !
Éclatante est sa gloire :
il a jeté dans la mer
cheval et cavalier. ℟

Ma force et mon chant, c'est le Seigneur :
il est pour moi le salut.
Il est mon Dieu, je le célèbre ;
j'exalte le Dieu de mon père. ℟

Le Seigneur est le guerrier des combats :
son nom est « Le Seigneur ».
Les chars du Pharaon et ses armées, il les lance dans la mer.
L'élite de leurs chefs a sombré dans la mer Rouge. ℟

L'abîme les recouvre :
ils descendent, comme la pierre, au fond des eaux.
Ta droite, Seigneur, magnifique en sa force,
ta droite, Seigneur, écrase l'ennemi. ℟

Tu les amènes, tu les plantes sur la montagne, ton héritage,
le lieu que tu as fait, Seigneur, pour l'habiter,
le sanctuaire, Seigneur, fondé par tes mains.
Le Seigneur régnera pour les siècles des siècles. ℟

### *Prière*

Maintenant encore, Seigneur Dieu, nous voyons resplendir tes merveilles d'autrefois : alors que jadis, par ta main puissante, tu as délivré un seul peuple de la poursuite de Pharaon, tu assures désormais le salut de toutes les nations en les faisant renaître par les eaux du baptême ; fais que tous, de par le monde, deviennent des fils d'Abraham et accèdent à la dignité des enfants d'Israël. Par le Christ, notre Seigneur. — ***Amen.***

*OU*

Seigneur Dieu, dans la lumière de la nouvelle Alliance, tu as donné leur sens aux merveilles accomplies autrefois : on reconnaît dans la mer Rouge l'image de la fontaine baptismale, et le peuple délivré de la servitude préfigure les sacrements du peuple chrétien ; fais que toutes les nations, grâce à la foi, participent au privilège d'Israël, et soient régénérées en recevant ton Esprit. Par le Christ, notre Seigneur. — ***Amen.***

## *Lecture* du livre d'Isaïe (54, 5-14)

*Dans sa miséricorde éternelle,*
*le Seigneur, ton rédempteur, a pitié de toi*

**Parole du Seigneur adressée à Jérusalem : Ton époux, c'est Celui qui t'a faite, son nom est « Le Seigneur de l'univers ». Ton rédempteur, c'est le Saint d'Israël, il s'appelle « Dieu de toute la terre ». Oui, comme une femme abandonnée, accablée,**

le Seigneur te rappelle. Est-ce que l'on rejette la femme de sa jeunesse ? – dit ton Dieu. Un court instant, je t'avais abandonnée, mais dans ma grande tendresse, je te ramènerai. Quand ma colère a débordé, un instant, je t'avais caché ma face. Mais dans mon éternelle fidélité, je te montre ma tendresse, – dit le Seigneur, ton rédempteur.
Je ferai comme au temps de Noé, quand j'ai juré que les eaux ne submergeraient plus la terre : de même, je jure de ne plus m'irriter contre toi, et de ne plus te menacer. Même si les montagnes s'écartaient, si les collines s'ébranlaient, ma fidélité ne s'écarterait pas de toi, mon alliance de paix ne serait pas ébranlée, – dit le Seigneur, qui te montre sa tendresse.
Jérusalem, malheureuse, battue par la tempête, inconsolée, voici que je vais sertir tes pierres et poser tes fondations sur des saphirs. Je ferai tes créneaux avec des rubis, tes portes en cristal de roche, et toute ton enceinte avec des pierres précieuses. Tes fils seront tous disciples du Seigneur, et grande sera leur paix. Tu seras établie sur la justice : loin de toi l'oppression, tu n'auras plus à craindre ; loin de toi la terreur, elle ne t'approchera plus.
– Parole du Seigneur.

## *Psaume* 29 (30)

**℟ *Je t'exalte, Seigneur : tu m'as relevé.***

*T. : AELF; M. : T. Ospital; Éd. : ADF.*

Quand j'ai crié vers toi, Seigneur,
mon Dieu, tu m'as guéri ;
Seigneur, tu m'as fait remonter de l'abîme
et revivre quand je descendais à la fosse. ℟

Fêtez le Seigneur, vous, ses fidèles,
rendez grâce en rappelant son nom très saint.
Sa colère ne dure qu'un instant,
sa bonté, toute la vie. ℟

Avec le soir, viennent les larmes,
mais au matin, les cris de joie.
Tu as changé mon deuil en une danse,
mes habits funèbres en parure de joie. ℟

Retrouvez
ce psaume sur le CD
"Les psaumes
de l'année B"

Que mon cœur ne se t<u>a</u>ise pas,
qu'il soit en f<u>ê</u>te pour toi,
et que sans fin, Seigne<u>u</u>r, mon Dieu,
je te r<u>e</u>nde grâce ! ℟

### *Prière*

Dieu éternel et tout-puissant, pour l'honneur de ton nom, multiplie la postérité promise à nos pères à cause de leur foi ; augmente, selon ta promesse, le nombre de tes enfants d'adoption, afin que l'Église reconnaisse à quel point s'accomplit déjà ce que les saints patriarches avaient vu d'avance. Par le Christ, notre Seigneur.
***— Amen.***

## *Lecture* du livre du prophète Isaïe (55, 1-11)

*Venez à moi, et vous vivrez ;*
*je m'engagerai envers vous par une alliance éternelle*

**Ainsi parle le Seigneur : Vous tous qui avez soif, venez, voici de l'eau ! Même si vous n'avez pas d'argent, venez acheter et consommer, venez acheter du vin et du lait sans argent, sans rien payer. Pourquoi dépenser votre argent pour ce qui ne nourrit pas, vous fatiguer pour ce qui ne rassasie pas ? Écoutez-moi bien, et vous mangerez de bonnes choses, vous vous régalerez de viandes savoureuses ! Prêtez l'oreille ! Venez à moi ! Écoutez, et vous vivrez. Je m'engagerai envers vous par une alliance éternelle : ce sont**

les bienfaits garantis à David. Lui, j'en ai fait un témoin pour les peuples, pour les peuples, un guide et un chef. Toi, tu appelleras une nation inconnue de toi; une nation qui ne te connaît pas accourra vers toi, à cause du Seigneur ton Dieu, à cause du Saint d'Israël, car il fait ta splendeur.
Cherchez le Seigneur tant qu'il se laisse trouver; invoquez-le tant qu'il est proche. Que le méchant abandonne son chemin, et l'homme perfide, ses pensées! Qu'il revienne vers le Seigneur qui lui montrera sa miséricorde, vers notre Dieu qui est riche en pardon. Car mes pensées ne sont pas vos pensées, et vos chemins ne sont pas mes chemins, – oracle du Seigneur. Autant le ciel est élevé au-dessus de la terre, autant mes chemins sont élevés au-dessus de vos chemins, et mes pensées, au-dessus de vos pensées.
La pluie et la neige qui descendent des cieux n'y retournent pas sans avoir abreuvé la terre, sans l'avoir fécondée et l'avoir fait germer, donnant la semence au semeur et le pain à celui qui doit manger; ainsi ma parole, qui sort de ma bouche, ne me reviendra pas sans résultat, sans avoir fait ce qui me plaît, sans avoir accompli sa mission.
– Parole du Seigneur.

## *Cantique* Isaïe 12, 2, 4bcd, 5-6

℟ ***Exultant de joie, vous puiserez les eaux aux sources du salut !***

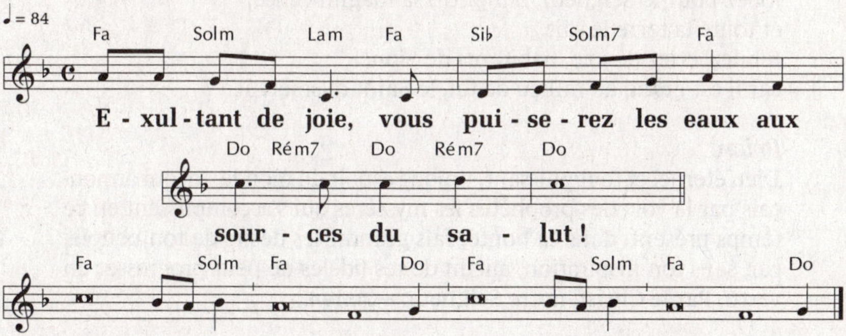


*T. : AELF ; M. : M. Wackenheim ; Éd. : ADF.*

Voici le Dieu qui me sauve :
j'ai confiance, je n'ai plus de crainte.
Ma force et mon chant, c'est le Seigneur ;
il est pour moi le salut. ℟

Rendez grâce au Seigneur,
proclamez son nom,
annoncez parmi les peuples ses hauts faits !
Redites-le : « Sublime est son nom ! » ℟

Retrouvez ce psaume sur le CD "Les psaumes de l'année B"

℟ ***Exultant de joie, vous puiserez les eaux aux sources du salut !***

Jouez pour le Seigneur, il montre sa magnificence,
et toute la terre le sait.
Jubilez, criez de joie, habitants de Sion,
car il est grand au milieu de toi, le Saint d'Israël ! ℟

### *Prière*

Dieu éternel et tout-puissant, unique espoir du monde, toi qui annonçais par la voix des prophètes les mystères qui s'accomplissent en ce temps présent, dans ta bonté, fais grandir les désirs de ton peuple, car, sans ton inspiration, aucun de tes fidèles ne peut progresser en vertu. Par le Christ, notre Seigneur. ***— Amen.***

## *Lecture* du livre du prophète Baruc (3, 9-15.32 – 4, 4)

*Marche vers la splendeur du Seigneur*

**Écoute, Israël, les commandements de vie, prête l'oreille pour acquérir la connaissance. Pourquoi donc, Israël, pourquoi es-tu exilé chez tes ennemis, vieillissant sur une terre étrangère, souillé par le contact des cadavres, inscrit parmi les habitants du séjour des morts ? – Parce que tu as abandonné la Source de la Sagesse ! Si tu avais suivi les chemins de Dieu, tu vivrais dans la paix pour toujours. Apprends où se trouvent et la connaissance, et la force, et l'intelligence ; pour savoir en même temps où se trouvent de**

longues années de vie, la lumière des yeux et la paix. Mais qui donc a découvert la demeure de la Sagesse, qui a pénétré jusqu'à ses trésors ? Celui qui sait tout en connaît le chemin, il l'a découvert par son intelligence. Il a pour toujours aménagé la terre, et l'a peuplée de troupeaux. Il lance la lumière, et elle prend sa course ; il la rappelle, et elle obéit en tremblant. Les étoiles brillent, joyeuses, à leur poste de veille ; il les appelle, et elles répondent : « Nous voici ! » Elles brillent avec joie pour celui qui les a faites. C'est lui qui est notre Dieu : aucun autre ne lui est comparable. Il a découvert les chemins du savoir, et il les a confiés à Jacob, son serviteur, à Israël, son bien-aimé.
Ainsi, la Sagesse est apparue sur la terre, elle a vécu parmi les hommes. Elle est le livre des préceptes de Dieu, la Loi qui demeure éternellement : tous ceux qui l'observent vivront, ceux qui l'abandonnent mourront. Reviens, Jacob, saisis-la de nouveau ; à sa lumière, marche vers la splendeur : ne laisse pas ta gloire à un autre, tes privilèges à un peuple étranger. Heureux sommes-nous, Israël ! Car ce qui plaît à Dieu, nous le connaissons.
– Parole du Seigneur.

## *Psaume* 18B (19)

℟ ***Seigneur, tu as les paroles de la vie éternelle.***

*T. : AELF; M. : G. Previdi; Éd. : ADF.*

La loi du Seigneur est parfaite,
qui redonne vie ;
la charte du Seigneur est sûre,
qui rend sages les simples. ℟

Les préceptes du Seigneur sont droits,
ils réjouissent le cœur ;
le commandement du Seigneur est limpide,
il clarifie le regard. ℟

La crainte qu'il inspire est pure,
elle est là pour toujours ;
les décisions du Seigneur sont justes
et vraiment équitables : ℟

plus désirables que l'or,
qu'une masse d'or fin,
plus savoureuses que le miel
qui coule des rayons. ℟

***Prière***

Seigneur Dieu, tu ne cesses de faire grandir ton Église en appelant à elle toutes les nations ; dans ta bonté, nous te le demandons : garde sous ta constante protection ceux que tu purifies dans l'eau du baptême. Par le Christ, notre Seigneur. ***— Amen.***

## *Lecture* du livre du prophète Ézékiel (36, 16-17a.18-28)

*« Je répandrai sur vous une eau pure*
*et je vous donnerai un cœur nouveau »*

**La parole du Seigneur me fut adressée : « Fils d'homme, lorsque les gens d'Israël habitaient leur pays, ils le rendaient impur par leur conduite et leurs actes. Alors j'ai déversé sur eux ma fureur, à cause du sang qu'ils avaient versé dans le pays, à cause des idoles immondes qui l'avaient rendu impur. Je les ai dispersés parmi les nations, ils ont été disséminés dans les pays étrangers. Selon leur conduite et leurs actes, je les ai jugés. Dans les nations où ils sont allés, ils ont profané mon saint nom, car on disait : "C'est le peuple du Seigneur, et ils sont sortis de son pays !" Mais j'ai voulu épargner mon saint nom, que les gens d'Israël avaient profané dans les nations où ils sont allés. Eh bien ! tu diras à la maison d'Israël :**

Ainsi parle le Seigneur Dieu : Ce n'est pas pour vous que je vais agir, maison d'Israël, mais c'est pour mon saint nom que vous avez profané dans les nations où vous êtes allés. Je sanctifierai mon grand nom, profané parmi les nations, mon nom que vous avez profané au milieu d'elles. Alors les nations sauront que Je suis le Seigneur – oracle du Seigneur Dieu – quand par vous je manifesterai ma sainteté à leurs yeux. Je vous prendrai du milieu des nations, je vous rassemblerai de tous les pays, je vous conduirai dans votre terre. Je répandrai sur vous une eau pure, et vous serez purifiés ; de toutes vos souillures, de toutes vos idoles, je vous purifierai. Je vous donnerai un cœur nouveau, je mettrai en vous un esprit nouveau. J'ôterai de votre chair le cœur de pierre, je vous donnerai un cœur de chair. Je mettrai en vous mon esprit, je ferai que vous marchiez selon mes lois, que vous gardiez mes préceptes et leur soyez fidèles. Vous habiterez le pays que j'ai donné à vos pères : vous, vous serez mon peuple, et moi, je serai votre Dieu. »
– Parole du Seigneur.

*S'il y a un baptême, on prend le psaume 50 (51), page ci-contre, ou le cantique d'Isaïe (Is 12), p. 303. Sinon on prend le psaume 41 (42), p. 310.*

## *Psaume* 50 (51)

***R/ Crée en moi un cœur pur, ô mon Dieu.***

*T. : AELF ; M. : M. Wackenheim ; Éd. : ADF.*

Crée en moi un cœur pur, ô mon Dieu,
renouvelle et raffermis au fond de moi mon esprit.
Ne me chasse pas loin de ta face.
ne me reprends pas ton esprit saint. R/

Rends-moi la joie d'être sauvé ;
que l'esprit généreux me soutienne.
Aux pécheurs, j'enseignerai tes chemins :
vers toi, reviendront les égarés. R/

Retrouvez ce psaume sur le CD "Les psaumes de l'année B"

Si j'offre un sacrifice, tu n'en veux pas,
tu n'acceptes pas d'holocauste.
Le sacrifice qui plaît à Dieu, c'est un esprit brisé :
tu ne repousses pas, ô mon Dieu, un cœur brisé et broyé. R/

*OU, s'il n'y a pas de baptême :*

## Psaume 41 (42)

**℟ *Comme un cerf altéré cherche l'eau vive,***
***ainsi mon âme te cherche, toi, mon Dieu.***

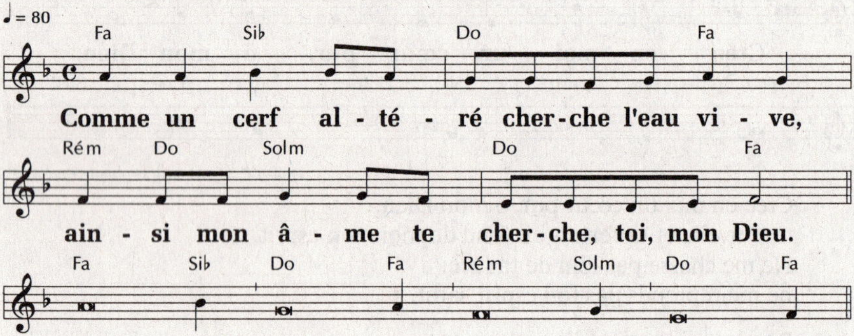


*T. : AELF; M. : B. Delattre; Éd. : ADF.*

Mon âme a soif de Dieu,
le Dieu vivant;
quand pourrai-je m'avancer,
paraître face à Dieu ? ℟

Retrouvez ce psaume sur le CD "Les psaumes de l'année B"

Je conduisais vers la maison de mon Dieu
la multitude en fête,
parmi les cris de joie
et les actions de grâce. ℟

Envoie ta lumière et ta vérité :
qu'elles guident mes pas
et me conduisent à ta montagne sainte,
jusqu'en ta demeure. ℟

J'avancerai jusqu'à l'autel de Dieu,
vers Dieu qui est toute ma joie ;
je te rendrai grâce avec ma harpe,
Dieu, mon Dieu ! ℟

### *Prière*

Seigneur Dieu, puissance inaltérable et lumière sans déclin, regarde avec bonté le sacrement que constitue l'Église entière. Comme tu l'as prévu de toute éternité, poursuis dans la paix l'œuvre du salut de l'humanité ; que le monde entier éprouve et reconnaisse la merveille : ce qui était abattu est relevé, ce qui avait vieilli est rénové, et tout retrouve son intégrité première en celui qui est le principe de tout : le Christ. Lui qui… ***— Amen.***

*OU*

Seigneur Dieu, tu veux nous former à célébrer le mystère pascal en nous faisant écouter l'Ancien et le Nouveau Testament ; ouvre-nous à l'intelligence de ta miséricorde : ainsi la conscience des grâces déjà reçues affermira en nous l'espérance des biens à venir. Par le Christ, notre Seigneur. – ***Amen.***

## *Hymne pascale*

*Le prêtre entonne le Gloire à Dieu (voir p. 355) que tous chantent debout tandis qu'on sonne les cloches, si les conditions locales le permettent.*

## *Prière*

Seigneur Dieu, tu fais resplendir cette nuit très sainte par la gloire de la résurrection du Seigneur ; ravive en ton Église l'esprit qui fait de nous des fils, afin que, renouvelés dans notre corps et notre âme, nous te rendions le culte véritable. Par Jésus… – ***Amen.***

**Lecture** de la lettre de saint Paul apôtre aux Romains (6, 3b-11)

*« Ressuscité d'entre les morts, le Christ ne meurt plus »*

Frères, nous tous qui par le baptême avons été unis au Christ Jésus, c'est à sa mort que nous avons été unis par le baptême. Si donc, par le baptême qui nous unit à sa mort, nous avons été mis au tombeau avec lui, c'est pour que nous menions une vie nouvelle, nous aussi, comme le Christ qui, par la toute-puissance du Père, est ressuscité d'entre les morts. Car, si nous avons été unis à lui par une mort qui ressemble à la sienne, nous le serons aussi par une résurrection qui ressemblera à la sienne. Nous le savons : l'homme ancien qui est en nous a été fixé à la croix avec lui pour que le corps du péché soit réduit à rien, et qu'ainsi nous ne soyons plus esclaves du péché. Car celui qui est mort est affranchi du péché.
Et si nous sommes passés par la mort avec le Christ, nous croyons que nous vivrons aussi avec lui. Nous le savons en effet : ressuscité d'entre les morts, le Christ ne meurt plus ; la mort n'a plus de pouvoir sur lui. Car lui qui est mort, c'est au péché qu'il est mort une fois pour toutes ; lui qui est vivant, c'est pour Dieu qu'il est vivant. De même, vous aussi, pensez que vous êtes morts au péché, mais vivants pour Dieu en Jésus Christ.
– Parole du Seigneur.

## *Psaume* 117 (118)

℟ ***Alléluia, alléluia, alléluia !***

*T. : AELF ; M. : T. Ospital ; Éd. : ADF.*

Rendez grâce au Seigneur : Il est bon !
Éternel est son amour !
Oui, que le dise Israël :
Éternel est son amour ! ℟

Le bras du Seigneur se lève,
le bras du Seigneur est fort !
Non, je ne mourrai pas, je vivrai
pour annoncer les actions du Seigneur. ℟

Retrouvez ce psaume sur le CD "Les psaumes de l'année B"

La pierre qu'ont rejetée les bâtisseurs
est devenue la pierre d'angle :
c'est là l'œuvre du Seigneur,
la merveille devant nos yeux. ℟

## *Évangile de Jésus Christ* selon saint Marc (16, 1-7)

*« Il est ressuscité et il vous précède en Galilée »*

**Le sabbat terminé, Marie Madeleine, Marie, mère de Jacques, et Salomé achetèrent des parfums pour aller embaumer le corps de Jésus. De grand matin, le premier jour de la semaine, elles se rendent au tombeau dès le lever du soleil. Elles se disaient entre elles : « Qui nous roulera la pierre pour dégager l'entrée du tombeau ? » Levant les yeux, elles s'aperçoivent qu'on a roulé la pierre, qui était pourtant très grande. En entrant dans le tombeau, elles virent, assis à droite, un jeune homme vêtu de blanc. Elles furent saisies de frayeur. Mais il leur dit : « Ne soyez pas effrayées ! Vous cherchez Jésus de Nazareth, le Crucifié ? Il est ressuscité : il n'est pas ici. Voici l'endroit où on l'avait déposé. Et maintenant, allez dire à ses disciples et à Pierre : "Il vous précède en Galilée. Là vous le verrez, comme il vous l'a dit." »**

***Homélie***

## LITURGIE BAPTISMALE

*En cette veillée pascale, nous bénissons de nouveau l'eau qui donne vie et dont nous serons aspergés en rappel de notre baptême. Le prêtre explique le sens du baptême, cette nouvelle naissance dans le Christ, en disant, par exemple :*

Frères et sœurs bien-aimés, en priant tous ensemble pour ceux d'entre nous qui vont être baptisés, soutenons leur espérance. Tandis qu'ils s'approchent de la fontaine baptismale où ils vont naître à la vie nouvelle, demandons au Père tout-puissant de les entourer de toute sa miséricorde.

*Quand il n'y a pas de baptême, le prêtre adapte son exhortation aux circonstances. Il pourra dire :*

Frères et sœurs bien-aimés, supplions Dieu, le Père tout-puissant, de sanctifier par sa grâce cette fontaine baptismale, et de compter au nombre de ses enfants d'adoption dans le Christ ceux qui renaîtront par le baptême.

### *Litanies des saints*

*S'il n'y a pas de baptême, on peut omettre les litanies et passer immédiatement à la bénédiction de l'eau (p. 321).*

Seigneur, prends pitié. — ***Seigneur, prends pitié.***
Ô Christ, prends pitié. — ***Ô Christ, prends pitié.***
Seigneur, prends pitié. — ***Seigneur, prends pitié.***
Sainte Marie, Mère de Dieu, ℟ — ***priez pour nous.***
Saint Michel, ℟

Saints Anges de Dieu, ℟
Saint Jean Baptiste, ℟
Saint Joseph, ℟
Saint Pierre et saint Paul, ℟
Saint André, ℟
Saint Jean, ℟
Sainte Marie Madeleine, ℟
Saint Étienne, ℟
Saint Ignace d'Antioche, ℟
Saint Laurent, ℟
Sainte Perpétue et sainte Félicité, ℟
Sainte Agnès, ℟
Saint Grégoire, ℟
Saint Augustin, ℟
Saint Athanase, ℟
Saint Basile, ℟
Saint Martin, ℟
Saint Benoît, ℟
Saint François et saint Dominique, ℟
Saint François Xavier, ℟
Saint Jean-Marie Vianney, ℟
Sainte Catherine de Sienne, ℟
Sainte Thérèse de Jésus, ℟
Vous tous, saints et saintes de Dieu, ***— priez pour nous.***

Montre-toi favorable, ℟ **– *délivre-nous, Seigneur.***
De tout mal, ℟
De tout péché, ℟
De la mort éternelle, ℟
Par ton incarnation, ℟
Par ta mort et ta résurrection, ℟
Par le don de l'Esprit Saint, ℟
Nous qui sommes pécheurs, **– *de grâce, écoute-nous.***

*S'il y a des baptêmes :*
Pour qu'il te plaise d'accorder à ceux que tu as choisis la vie nouvelle par la grâce du baptême, **– *de grâce, écoute-nous.***

*S'il n'y a pas de baptême :*
Pour qu'il te plaise de sanctifier par ta grâce cette eau d'où renaîtront pour toi de nouveaux enfants, **– *de grâce, écoute-nous.***
*On continue :*
Jésus, Fils du Dieu vivant, **– *de grâce, écoute-nous.***
Ô Christ, écoute-nous, **– *Ô Christ, écoute-nous***
Ô Christ, exauce-nous, **– *Ô Christ, exauce-nous.***

*À la fin des litanies, le prêtre dit :*
Dieu éternel et tout-puissant, viens agir dans les sacrements qui révèlent ta grande tendresse ; envoie ton Esprit d'adoption pour

recréer des peuples nouveaux qui naissent pour toi de la fontaine baptismale : rends efficaces par ta puissance les gestes de notre humble ministère. Par le Christ, notre Seigneur. **— *Amen.***

## *Bénédiction de l'eau baptismale*

*S'il n'y a pas de baptême et si l'on ne doit pas non plus bénir de l'eau baptismale pour les baptêmes à venir pendant le temps pascal, on passe à la bénédiction de l'eau (p. 321). Le prêtre bénit l'eau baptismale en disant la prière suivante :*

Seigneur Dieu, par ta puissance invisible, tu accomplis des merveilles dans tes sacrements et, de bien des manières, tu as préparé l'eau, ta créature, à devenir un signe de la grâce baptismale.

Aux origines du monde, ton Esprit planait sur les eaux pour qu'elles reçoivent déjà la force qui sanctifie.

Par les flots du déluge, tu annonçais le baptême qui fait revivre, puisque, dans un seul et même mystère, l'eau marquait la fin du péché et le commencement de la sainteté.

Aux enfants d'Abraham, tu as donné de traverser la mer Rouge à pied sec pour que cette multitude, libérée de l'esclavage de Pharaon, préfigure le peuple des baptisés.

Ton Fils bien-aimé, baptisé par Jean dans les eaux du Jourdain, a reçu l'onction du Saint-Esprit ; suspendu à la croix, il laissa couler de son côté ouvert du sang et de l'eau ; et quand il fut ressuscité, il donna cet ordre à ses disciples : « Allez ! Enseignez toutes les nations : baptisez-les au nom du Père, et du Fils, et du Saint-Esprit. »

Maintenant, Seigneur Dieu, regarde le visage de ton Église et fais jaillir en elle la source du baptême. Que cette eau reçoive de l'Esprit Saint la grâce de ton Fils unique, afin que, par le sacrement du baptême, l'homme, créé à ton image, soit lavé de toutes les souillures de sa condition ancienne et renaisse de l'eau et de l'Esprit Saint pour la vie nouvelle d'enfant de Dieu.

*Le prêtre peut aussi, s'il le désire, plonger le cierge pascal dans l'eau en disant (une ou trois fois) :* Nous t'en prions, Seigneur : par ton Fils, que la puissance de l'Esprit Saint descende dans l'eau qui remplit cette fontaine *(il peut maintenir le cierge dans l'eau)* afin que, par le baptême, tous ceux qui seront ensevelis dans la mort avec le Christ ressuscitent avec lui pour la vie. Lui qui vit et règne avec toi dans l'unité du Saint-Esprit, Dieu, pour les siècles des siècles. ***— Amen.***

*Il retire alors le cierge de l'eau, tandis que l'on chante :*

℟ ***Fontaines du Seigneur, bénissez le Seigneur !***
***À lui, haute gloire, louange éternelle !***

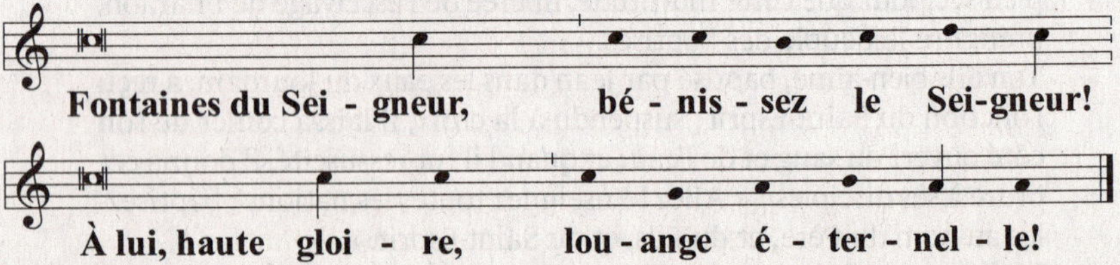


*T. : et M. : AELF.*

### *Baptême et confirmation*

*La bénédiction de l'eau baptismale achevée, chacun des catéchumènes adultes, ou les parents et les parrains pour les enfants, font la renonciation au démon puis la profession de foi. Le baptême est ensuite célébré selon le rituel du baptême des adultes, celui des enfants d'âge scolaire ou celui des petits enfants. La confirmation des nouveaux baptisés peut être célébrée maintenant ou ultérieurement.*

### *Bénédiction de l'eau*

*S'il n'y a pas de baptême, le prêtre bénit l'eau dont il aspergera le peuple à la fin de la rénovation de la profession de foi baptismale, en disant :*

Frères et sœurs bien-aimés, supplions humblement Dieu notre Seigneur de bénir cette eau qu'il a créée ; nous allons en être aspergés en souvenir de notre baptême ; que Dieu lui-même nous renouvelle afin que nous demeurions fidèles à l'Esprit que nous avons reçu.

*(Silence.)*

Seigneur notre Dieu, sois favorable aux prières de ton peuple qui veille en cette nuit très sainte ; alors que nous célébrons la merveille de notre création et la merveille plus grande encore de notre rédemption, daigne bénir cette eau.

Tu l'as créée pour féconder la terre et donner à nos corps fraîcheur et pureté. Tu en as fait aussi l'instrument de ta miséricorde : par elle tu as libéré ton peuple de la servitude et tu as étanché sa soif dans le désert ; par elle les prophètes ont annoncé la nouvelle Alliance que tu voulais sceller avec les hommes ; par elle enfin, eau sanctifiée

quand le Christ fut baptisé au Jourdain, tu as renouvelé notre nature pécheresse dans le bain de la nouvelle naissance.
Que cette eau, maintenant, nous rappelle notre baptême, et nous fasse participer à la joie de nos frères et sœurs, les baptisés de Pâques.
Par le Christ, notre Seigneur.
***— Amen.***

## *Renouvellement des promesses du baptême*

*La célébration du baptême (et de la confirmation) achevée, ou immédiatement après la bénédiction de l'eau s'il n'y a pas eu de baptême, tout le peuple renouvelle sa profession de foi baptismale. Tous, debout, tiennent leur cierge qui a été allumé à partir du cierge pascal. Le prêtre s'adresse aux fidèles en ces termes ou d'autres semblables :*

Frères et sœurs bien-aimés, par le mystère pascal nous avons été mis au tombeau avec le Christ dans le baptême, afin que nous menions avec lui une vie nouvelle. C'est pourquoi, après avoir terminé l'entraînement du Carême, renouvelons les promesses faites au moment de notre baptême, quand nous avons renoncé à Satan et à ses œuvres, et promis de servir Dieu dans la sainte Église catholique. Ainsi donc :

*Le prêtre propose au choix l'une des deux formulations de la renonciation à Satan qui suivent :*

Renoncez-vous à Satan ?
***— J'y renonce.***

Renoncez-vous à toutes ses œuvres, c'est-à-dire au péché ?
***— J'y renonce.***
Renoncez-vous à toutes ses séductions, qui conduisent au péché ?
***— J'y renonce.***

*Ou bien :*
Pour vivre dans la liberté des enfants de Dieu,
renoncez-vous au péché ?
***— J'y renonce.***
Pour échapper au pouvoir du péché,
renoncez-vous à ce qui conduit au mal ?
***— J'y renonce.***
Pour suivre Jésus Christ, renoncez-vous à Satan,
auteur et instigateur du péché ?
***— J'y renonce.***

*Le cas échéant, cette seconde formule peut être adaptée par les Conférences épiscopales, selon les nécessités locales.*

*Ensuite, le prêtre poursuit :*
Croyez-vous en Dieu le Père tout-puissant,
créateur du ciel et de la terre ?
***— Je crois.***
Croyez-vous en Jésus Christ, son Fils unique, notre Seigneur, qui est né de la Vierge Marie, a souffert la passion, a été enseveli, est

ressuscité d'entre les morts, et qui est assis à la droite du Père ?
***– Je crois.***
Croyez-vous en l'Esprit Saint, à la sainte Église catholique, à la communion des saints, au pardon des péchés, à la résurrection de la chair, et à la vie éternelle ?
***– Je crois.***
*Le prêtre conclut :* Que Dieu tout-puissant, Père de notre Seigneur Jésus Christ, qui nous a fait renaître par l'eau et l'Esprit Saint, et qui nous a accordé le pardon des péchés, nous garde encore par sa grâce dans le Christ Jésus notre Seigneur pour la vie éternelle.
***– Amen.***

*Le prêtre asperge le peuple d'eau bénite. Pendant ce temps, on chante l'antienne « J'ai vu l'eau vive » ou un autre chant baptismal. On ne dit pas le Credo.*

## *Suggestion de prière universelle*

*Le prêtre :*
Alléluia ! Christ est ressuscité. Une lueur s'est levée sur le monde. En cette nuit très sainte, tournons-nous vers le Ressuscité, le victorieux du Mal et de la mort. Confions-lui tous les habitants du monde.
℟ ***Ô Christ ressuscité, exauce-nous.***

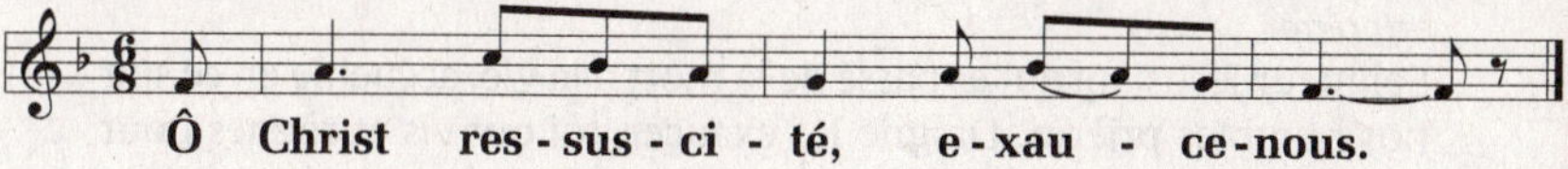


*Missel noté de l'assemblée 35.32.*

*Le diacre ou un lecteur :*

Loué sois-tu, ô Christ ressuscité, pour celles et ceux qui ont été baptisés en cette nuit très sainte. Pose ton regard de lumière sur ceux qui les accompagnent sur ce nouveau chemin. Avec allégresse, nous te prions. ℟

Loué sois-tu, ô Christ ressuscité, pour les chrétiens qui fêtent en cette nuit la victoire de la vie sur la mort. Pose ton regard d'espérance sur celles et ceux qui ne peuvent te prier librement. Avec confiance, nous te prions. ℟

Loué sois-tu, ô Christ ressuscité, pour les personnes qui se mettent au service des malades et des pauvres. Pose ton regard de compassion sur les blessés de la vie, sur ceux qui ont perdu tout espoir. Avec foi, nous te prions. ℟

Loué sois-tu, ô Christ ressuscité, pour notre assemblée réunie, heureuse de chanter tes louanges. Pose une lueur d'audace sur ceux qui peinent à croire en tes promesses de résurrection. D'un seul cœur, nous te prions. ℟

*(Ces intentions seront adaptées ou modifiées selon les circonstances.)*

*Le prêtre :*
Seigneur Jésus, toi qui es passé de la mort à la vie, accueille en ce soir nos humbles prières. Daigne les exaucer, toi qui vis et règnes pour les siècles des siècles.
***— Amen.***

## LITURGIE EUCHARISTIQUE

### *Prière sur les offrandes*

Accueille, nous t'en supplions, Seigneur, les prières de ton peuple qui t'offre ce sacrifice ; fais que les mystères inaugurés dans la célébration pascale nous procurent, avec l'aide de ta grâce, la guérison éternelle. Par le Christ, notre Seigneur. ***— Amen.***

### *Prière eucharistique*

*(1re préface de Pâques)*
Vraiment, il est juste et bon, pour ta gloire et notre salut, de te louer, Seigneur, en tout temps, mais plus encore de te glorifier en cette nuit où le Christ, notre Pâque, a été immolé. Car il est l'Agneau véritable qui a enlevé les péchés du monde : en mourant, il a détruit notre mort ; en ressuscitant, il nous a rendu la vie. C'est pourquoi la joie pascale rayonne par tout l'univers, la terre entière exulte, les puissances d'en haut et les anges dans le ciel chantent sans fin l'hymne de ta gloire : ***Saint ! Saint ! Saint…***

### *Chant de communion* (Suggestions p. 386)

*OU*

### *Antienne de la communion*

Le Christ, notre agneau pascal, a été immolé.
Célébrons la fête en partageant un pain non fermenté,
signe de droiture et de vérité, alléluia.
(cf. 1 Co 5, 7-8)

### *Prière après la communion*

Répands en nous, Seigneur, ton Esprit de charité, afin que soient unis par ta tendresse ceux que tu as nourris des sacrements de Pâques. Par le Christ, notre Seigneur.

***— Amen.***

## RITE DE CONCLUSION

### *Bénédiction solennelle*

Que Dieu tout-puissant vous bénisse, en ce jour où nous célébrons la solennité de Pâques et, dans sa bonté, qu'il vous protège des assauts du péché.

***— Amen.***

Il vous régénère pour la vie éternelle par la résurrection de son Fils unique : qu'il vous comble de la vie sans fin.

***— Amen.***

Ils sont finis, les jours de la passion du Seigneur : vous qui célébrez avec allégresse la fête de Pâques, venez, avec son aide, prendre part en exultant aux fêtes qui s'accomplissent dans la joie de l'éternité.
***— Amen.***
Et que la bénédiction de Dieu tout-puissant, le Père, et le Fils, + et le Saint-Esprit, descende sur vous et y demeure toujours.
***— Amen.***

### *Envoi*

*Le diacre ou le prêtre dit :*
Allez, dans la paix du Christ, alléluia, alléluia.
***— Nous rendons grâce à Dieu, alléluia, alléluia.***

**COMMENTAIRE DE LA VEILLÉE PASCALE**

**Karem Bustica,** rédactrice en chef de *Prions en Église*

# Nuit de lumière !

Alors que l'on vient de bénir le feu nouveau, que l'on allume le cierge pascal et que, à sa lumière, on entre en procession dans l'église, le chant de l'Exultet annonce solennellement la Pâque. Du verbe latin exultare, « exultet » veut dire « se réjouir vivement ». De quoi ? De ce que la lumière éclaire la terre. Comme la lumière du premier jour de Création, lorsque Dieu dit : « Que la lumière soit. » Et la lumière fut. La résurrection du Christ est une nouvelle création, l'aube nouvelle d'un monde rajeuni. Le Christ ressuscité fait renaître le monde, et nous avec ! Voici qui devrait revigorer nos engagements en faveur de la sauvegarde de notre maison commune, voyant dans tout être créé un reflet de la lumière de Dieu. Même si les raisons de nous décourager sont •••

••• nombreuses, la joie de cette nuit célèbre la victoire du Sauveur. Le Christ ressuscité triomphe de la mort et nous sommes invités à laisser tomber tous nos faux dieux. Ce ne sont ni l'argent, ni le pouvoir, ni la célébrité, ni les idéologies, ni même nos efforts qui pourront sauver ce monde, mais le Christ ressuscité dont la Résurrection, telle une porte ouverte, rassemble le ciel et la terre. Désormais, nous attendons dans la foi que passent toutes les créatures de cette terre à la grande maison de Dieu. « Ô nuit de vrai bonheur, nuit où le ciel s'unit à la terre, où l'homme rencontre Dieu. »

Quel rite de cette veillée éclaire le mieux ma foi
en Jésus ressuscité ?
Quelle image me touche le plus dans le chant de l'Exultet ? ■

# DIMANCHE 31 MARS 2024

## DIMANCHE DE PÂQUES

**ANNÉE B – COULEUR LITURGIQUE : BLANC**

*« C'est alors qu'entra l'autre disciple, lui qui était arrivé le premier au tombeau. Il vit, et il crut. »* Jean 20, 8



**Où est le corps de Jésus ?** A-t-il été enlevé ? En ce matin de Pâques, l'inquiétude gagne le cœur de Marie Madeleine. Mais c'est une Bonne Nouvelle qui se profile. Car le tombeau vide est le signe non d'un larcin, mais d'une joyeuse nouvelle, à clamer par toute la terre. Le Christ est ressuscité. Il a tiré du néant l'humanité béante. Aujourd'hui, quittons toute peur. Laissons-nous gagner par l'allégresse de la résurrection du Christ. Alléluia !

## RITES INITIAUX

***Chant d'entrée*** *(Suggestions p. 386)*
*OU*
***Antienne d'ouverture***
Je suis ressuscité, et je suis avec toi, alléluia.
Ta main s'est posée sur moi, alléluia,
ta sagesse s'est montrée admirable,
alléluia, alléluia.
(cf. Ps 138, 18.5-6)
*OU*
Le Christ est vraiment ressuscité, alléluia.
À lui, la gloire et la souveraineté
pour les siècles des siècles,
alléluia, alléluia.
(Lc 24, 34; cf. Ap 1, 6)

***Suggestion de préparation pénitentielle*** *(ou p. 352)*
Christ est ressuscité, alléluia! Il a vaincu le mal et la mort. Sa miséricorde est pour tous. Dans la confiance, tournons-nous vers le Seigneur et reconnaissons que nous sommes pécheurs.

Seigneur Jésus, toi qui as été suspendu au bois du supplice, Dieu t'a ressuscité le troisième jour. Kyrie, eleison.
***— Kyrie, eleison.***

Ô Christ, toi l'Agneau immolé, tu as réconcilié avec le Père l'homme pécheur. Christe, eleison.
***— Christe, eleison.***
Seigneur, toi qui nous précèdes en Galilée, tu nous invites à clamer sans peur la Bonne Nouvelle. Kyrie, eleison.
***— Kyrie, eleison.***

Que Dieu tout-puissant nous fasse miséricorde ; qu'il nous pardonne nos péchés et nous conduise à la vie éternelle. ***— Amen.***

*Gloire à Dieu* (p. 355)

*Prière*
Aujourd'hui, Seigneur Dieu, par ton Fils unique, vainqueur de la mort, tu nous as ouvert les portes de l'éternité ; tandis que nous fêtons solennellement la résurrection du Seigneur, nous t'en prions : accorde-nous d'être renouvelés par ton Esprit pour que nous ressuscitions dans la lumière de la vie. Par Jésus… ***— Amen.***

## LITURGIE DE LA PAROLE

**Lecture** du livre des Actes des Apôtres (10, 34a.37-43)

*« Nous avons mangé et bu avec lui après sa résurrection d'entre les morts »*

En ces jours-là, quand Pierre arriva à Césarée chez un centurion de l'armée romaine, il prit la parole et dit : « Vous savez ce qui s'est passé à travers tout le pays des Juifs, depuis les commencements en Galilée, après le baptême proclamé par Jean : Jésus de Nazareth, Dieu lui a donné l'onction d'Esprit Saint et de puissance. Là où il passait, il faisait le bien et guérissait tous ceux qui étaient sous le pouvoir du diable, car Dieu était avec lui. Et nous, nous sommes témoins de tout ce qu'il a fait dans le pays des Juifs et à Jérusalem. Celui qu'ils ont supprimé en le suspendant au bois du supplice, Dieu l'a ressuscité le troisième jour. Il lui a donné de se manifester, non pas à tout le peuple, mais à des témoins que Dieu avait choisis d'avance, à nous qui avons mangé et bu avec lui après sa résurrection d'entre les morts. Dieu nous a chargés d'annoncer au peuple et de témoigner que lui-même l'a établi Juge des vivants et des morts. C'est à Jésus que tous les prophètes rendent ce témoignage : Quiconque croit en lui reçoit par son nom le pardon de ses péchés. »

– Parole du Seigneur

## *Psaume* 117 (118)

℟ ***Voici le jour que fit le Seigneur,***
***qu'il soit pour nous jour de fête et de joie !***

*T. : AELF ; M. : M. Wackenheim ; Éd. : ADF.*

Rendez grâce au Seigneur : Il est bon !
Éternel est son amour !
Oui, que le dise Israël :
Éternel est son amour ! ℟

Le bras du Seigneur se lève,
le bras du Seigneur est fort !
Non, je ne mourrai pas, je vivrai
pour annoncer les actions du Seigneur. ℟

**Retrouvez ce psaume sur le CD "Les psaumes de l'année B"**

℟ ***Voici le jour que fit le Seigneur,***
***qu'il soit pour nous jour de fête et de joie !***

La pierre qu'ont rejetée les bâtisseurs
est devenue la pierre d'angle :
c'est là l'œuvre du Seigneur,
la merveille devant nos yeux. ℟

**Lecture** de la lettre de saint Paul apôtre aux Colossiens (3, 1-4)

*« Recherchez les réalités d'en haut, là où est le Christ »*

**Frères, si vous êtes ressuscités avec le Christ, recherchez les réalités d'en haut : c'est là qu'est le Christ, assis à la droite de Dieu. Pensez aux réalités d'en haut, non à celles de la terre.**
**En effet, vous êtes passés par la mort, et votre vie reste cachée avec le Christ en Dieu. Quand paraîtra le Christ, votre vie, alors vous aussi, vous paraîtrez avec lui dans la gloire.**
– Parole du Seigneur.

*On peut aussi lire 1 Corinthiens 5, 6b-8.*

*Séquence*

À la Victime pascale,
chrétiens, offrez le sacrifice de louange.

L'Agneau a racheté les brebis ;
le Christ innocent a réconcilié
l'homme pécheur avec le Père.

La mort et la vie s'affrontèrent
en un duel prodigieux.
Le Maître de la vie mourut ; vivant, il règne.

« Dis-nous, Marie Madeleine,
qu'as-tu vu en chemin ? »

« J'ai vu le sépulcre du Christ vivant,
j'ai vu la gloire du Ressuscité.

J'ai vu les anges ses témoins,
le suaire et les vêtements.

Le Christ, mon espérance, est ressuscité !
Il vous précédera en Galilée. »

Nous le savons : le Christ
est vraiment ressuscité des morts.

Roi victorieux,
prends-nous tous en pitié ! Amen.

### *Acclamation de l'Évangile*

***Alléluia. Alléluia.*** Notre Pâque immolée, c'est le Christ ! Célébrons la Fête dans le Seigneur ! ***Alléluia.***

*T. : AELF ; M. : P. Robert.*

## *Évangile de Jésus Christ* selon saint Jean (20, 1-9)

*« Il fallait que Jésus ressuscite d'entre les morts »*

**Le premier jour de la semaine, Marie Madeleine se rend au tombeau de grand matin ; c'était encore les ténèbres. Elle s'aperçoit que la pierre a été enlevée du tombeau. Elle court donc trouver Simon-Pierre et l'autre disciple, celui que Jésus aimait, et elle leur dit : « On a enlevé le Seigneur de son tombeau, et nous ne savons pas où on l'a déposé. »**

**Pierre partit donc avec l'autre disciple pour se rendre au tombeau. Ils couraient tous les deux ensemble, mais l'autre disciple courut plus vite que Pierre et arriva le premier au tombeau. En se penchant, il s'aperçoit que les linges sont posés à plat ; cependant il n'entre pas. Simon-Pierre, qui le suivait, arrive à son tour. Il entre dans le tombeau ; il aperçoit les linges, posés à plat, ainsi que le suaire qui avait entouré la tête de Jésus, non pas posé avec les linges, mais roulé à part à sa place. C'est alors qu'entra l'autre disciple, lui qui était arrivé le premier au tombeau. Il vit, et il crut. Jusque-là, en effet, les disciples n'avaient pas compris que, selon l'Écriture, il fallait que Jésus ressuscite d'entre les morts.**

*On peut aussi lire l'évangile de la veillée pascale (Marc 16, 1-7, p. 315).*
*Pour la messe du soir de Pâques, on peut aussi lire Luc 24, 13-35.*

## *Homélie*

## *Renouvellement de la profession de foi baptismale*

*Après l'homélie, le prêtre peut inviter les fidèles à renouveler leurs promesses de baptême selon la formule utilisée durant la veillée pascale (p. 322). On peut aussi dire l'un des deux symboles de foi (pp. 356 et 357). Si le rite de l'eau bénite n'a pas eu lieu au début de la messe, le prêtre passe ensuite parmi l'assemblée pour l'asperger avec l'eau qui a été bénie durant la veillée. Pendant ce temps, on peut chanter un chant baptismal.*

## *Suggestion de prière universelle*

*Le prêtre :*

Le Christ est ressuscité, alléluia ! Fortifiés par cette Bonne Nouvelle, tournons-nous vers Dieu, son Père et notre Père. Prions-le pour tous les habitants de la terre.

℟ ***Par Jésus Christ ressuscité, exauce-nous, Seigneur.***

*M. : M. Wackenheim; Bayard Liturgie.*

*Le diacre ou un lecteur :*

Nombreux sont les hommes et les femmes qui risquent leur vie pour l'Évangile. Afin que leur courage et leur élan missionnaire fécondent l'Église, avec le pape François, prions le Seigneur. ℟

Dans le monde entier, de nouveaux baptisés ont illuminé la nuit de Pâques. Pour que leur bonheur d'être chrétiens soit un témoignage d'espérance pour leurs familles, ensemble, prions le Seigneur. ℟

Beaucoup cherchent un sens à leur vie dans des doctrines parfois douteuses. Afin que le sens de l'évangélisation habite toute l'Église, ensemble, prions le Seigneur. ℟

De nombreuses victimes de la guerre et de catastrophes naturelles sont contraintes à l'exil. Pour que, dans nos lieux de vie, la fraternité avec les plus pauvres grandisse de jour en jour, ensemble, prions le Seigneur. ℟

*(Ces intentions seront adaptées ou modifiées selon les circonstances.)*

*Le prêtre :*

Dieu notre Père, en ce jour où nous fêtons ton Fils, le Ressuscité, nous nous tournons vers toi avec confiance. Viens écouter nos prières et daigne les exaucer, lui qui vit et règne avec toi pour les siècles des siècles. **— Amen.**

## LITURGIE EUCHARISTIQUE

### *Prière sur les offrandes*

Dans l'exultation de la joie pascale, Seigneur, nous t'offrons ce sacrifice : c'est par lui que ton Église, de manière admirable, naît à la vie nouvelle et reçoit sa nourriture. Par le Christ, notre Seigneur. **— Amen.**

### *Prière eucharistique* (1re préface de Pâques)

Vraiment, il est juste et bon, pour ta gloire et notre salut, de te louer, Seigneur, en tout temps, mais plus encore de te glorifier aujourd'hui où le Christ, notre Pâque, a été immolé. Car il est l'Agneau véritable qui a enlevé les péchés du monde : en mourant, il a détruit notre mort; en ressuscitant, il nous a rendu la vie. C'est pourquoi la joie pascale rayonne par tout l'univers, la terre entière exulte, les puissances d'en haut et les anges dans le ciel chantent sans fin l'hymne de ta gloire : ***Saint! Saint! Saint…***

***Chant de communion*** *(Suggestions p. 386)*
*OU*
***Antienne de la communion***
Le Christ, notre agneau pascal, a été immolé.
Célébrons la fête en partageant un pain non fermenté,
signe de droiture et de vérité, alléluia. (cf. 1 Co 5, 7-8)

***Prière après la communion***
Seigneur Dieu, ne cesse pas de veiller avec tendresse sur ton Église, afin que, déjà renouvelée par les sacrements de Pâques, elle parvienne à la lumière de la résurrection. Par le Christ, notre Seigneur.
***— Amen.***

## RITE DE CONCLUSION

***Bénédiction solennelle***
Que Dieu tout-puissant vous bénisse, en ce jour où nous célébrons la solennité de Pâques et, dans sa bonté, qu'il vous protège des assauts du péché. ***— Amen.***

Il vous régénère pour la vie éternelle par la résurrection de son Fils unique : qu'il vous comble de la vie sans fin.
***— Amen.***
Ils sont finis, les jours de la passion du Seigneur : vous qui célébrez avec allégresse la fête de Pâques, venez, avec son aide, prendre part en exultant aux fêtes qui s'accomplissent dans la joie de l'éternité.
***— Amen.***
Et que la bénédiction de Dieu tout-puissant, le Père, et le Fils, ✠ et le Saint-Esprit, descende sur vous et y demeure toujours.
***— Amen.***

## *Envoi*

*Le diacre ou le prêtre dit :*
Allez, dans la paix du Christ, alléluia, alléluia !
***— Nous rendons grâce à Dieu, alléluia, alléluia !***

## COMMENTAIRE DU DIMANCHE

**Emmanuel Schwab,** recteur du sanctuaire de Lisieux

# Voir et croire

Apercevoir, comme on enregistre l'image sans chercher à interpréter. Regarder, pour chercher à saisir le sens devant un évènement étrange. Voir enfin, comme on saisit par l'esprit le sens des choses. « Je vois ce que tu veux dire. » « J'y vois clair, maintenant. »

Ce qui est à voir est devant les yeux. C'est un donné brut. Le corps de Jésus a été déposé au tombeau le vendredi alors que le soleil se couchait. La tête recouverte d'un suaire, le corps enveloppé dans un linceul : le tout posé sur une banquette de pierre. Ce matin du premier jour de la semaine, tout est en place. Rien n'a bougé. Rien n'a été déplacé. Simplement, le corps n'est plus dans le linceul. C'est proprement incompréhensible. Et pourtant, sans comprendre comment cela s'est fait, le disciple que Jésus

aimait comprend que cela s'est réalisé : il comprend que, selon l'Écriture, il fallait que Jésus ressuscite d'entre les morts. La foi qu'il a dans l'annonce que Jésus avait faite lui permet d'interpréter ce qu'il voit.
Le soir de ce même jour, Jésus conduira les disciples d'Emmaüs à interpréter les événements de ces jours-ci à la lumière des Saintes Écritures. À leur tour, ils verront celui qui leur devient invisible. Ils entrent dans la foi. Les Écritures rendent témoignage au Christ, et la fraction du pain dévoile la mystérieuse, mais réelle, présence du Christ ressuscité à ses disciples.

Comment ma foi en Jésus mort et ressuscité éclaire-t-elle mon regard sur les événements du monde ?

Comment la méditation des Saintes Écriture nourrit-elle ma foi ? ■

Prions en Église junior

## LIRE L'ÉVANGILE AVEC LES ENFANTS

### CE QUE JE DÉCOUVRE

Ce matin de Pâques, le tombeau de Jésus est vide. Marie Madeleine prévient aussitôt Pierre et Jean. Ils croient tout ce que Jésus leur a dit : **si son corps a disparu, c'est qu'il est ressuscité !** Pierre et Jean vont tout de suite annoncer la résurrection de Jésus aux apôtres. Ces derniers, à leur tour, vont la proclamer aux habitants de Jérusalem. La Bonne Nouvelle se répand dans d'autres villes et jusqu'au bout de la terre... **Et aujourd'hui, c'est à toi qu'elle est annoncée : Jésus est ressuscité ! Alléluia !**

### CE QUE JE VIS

Quelle est la phrase de Jésus que tu préfères ?
Qu'est ce qui t'aide à croire que Jésus est vivant aujourd'hui, dans ta vie ?
**Chante « Christ est ressuscité. Alléluia ! Alléluia ! »**

Texte : Thibault Van Den Driessche. Illustrations : Marcelino Truong

**MÉDITATION BIBLIQUE**
**DIMANCHE DE LA RÉSURRECTION**
Psaume 117 (118)

# Jour de fête et de joie

**« Voici le jour que fit le Seigneur » : un jour unique certes mais toujours actuel. En faisant mémoire du Christ ressuscité en ce jour de Pâques, nous nous ouvrons à la puissance re-créatrice du mystère pascal comme à chaque fois que nous célébrons l'eucharistie.**

## Le temps de la préparation

**« Non, je ne mourrai pas,
je vivrai pour annoncer les
actions du Seigneur. » (Ps 117, 17)**

## Le temps de l'observation

La liturgie ne retient que quelques versets du psaume 117 (118) qui, outre le jour de Pâques, trouve place dans la liturgie des Heures du dimanche. Ce psaume est une action de grâce, célébrant la bonté et l'amour du Seigneur. Bonté et amour du Père à l'égard du Fils, bonté et amour de Dieu pour l'humanité. « Que le dise Israël » : l'expérience ne trouve son accomplissement, sa fécondité, qu'à être partagée même si elle est unique et éminemment personnelle. Le récit de la détresse et du cri poussé par le psalmiste n'a pas été retenu ici, mais l'espérance au cœur de la **…**

... souffrance et de son caractère sans issue s'exprime par cette affirmation : « Le bras du Seigneur se lève [...] non, je ne mourrai pas, je vivrai. » Une affirmation de foi que Jésus en son humanité a sûrement priée. Quoi qu'il en soit, nous comprenons que la mort ne pouvait avoir le dernier mot. Quant à la pierre refusée par les bâtisseurs, elle évoque l'aspect rejet de la Passion, mais elle nous dit surtout que Dieu peut retourner n'importe quelle situation désespérée à vue humaine.

## Le temps de la méditation

En ce jour, peut-être pouvons-nous retenir l'un ou l'autre verset de ce psaume pour le méditer, l'intérioriser, y contempler ce que l'Église a reconnu comme une annonce du mystère pascal : Christ vainqueur de la mort après avoir subi les assauts de celle-ci ; Christ pierre angulaire de ce Temple que constitue son peuple (cf. 1 Co 3, 11 ; 1 P 2, 4) Avons-nous conscience de la merveille qu'est l'événement pascal et de l'avenir qu'il offre à chacun d'entre nous ? Sommes-nous ouverts à l'action de Dieu ou notre incrédulité nous ferme-t-elle aux merveilles qu'il veut accomplir en nous et entre nous ? Apprendre à crier lorsque nous sommes submergés par la violence et la souffrance, accueillir dans la foi les mystérieuses interventions de Dieu, rendre grâce et ne pas taire sa bonté et sa fidélité : n'est-ce pas là tout l'horizon qui s'ouvre à nous ?

## Le temps de la prière

**« Rendez grâce au Seigneur :**
**Il est bon ! Éternel est**
**son amour ! » (Ps 117, 29)** ■

**Emmanuelle Billoteau,** ermite

***Une prière*** *pour ce dimanche*

# Que s'est-il passé cette nuit ?

Que s'est-il passé cette nuit, Seigneur ?
Tu es mort sur la Croix, tu as été déposé dans le tombeau.
Et ce matin, la pierre a été roulée, les linges sont posés
à plat, le suaire roulé à part, à sa place.

Que s'est-il passé cette nuit, Seigneur ?
Dans le silence de l'aurore, nous contemplons ce mystère :
les ténèbres ont cédé la place à la lumière,
la mort a été vaincue par la vie, Christ est ressuscité !

Ce qui s'est passé cette nuit, Seigneur,
nous ne le comprenons pas toujours.
Et pourtant, tu nous fais participer de ta vie nouvelle,
ici et maintenant !
Car tu es le Dieu qui transforme la nuit de nos vies
en une aube radieuse.
Alléluia !

Texte : Frédéric Pascal.

## DES IMAGES POUR LA FOI
### DIMANCHE DE PÂQUES

# Il s'est levé d'entre les morts

**Cette image de l'apparition du Christ ressuscité à Marie Madeleine appartient à un rouleau liturgique qui était utilisé pour la veillée pascale.**

L'horizon de Marie Madeleine s'était arrêté aux croix du Golgotha. Mais au matin de Pâques, les trois arbres verts du jardin lui annoncent déjà un jour nouveau. La voix du Seigneur qui l'appelle (Jn 20, 16) lui suffit pour entrer dans la foi. Marie s'élance vers Jésus, elle voudrait le retenir, mais le Ressuscité n'est pas saisissable. Cette belle image pascale a été réalisée dans une Italie méridionale marquée par les liens avec le monde byzantin. C'est pourquoi la représentation du Christ semble directement inspirée des icônes de la Résurrection où l'on voit Jésus remonter du séjour des morts entraînant avec lui Adam et Ève : il a le même dynamisme. Cette miniature appartient à un grand rouleau liturgique sur lequel figure le texte de l'Exultet (l'hymne d'annonce de la Résurrection) et différentes images pascales. Une fois le cierge pascal allumé, le diacre montait à l'ambon pour entonner cette hymne. Comme les images sont disposées en sens inverse du texte, lorsque le parchemin retombait de l'autre côté de l'ambon les fidèles pouvaient les voir. ■

**Dominique Pierre**

© akg-images / British Library

*Noli me tangere,* **miniature d'un rouleau liturgique de l'Exultet**
**(Italie méridionale, XIIe siècle) British Library, Londres.**

# Liturgie de la messe

## RITES INITIAUX

*Le chant d'entrée achevé, le prêtre et les fidèles, debout, font le signe de la croix, tandis que le prêtre, tourné vers le peuple, dit :*

Au nom du Père, et du Fils, et du Saint-Esprit.

*Le peuple répond :*

***— Amen.***

### *Salutation*

La grâce de Jésus, le Christ, notre Seigneur, l'amour de Dieu le Père, et la communion de l'Esprit Saint soient toujours avec vous.

***— Et avec votre esprit.***

*Ou bien :* Que la grâce et la paix de Dieu notre Père et du Seigneur Jésus, le Christ, soient toujours avec vous.

***— Et avec votre esprit.***

*Ou bien :* Le Seigneur soit avec vous.

***— Et avec votre esprit.***

### *Acte pénitentiel*

Frères et sœurs, préparons-nous à célébrer le mystère de l'eucharistie, en reconnaissant que nous avons péché.

*(1)* Je confesse à Dieu tout-puissant, je reconnais devant vous, frères et sœurs, que j'ai péché en pensée, en parole, par action et par omission ; oui, j'ai vraiment péché. C'est pourquoi je supplie la bienheureuse Vierge Marie, les anges et tous les saints, et vous aussi, frères et sœurs, de prier pour moi le Seigneur notre Dieu.

(2) Prends pitié de nous, Seigneur. ***– Nous avons péché contre toi.***
Montre-nous, Seigneur, ta miséricorde. ***– Et donne-nous ton salut.***

(3) Seigneur Jésus, envoyé pour guérir les cœurs qui reviennent vers toi :
Seigneur, prends pitié. ***– Seigneur, prends pitié.***
Ô Christ, venu appeler les pécheurs : ô Christ, prends pitié.
***– Ô Christ, prends pitié.***
Seigneur, qui sièges à la droite du Père où tu intercèdes pour nous :
Seigneur, prends pitié. ***– Seigneur, prends pitié.***

Que Dieu tout-puissant nous fasse miséricorde ; qu'il nous pardonne nos péchés et nous conduise à la vie éternelle. ***– Amen.***

*Ensuite, on chante ou on dit le Kyrie eleison (Seigneur, prends pitié), à moins qu'il n'ait été déjà employé dans une formule de l'acte pénitentiel (c'est le cas de la précédente).*

Kyrie, eleison. ***– Kyrie, eleison.***
Christe, eleison. ***– Christe, eleison.***
Kyrie, eleison. ***– Kyrie, eleison.***
*ou bien :* Seigneur, prends pitié. ***– Seigneur, prends pitié.***
Ô Christ, prends pitié. ***– Ô Christ, prends pitié.***
Seigneur, prends pitié. ***– Seigneur, prends pitié.***

*(4) Au dimanche de Pâques, l'aspersion de l'eau bénite peut tenir lieu de préparation pénitentielle.*

Frères et sœurs bien-aimés, demandons au Seigneur de bénir cette eau qu'il a créée ; nous allons en être aspergés en mémoire de notre baptême : que Dieu nous vienne en aide, afin que nous demeurions fidèles à l'Esprit que nous avons reçu.

*Le prêtre prononce sur l'eau une prière d'action de grâce.*

Seigneur, Dieu tout-puissant, sois favorable aux prières de ton peuple : tandis que nous célébrons la merveille de notre création et la merveille plus grande encore de notre rédemption, daigne bénir + cette eau. Tu l'as créée pour féconder la terre et donner à nos corps fraîcheur et pureté. Tu en as fait aussi l'instrument de ta miséricorde : par elle tu as libéré ton peuple de la servitude et tu as étanché sa soif dans le désert ; par elle les prophètes ont annoncé la nouvelle Alliance que tu allais conclure avec l'humanité ; par elle enfin, eau sanctifiée par le Christ au Jourdain, tu as renouvelé notre nature pécheresse dans le bain de la nouvelle naissance. Que cette eau, maintenant, nous rappelle notre baptême et nous fasse participer à la joie de nos frères et sœurs les baptisés de Pâques. Par le Christ, notre Seigneur — ***Amen.***

*Le prêtre circule dans l'assemblée en aspergeant les fidèles pendant que l'on chante un chant baptismal. Par exemple : Par le baptême de renaissance (I 296) ; J'ai vu l'eau vive (I 132).*

Que Dieu tout-puissant nous purifie de nos péchés et, par la célébration de cette eucharistie, nous rende dignes de participer à la table de son royaume. Par le Christ, notre Seigneur. — ***Amen.***

## *Gloire à Dieu*

Gloire à Dieu, au plus haut des cieux, et paix sur la terre aux hommes,
qu'il aime. Nous te louons, nous te bénissons, nous t'adorons,
nous te glorifions, nous te rendons grâce, pour ton immense gloire,
Seigneur Dieu, Roi du ciel, Dieu le Père tout-puissant.
Seigneur, Fils unique, Jésus Christ, Seigneur Dieu,
Agneau de Dieu, le Fils du Père ;
toi qui enlèves les péchés du monde, prends pitié de nous ;
toi qui enlèves les péchés du monde, reçois notre prière ;
toi qui es assis à la droite du Père, prends pitié de nous.
Car toi seul es Saint, toi seul es Seigneur, toi seul es le Très-Haut :
Jésus Christ, avec le Saint-Esprit dans la gloire de Dieu le Père. Amen.

*Gloria in excelsis Deo et in terra pax hominibus bonæ voluntatis. Laudamus te, benedicimus te, adoramus te, glorificamus te, gratias agimus tibi propter magnam gloriam tuam, Domine Deus, Rex cælestis, Deus Pater omnipotens. Domine Fili unigenite, Iesu Christe, Domine Deus, Agnus Dei, Filius Patris, qui tollis peccata mundi, miserere nobis ; qui tollis peccata mundi, suscipe deprecationem nostram.*
*Qui sedes ad dexteram Patris, miserere nobis.*
*Quoniam tu solus Sanctus, tu solus Dominus, tu solus Altissimus,*
*Iesu Christe, cum Sancto Spiritu : in gloria Dei Patris. Amen.*

## *Prière d'ouverture*

*Voir à la date du jour.*

## LITURGIE DE LA PAROLE

*Voir à la date du jour.*

# *Profession de foi*

**Symbole de Nicée-Constantinople**

Je crois en un seul Dieu, le Père tout-puissant,
créateur du ciel et de la terre, de l'univers visible et invisible.
Je crois en un seul Seigneur, Jésus Christ, le Fils unique de Dieu,
né du Père avant tous les siècles : il est Dieu, né de Dieu,
lumière née de la lumière, vrai Dieu, né du vrai Dieu,
engendré, non pas créé, consubstantiel au Père, et par lui tout a été fait.
Pour nous les hommes, et pour notre salut, il descendit du ciel ;
par l'Esprit Saint, il a pris chair de la Vierge Marie, et s'est fait homme.
Crucifié pour nous sous Ponce Pilate,
il souffrit sa passion et fut mis au tombeau.
Il ressuscita le troisième jour, conformément aux Écritures,
et il monta au ciel ; il est assis à la droite du Père.
Il reviendra dans la gloire, pour juger les vivants et les morts ;
et son règne n'aura pas de fin.
Je crois en l'Esprit Saint, qui est Seigneur et qui donne la vie ;
il procède du Père et du Fils ; avec le Père et le Fils,
il reçoit même adoration et même gloire ; il a parlé par les prophètes.
Je crois en l'Église, une, sainte, catholique et apostolique.
Je reconnais un seul baptême pour le pardon des péchés.
J'attends la résurrection des morts, et la vie du monde à venir. Amen.

*Credo in unum Deum, Patrem omnipotentem,*
*Factorem cæli et terræ, visibilium omnium et invisibilium.*
*Et in unum Dominum Iesum Christum, Filium Dei unigenitum,*
*et ex Patre natum ante omnia sæcula.*
*Deum de Deo, lumen de lumine, Deum verum de Deo vero, genitum,*
*non factum, consubstantialem Patri : per quem omnia facta sunt.*
*Qui propter nos homines et propter nostram salutem descendit de cælis.*
*Et incarnatus est de Spiritu Sancto ex Maria Virgine, et homo factus est.*
*Crucifixus etiam pro nobis sub Pontio Pilato ;*
*passus et sepultus est, et resurrexit tertia die, secundum Scripturas,*
*et ascendit in cælum, sedet ad dexteram Patris.*
*Et iterum venturus est cum gloria, iudicare vivos et mortuos,*
*cuius regni non erit finis.*
*Et in Spiritum Sanctum, Dominum et vivificantem :*
*qui ex Patre Filioque procedit.*
*Qui cum Patre et Filio simul adoratur et conglorificatur :*
*qui locutus est per prophetas.*
*Et unam, sanctam, catholicam et apostolicam Ecclesiam.*
*Confiteor unum baptisma in remissionem peccatorum.*
*Et exspecto resurrectionem mortuorum, et vitam venturi sæculi.*
*Amen.*

**Symbole des Apôtres**

Je crois en Dieu, le Père tout-puissant, créateur du ciel et de la terre.
Et en Jésus Christ, son Fils unique, notre Seigneur,
qui a été conçu du Saint-Esprit, est né de la Vierge Marie,
a souffert sous Ponce Pilate, a été crucifié, est mort et a été enseveli,
est descendu aux enfers, le troisième jour est ressuscité des morts,
est monté aux cieux, est assis à la droite de Dieu le Père tout-puissant,
d'où il viendra juger les vivants et les morts.
Je crois en l'Esprit Saint, à la sainte Église catholique,
à la communion des saints, à la rémission des péchés,
à la résurrection de la chair, à la vie éternelle. Amen.

## *Prière universelle*

## LITURGIE EUCHARISTIQUE

## *Préparation des dons*

Tu es béni, Seigneur, Dieu de l'univers : nous avons reçu de ta bonté le pain
que nous te présentons, fruit de la terre et du travail des hommes ;
il deviendra pour nous le pain de la vie. ***—Béni soit Dieu, maintenant et toujours !***
*Comme cette eau se mêle au vin pour le sacrement de l'Alliance,*
*puissions-nous être unis à la divinité de celui qui a voulu prendre notre humanité.*
Tu es béni, Seigneur, Dieu de l'univers : nous avons reçu de ta bonté le vin
que nous te présentons, fruit de la vigne et du travail des hommes ;
il deviendra pour nous le vin du Royaume éternel.
***—Béni soit Dieu, maintenant et toujours !***

*Le cœur humble et contrit, nous te supplions, Seigneur, accueille-nous : que notre sacrifice, en ce jour, trouve grâce devant toi, Seigneur notre Dieu. Lave-moi de mes fautes, Seigneur, et purifie-moi de mon péché.*

## *Prière sur les offrandes*

Priez, frères et sœurs : que mon sacrifice, qui est aussi le vôtre, soit agréable à Dieu le Père tout-puissant.

***— Que le Seigneur reçoive de vos mains ce sacrifice à la louange et à la gloire de son nom, pour notre bien et celui de toute l'Église.***

*Ou bien :*

Prions ensemble, au moment d'offrir le sacrifice de toute l'Église.

***— Pour la gloire de Dieu et le salut du monde.***

## *Prière eucharistique*

Le Seigneur soit avec vous. ***— Et avec votre esprit.***
Élevons notre cœur. ***— Nous le tournons vers le Seigneur.***
Rendons grâce au Seigneur notre Dieu. ***— Cela est juste et bon.***

## *Préfaces*

### 1re préface du Carême

*La signification spirituelle du Carême*

Vraiment, il est juste et bon, pour ta gloire et notre salut, de t'offrir notre action de grâce, toujours et en tout lieu, Seigneur, Père très saint, Dieu éternel et tout-puissant, par le Christ, notre Seigneur. Car chaque année, tu accordes à tes fidèles de se préparer

aux fêtes pascales dans la joie d'un cœur purifié ; de sorte qu'en s'adonnant à une prière plus fervente et à une charité plus active, fidèles aux sacrements qui les ont fait renaître, ils soient comblés de la grâce que tu réserves à tes enfants. C'est pourquoi, avec les anges et les archanges, avec les puissances d'en haut et tous les esprits bienheureux, nous chantons l'hymne de ta gloire et sans fin nous proclamons :
***Saint ! Saint ! Saint...***

## 2e préface du Carême

*L'esprit de pénitence*

Vraiment, il est juste et bon, pour ta gloire et notre salut, de t'offrir notre action de grâce, toujours et en tout lieu, Seigneur, Père très saint, Dieu éternel et tout-puissant. Tu offres à tes enfants ce temps de grâce pour qu'ils retrouvent la pureté du cœur, afin que, l'esprit libéré des passions mauvaises, ils travaillent à ce monde qui passe, en s'attachant surtout aux réalités qui demeurent. C'est pourquoi, avec les saints et tous les anges, nous te louons et sans fin nous proclamons : ***Saint ! Saint ! Saint...***

## 3e préface du Carême

*Les bienfaits de l'abstinence*

Vraiment, il est juste et bon, pour ta gloire et notre salut, de t'offrir notre action de grâce, toujours et en tout lieu, Seigneur, Père très saint, Dieu éternel et tout-puissant. Tu as voulu que nous te rendions grâce par nos privations : elles rabaissent notre orgueil de pécheurs et nous invitent à suivre l'exemple de ta bonté en nous faisant partager avec ceux qui ont faim. C'est pourquoi, avec les anges innombrables, d'une seule voix nous célébrons ta louange en proclamant :
***Saint ! Saint ! Saint...***

## 4e préface du Carême

*Les bienfaits du jeûne*

Vraiment, il est juste et bon, pour ta gloire et notre salut, de t'offrir notre action de grâce, toujours et en tout lieu, Seigneur, Père très saint, Dieu éternel et tout-puissant. Car tu veux par notre jeûne et nos privations, réprimer nos penchants mauvais, élever nos esprits, nous donner la force et enfin la récompense, par le Christ, notre Seigneur. Par lui, les anges célèbrent ta grandeur, et les esprits bienheureux adorent ta gloire ; par lui s'inclinent devant toi les puissances d'en haut et tressaillent d'une même allégresse les innombrables créatures des cieux. À leur hymne de louange, laisse-nous joindre nos voix pour chanter et proclamer :
***Saint ! Saint ! Saint…***

## 1re préface de la Passion

*La puissance de la Croix*

Vraiment, il est juste et bon, pour ta gloire et notre salut, de t'offrir notre action de grâce, toujours et en tout lieu, Seigneur, Père très saint, Dieu éternel et tout-puissant. Oui, l'univers entier, sauvé par la passion de ton Fils, peut désormais proclamer ta grandeur : par la puissance incomparable de la Croix, apparaît en pleine lumière le jugement du monde, la victoire du Crucifié. C'est pourquoi, avec les anges et tous les saints, nous te louons, Seigneur, et nous exultons de joie en proclamant : ***Saint ! Saint ! Saint…***

## 2e préface de la Passion

*La victoire de la Passion*

Vraiment, il est juste et bon, pour ta gloire et notre salut, de t'offrir notre action de grâce, toujours et en tout lieu, Seigneur, Père très saint,

Dieu éternel et tout-puissant, par le Christ, notre Seigneur. Voici que s'approchent les jours de la passion de notre Sauveur, et de sa glorieuse résurrection. Voici les jours où nous célébrons déjà sa victoire sur l'ennemi des origines et le mystère de notre rédemption. Par lui, les anges adorent ta majesté et se réjouissent en ta présence à jamais. À leur hymne de louange, laisse-nous joindre nos voix pour chanter et proclamer :

***Saint ! Saint ! Saint, le Seigneur,***
***Dieu de l'univers !***
***Le ciel et la terre***
***sont remplis de ta gloire.***
***Hosanna au plus haut des cieux.***
***Béni soit celui qui vient***
***au nom du Seigneur.***
***Hosanna au plus haut des cieux.***

*Sanctus, Sanctus, Sanctus*
*Dominus Deus Sabaoth.*
*Pleni sunt cœli et terra gloria tua.*
*Hosanna in excelsis.*
*Benedictus qui venit*
*in nomine Domini.*
*Hosanna in excelsis.*

• *Prière eucharistique* **1**
« Toi, Père très aimant… » ........ *ci-contre*
• *Prière eucharistique* **2**
« Toi qui es vraiment saint… » ........ *p. 368*
• *Prière eucharistique* **3**
« Tu es vraiment saint… » ........ *p. 372*
• *Prière eucharistique* **4**
« Père très saint… » ........ *p. 376*
• *Prière eucharistique*
***pour la réconciliation 2***
« Père tout-puissant… » ........ *p. 380*

# Prière eucharistique nº 1

*(Préfaces : p. 359)*

Toi, Père très aimant, nous te prions et te supplions par Jésus Christ, ton Fils, notre Seigneur, d'accepter et de bénir ✛ ces dons, ces offrandes, sacrifice pur et saint, que nous te présentons avant tout pour ta sainte Église catholique : accorde-lui la paix et protège-la, daigne la rassembler dans l'unité et la gouverner par toute la terre ; nous les présentons en union avec ton serviteur notre pape N., notre évêque N., et tous ceux qui gardent fidèlement la foi catholique reçue des Apôtres.

Souviens-toi, Seigneur, de tes serviteurs et de tes servantes (de N. et de N.), et de tous ceux qui sont ici réunis, dont tu connais la foi et l'attachement. Nous t'offrons pour eux, ou ils t'offrent pour eux-mêmes et tous les leurs ce sacrifice de louange, pour leur propre rédemption, pour la paix, et le salut qu'ils espèrent ; ils te rendent cet hommage, à toi, Dieu éternel, vivant et vrai.

***(1)* En semaine :**

• Unis dans une même communion, vénérant d'abord la mémoire de la bienheureuse Marie toujours vierge, Mère de notre Dieu et Seigneur, Jésus Christ, •••

***(2)* Le dimanche :**

• Unis dans une même communion, nous célébrons le jour où le Christ est ressuscité d'entre les morts ; et vénérant d'abord la mémoire de la bienheureuse Marie toujours vierge, Mère de notre Dieu et Seigneur, Jésus Christ, •••

***(3)* Le Jeudi saint :**

• Unis dans une même communion, nous célébrons le jour très saint où notre Seigneur Jésus Christ fut livré pour nous ; et vénérant d'abord la mémoire de la bienheureuse Marie toujours vierge, Mère de notre Dieu et Seigneur, Jésus Christ, •••

*(4)* **De la veillée pascale jusqu'au 2e dimanche de Pâques inclus :**

• Unis dans une même communion, nous célébrons (la nuit très sainte) le jour très saint où ressuscita selon la chair notre Seigneur Jésus Christ ; et vénérant d'abord la mémoire de la bienheureuse Marie toujours vierge, Mère de notre Dieu et Seigneur, Jésus Christ, •••

••• et celle de saint Joseph, son époux, des bienheureux Apôtres et martyrs Pierre et Paul, André, [Jacques et Jean, Thomas, Jacques et Philippe, Barthélemy et Matthieu, Simon et Jude, Lin, Clet, Clément, Sixte, Corneille et Cyprien, Laurent, Chrysogone, Jean et Paul, Côme et Damien,] et de tous les saints, nous t'en supplions : accorde-nous, par leur prière et leurs mérites, d'être toujours et partout, forts de ton secours et de ta protection. [Par le Christ, notre Seigneur. Amen.]

*(1)* • Voici donc l'offrande que nous présentons devant toi, nous, tes serviteurs, et ta famille entière : Seigneur, dans ta bienveillance, accepte-la. Assure toi-même la paix de notre vie, arrache-nous à la damnation éternelle et veuille nous admettre au nombre de tes élus. [Par le Christ, notre Seigneur. Amen.] •••

*(2)* **Le Jeudi saint :**

• Voici donc l'offrande que nous présentons devant toi, nous, tes serviteurs, et ta famille entière : le jour même où notre Seigneur Jésus Christ a livré à ses disciples, pour qu'ils les célèbrent, les mystères de son corps et de son sang. Nous t'en prions, Seigneur, dans ta bienveillance, accepte cette offrande. Assure toi-même la paix de notre vie, arrache-nous à la damnation éternelle et veuille nous admettre au nombre de tes élus. •••

**(3) De la veillée pascale jusqu'au 2e dimanche de Pâques inclus :**

• Voici donc l'offrande que nous présentons devant toi, nous tes serviteurs, et ta famille entière, particulièrement pour les baptisés de Pâques que tu as fait renaître de l'eau et de l'Esprit Saint, en pardonnant tous leurs péchés. Nous t'en prions, Seigneur, dans ta bienveillance, accepte cette offrande. Assure toi-même la paix de notre vie, arrache-nous à la damnation éternelle et veuille nous admettre au nombre de tes élus. [Par le Christ, notre Seigneur. Amen.] •••

Seigneur Dieu, nous t'en prions, daigne bénir et accueillir cette offrande, accepte-la pleinement, rends-la parfaite et digne de toi : qu'elle devienne pour nous le corps et le sang de ton Fils bien-aimé, Jésus, le Christ, notre Seigneur.

(1) La veille de sa passion, •••

**(2) Le Jeudi saint :**

La veille du jour où il devait souffrir pour notre salut et celui de tous les hommes, c'est-à-dire aujourd'hui, •••

••• il prit le pain dans ses mains très saintes et, les yeux levés au ciel, vers toi, Dieu, son Père tout-puissant, en te rendant grâce il dit la bénédiction, il rompit le pain, et le donna à ses disciples, en disant : **« Prenez, et mangez-en tous** : ceci est mon corps livré pour vous. »

De même, après le repas, il prit cette coupe incomparable dans ses mains très saintes ; et, te rendant grâce à nouveau, il dit la bénédiction, et donna la coupe à ses disciples, en disant : « **Prenez, et buvez-en tous,** car ceci est la coupe de mon sang, le sang de l'Alliance nouvelle et éternelle, qui sera versé pour vous et pour la multitude en rémission des péchés. Vous ferez cela en mémoire de moi. »

(1) Il est grand, le mystère de la foi :
***— Nous annonçons ta mort, Seigneur Jésus, nous proclamons ta résurrection, nous attendons ta venue dans la gloire.***

(2) Acclamons le mystère de la foi :
***— Quand nous mangeons ce pain et buvons à cette coupe, nous annonçons ta mort, Seigneur ressuscité, et nous attendons que tu viennes.***

(3) Qu'il soit loué, le mystère de la foi :
***— Sauveur du monde, sauve-nous ! Par ta croix et ta résurrection, tu nous as libérés.***

*ou:*
Proclamons le mystère de la foi :
***— Gloire à toi qui étais mort, gloire à toi qui es vivant, notre Sauveur et notre Dieu : viens, Seigneur Jésus !***

*Mysterium fidei.*
(1) – *Mortem tuam annuntiamus, Domine, et tuam resurrectionem confitemur, donec venias.*

(2) – *Quotiescumque manducamus panem hunc et calicem bibimus, mortem tuam annuntiamus, Domine, donec venias.*

(3) – *Salvator mundi, salva nos, qui per crucem et resurrectionem tuam liberasti nos.*

Voilà pourquoi nous, tes serviteurs, et ton peuple saint avec nous, faisant mémoire de la passion bienheureuse de ton Fils, Jésus, le Christ, notre Seigneur, de sa résurrection du séjour des morts et de sa glorieuse ascension dans le ciel, nous te présentons, Dieu de gloire et de majesté, cette offrande prélevée sur les biens que tu nous donnes, le sacrifice pur et saint, le sacrifice parfait, pain de la vie éternelle et coupe du salut. Et comme il t'a plu d'accueillir les présents de ton serviteur Abel le Juste, le sacrifice d'Abraham, notre père dans la foi, et celui que t'offrit Melkisédek, ton grand prêtre, oblation sainte et immaculée, regarde ces offrandes avec amour et, dans ta bienveillance, accepte-les. Nous t'en supplions, Dieu tout-puissant : qu'elles soient portées par les mains de ton saint Ange en présence de ta gloire, sur ton autel céleste, afin qu'en recevant ici, par notre communion à l'autel, le corps et le sang très saints de ton Fils, nous soyons comblés de la grâce et de toute bénédiction du ciel. [Par le Christ, notre Seigneur. Amen.]

Souviens-toi aussi, Seigneur, de tes serviteurs et de tes servantes (de N. et N.) qui nous ont précédés, marqués du signe de la foi, et qui dorment dans la paix. Pour eux et pour tous ceux qui reposent dans le Christ, nous implorons ta bonté, Seigneur : qu'ils demeurent dans la joie, la lumière et la paix. [Par le Christ, notre Seigneur. Amen.]

Et nous pécheurs, tes serviteurs, qui mettons notre espérance en ta miséricorde inépuisable, admets-nous dans la communauté des saints Apôtres et martyrs, avec Jean Baptiste, Étienne, Matthias et Barnabé, [Ignace, Alexandre, Marcellin et Pierre, Félicité et Perpétue, Agathe, Lucie, Agnès, Cécile, Anastasie,] et tous les saints ; nous t'en prions, accueille-nous dans leur compagnie, sans nous juger sur le mérite mais en accordant largement ton pardon. Par le Christ, notre Seigneur. Par lui, tu ne cesses de créer tous ces biens, tu les sanctifies, leur donnes la vie, les bénis, et nous en fais le don.

Par lui, avec lui et en lui, à toi, Dieu le Père tout-puissant, dans l'unité du Saint-Esprit, tout honneur et toute gloire, pour les siècles des siècles.

**— *Amen.***

*Vient ensuite le rite de la communion, p. 383.*

## Prière eucharistique n° 2

*(On peut aussi choisir une autre préface.)*

Vraiment, Père très saint, il est juste et bon, pour ta gloire et notre salut, de t'offrir notre action de grâce, toujours et en tout lieu, par ton Fils bien-aimé, Jésus, le Christ : il est ta parole par qui tu as créé toutes choses; c'est lui que tu nous as envoyé comme Rédempteur et Sauveur, Dieu fait homme, conçu de l'Esprit Saint, né de la Vierge Marie. Pour accomplir jusqu'au bout ta volonté et rassembler un peuple saint qui t'appartienne, il étendit les mains à l'heure de sa passion, afin de briser la mort, et de manifester la résurrection. C'est pourquoi, avec les anges et tous les saints, nous chantons ta gloire, et d'une seule voix nous proclamons :

***Saint ! Saint ! Saint, le Seigneur,***
***Dieu de l'univers ! Le ciel et la terre***
***sont remplis de ta gloire. Hosanna au***
***plus haut des cieux. Béni soit celui qui***
***vient au nom du Seigneur.***
***Hosanna au plus haut des cieux.***

*(Voir p. 362 pour la version latine.)*

*(1)* **En semaine :**

• Toi qui es vraiment saint, toi qui es la source de toute sainteté, Seigneur, nous te prions : •••

*(2)* **Le dimanche :**

• Toi qui es vraiment saint, toi qui es la source de toute sainteté, Dieu notre Père, nous voici rassemblés devant toi, et, dans la communion de toute l'Église, nous célébrons le jour où le Christ est ressuscité d'entre les morts. Par lui que tu as élevé à ta droite, nous te prions : •••

*(3)* **Le Jeudi saint :**

• Toi qui es vraiment saint, toi qui es la source de toute sainteté, Dieu notre Père, nous voici rassemblés devant toi et, dans la communion de toute l'Église, nous célébrons le jour très saint où notre Seigneur Jésus Christ fut livré pour nous. Par lui, notre Rédempteur et Sauveur, que tu as glorifié, nous te prions : •••

*(4)* **De la veillée pascale jusqu'au 2e dimanche de Pâques inclus :**

• Toi qui es vraiment saint, toi qui es la source de toute sainteté, Dieu notre Père, nous voici rassemblés devant toi, et, dans la communion de toute l'Église, nous célébrons (la nuit très sainte) le jour très saint où ressuscita selon la chair notre Seigneur Jésus, le Christ. Par lui, que tu as élevé à ta droite, nous te prions : •••

••• Sanctifie ces offrandes en répandant sur elles ton Esprit ; qu'elles deviennent pour nous le corps et ✠ le sang de Jésus, le Christ, notre Seigneur.

Au moment d'être livré et d'entrer librement dans sa passion, il prit le pain, il rendit grâce, il le rompit et le donna à ses disciples, en disant : « **Prenez, et mangez-en tous** : ceci est mon corps livré pour vous. »
De même, après le repas, il prit la coupe ; de nouveau il rendit grâce, et la donna à ses disciples, en disant :

## Prière eucharistique n° 2

« Prenez, et buvez-en tous, car ceci est la coupe de mon sang, le sang de l'Alliance nouvelle et éternelle, qui sera versé pour vous et pour la multitude en rémission des péchés. Vous ferez cela en mémoire de moi. »

(1) Il est grand, le mystère de la foi :
***– Nous annonçons ta mort, Seigneur Jésus, nous proclamons ta résurrection, nous attendons ta venue dans la gloire.***

(2) Acclamons le mystère de la foi :
***– Quand nous mangeons ce pain et buvons à cette coupe, nous annonçons ta mort, Seigneur ressuscité, et nous attendons que tu viennes.***

(3) Qu'il soit loué, le mystère de la foi :
***– Sauveur du monde, sauve-nous ! Par ta croix et ta résurrection, tu nous as libérés.***
*ou :*
Proclamons le mystère de la foi :
***– Gloire à toi qui étais mort, gloire à toi qui es vivant, notre Sauveur et notre Dieu : viens, Seigneur Jésus !***

*Mysterium fidei.*
(1) – *Mortem tuam annuntiamus, Domine, et tuam resurrectionem confitemur, donec venias.*

(2) – *Quotiescumque manducamus panem hunc et calicem bibimus, mortem tuam annuntiamus, Domine, donec venias.*

(3) – *Salvator mundi, salva nos, qui per crucem et resurrectionem tuam liberasti nos.*

En faisant ainsi mémoire de la mort et de la résurrection de ton Fils, nous t'offrons, Seigneur, le pain de la vie et la coupe du salut, et nous te rendons grâce, car tu nous as estimés dignes de nous tenir devant toi pour te servir.

Humblement, nous te demandons qu'en ayant part au corps et au sang du Christ, nous soyons rassemblés par l'Esprit Saint en un seul corps.

Souviens-toi, Seigneur, de ton Église répandue à travers le monde : fais-la grandir dans ta charité en union avec notre pape N., notre évêque N., et tous les évêques, les prêtres et les diacres. •••

**De la veillée pascale jusqu'au 2e dimanche de Pâques inclus :**

• Souviens-toi des baptisés de Pâques que tu as fait renaître de l'eau et de l'Esprit Saint pour une vie nouvelle dans le Christ. •••

••• Souviens-toi aussi de nos frères et sœurs qui se sont endormis dans l'espérance de la résurrection, et souviens-toi, dans ta miséricorde, de tous les défunts : accueille-les dans la lumière de ton visage.

Sur nous tous enfin, nous implorons ta bonté : permets qu'avec la Vierge Marie, la bienheureuse Mère de Dieu, avec saint Joseph, son époux, les Apôtres et tous les saints qui ont fait ta joie au long des âges, nous ayons part à la vie éternelle et que nous chantions ta louange et ta gloire, par ton Fils Jésus, le Christ.

Par lui, avec lui et en lui, à toi, Dieu le Père tout-puissant, dans l'unité du Saint-Esprit, tout honneur et toute gloire, pour les siècles des siècles.

***— Amen.***

*Vient ensuite le rite de la communion, p. 383.*

## Prière eucharistique nº 3

*(Préfaces: p. 359)*

Tu es vraiment saint, Dieu de l'univers, et il est juste que toute la création proclame ta louange, car c'est toi qui donnes la vie, c'est toi qui sanctifies toutes choses, par ton Fils, Jésus Christ, notre Seigneur, avec la puissance de l'Esprit Saint ; et tu ne cesses de rassembler ton peuple, afin que, du levant au couchant du soleil, une offrande pure soit présentée à ton nom.

*(1)* **En semaine :**

• C'est pourquoi nous te supplions, Seigneur, de consacrer toi-même les offrandes que nous apportons : •••

*(2)* **Le dimanche :**

• C'est pourquoi nous voici rassemblés devant toi, Dieu notre Père, et, dans la communion de toute l'Église, nous célébrons le jour où le Christ est ressuscité d'entre les morts. Par lui, que tu as élevé à ta droite, nous te supplions de consacrer toi-même les offrandes que nous apportons : •••

*(3)* **Le Jeudi saint :**

• C'est pourquoi nous voici rassemblés devant toi, Dieu notre Père, et, dans la communion de toute l'Église, nous célébrons le jour très saint où notre Seigneur Jésus Christ fut livré pour nous. Par lui notre Rédempteur et Sauveur, que tu as glorifié, nous te supplions de consacrer toi-même les offrandes que nous apportons : •••

*(4)* **De la veillée pascale jusqu'au 2e dimanche de Pâques inclus :**

• C'est pourquoi nous voici rassemblés devant toi, Dieu notre Père, et, dans la communion de toute l'Église, nous célébrons (la nuit très sainte) le jour très saint où ressuscita selon la chair notre Seigneur Jésus, le Christ. Par lui que tu as élevé à ta droite, nous te supplions de consacrer toi-même les offrandes que nous apportons : •••

••• Sanctifie-les par ton Esprit pour qu'elles deviennent le corps ✠ et le sang de ton Fils, Jésus Christ, notre Seigneur, qui nous a dit de célébrer ce mystère.

La nuit même où il fut livré (*Jeudi saint : c'est à dire aujourd'hui*), il prit le pain, en te rendant grâce il dit la bénédiction, il rompit le pain, et le donna à ses disciples, en disant : « **Prenez, et mangez-en tous** : ceci est mon corps livré pour vous. »
De même, après le repas, il prit la coupe ; en te rendant grâce il dit la bénédiction, et donna la coupe à ses disciples, en disant : « **Prenez, et buvez-en tous**, car ceci est la coupe de mon sang, le sang de l'Alliance nouvelle et éternelle, qui sera versé pour vous et pour la multitude en rémission des péchés. Vous ferez cela en mémoire de moi. »

*(1)* Il est grand, le mystère de la foi :
***— Nous annonçons ta mort, Seigneur Jésus, nous proclamons ta résurrection, nous attendons ta venue dans la gloire.***

*(2)* Acclamons le mystère de la foi :
***— Quand nous mangeons ce pain et buvons à cette coupe, nous annonçons ta mort, Seigneur ressuscité, et nous attendons que tu viennes.***

*(3)* Qu'il soit loué, le mystère de la foi :
***— Sauveur du monde, sauve-nous ! Par ta croix et ta résurrection, tu nous as libérés.***
*ou :*
Proclamons le mystère de la foi :
***— Gloire à toi qui étais mort, gloire à toi qui es vivant, notre Sauveur et notre Dieu : viens, Seigneur Jésus !***

*Mysterium fidei.*
*(1) – Mortem tuam annuntiamus, Domine, et tuam resurrectionem*

*confitemur, donec venias.*

**(2)** – *Quotiescumque manducamus panem hunc et calicem bibimus, mortem tuam annuntiamus, Domine, donec venias.*

**(3)** – *Salvator mundi, salva nos, qui per crucem et resurrectionem tuam liberasti nos.*

En faisant ainsi mémoire de ton Fils, de sa passion qui nous sauve, de sa glorieuse résurrection et de son ascension dans le ciel, alors que nous attendons son dernier avènement, nous t'offrons, Seigneur, en action de grâce, ce sacrifice vivant et saint. Regarde, nous t'en prions, l'oblation de ton Église, et daigne y reconnaître ton Fils qui, selon ta volonté, s'est offert en sacrifice pour nous réconcilier avec toi. Quand nous serons nourris de son corps et de son sang, et remplis de l'Esprit Saint, accorde-nous d'être un seul corps et un seul esprit dans le Christ.

Que l'Esprit Saint fasse de nous une éternelle offrande à ta gloire, pour que nous obtenions un jour l'héritage promis, avec tes élus : en premier lieu la bienheureuse Vierge Marie, Mère de Dieu, avec saint Joseph, son époux, les bienheureux Apôtres, les glorieux martyrs, (saint N.) et tous les saints, qui ne cessent d'intercéder auprès de toi et nous assurent de ton secours.

Et maintenant nous te supplions, Seigneur : par le sacrifice qui nous réconcilie avec toi, étends au monde entier le salut et la paix. Affermis ton Église, en pèlerinage sur la terre, dans la foi et la charité, en union avec ton serviteur notre pape N., et notre évêque N., l'ensemble des évêques, les prêtres, les diacres, et tout le peuple que tu as racheté.

**De la veillée pascale jusqu'au 2e dimanche de Pâques inclus :**

• Souviens-toi des baptisés de Pâques que tu as fait renaître de l'eau et de l'Esprit Saint pour une vie nouvelle dans le Christ. •••

Écoute, en ta bonté, les prières de ta famille, que tu as voulu rassembler devant toi. Dans ta miséricorde, ramène à toi, Père très aimant, tous tes enfants dispersés.

Pour nos frères et sœurs défunts, et pour tous ceux qui ont quitté ce monde et trouvent grâce devant toi, nous te prions : en ta bienveillance, accueille-les dans ton Royaume, où nous espérons être comblés de ta gloire, tous ensemble et pour l'éternité, par le Christ, notre Seigneur, par qui tu donnes au monde toute grâce et tout bien.

Par lui, avec lui et en lui, à toi, Dieu le Père tout-puissant, dans l'unité du Saint-Esprit, tout honneur et toute gloire, pour les siècles des siècles.

***— Amen.***

*Vient ensuite le rite de la communion, p. 383.*

## *Prière eucharistique n° 4*

Vraiment, il est bon de te rendre grâce, il est juste et bon de te glorifier, Père très saint, car tu es le seul Dieu, le Dieu vivant et vrai : toi qui es avant tous les siècles, tu demeures éternellement, lumière au-delà de toute lumière. Toi, le Dieu de bonté, la source de la vie, tu as fait le monde pour que toute créature soit comblée de tes bénédictions, et que beaucoup se réjouissent de l'éclat de ta lumière. Ainsi, la foule innombrable des anges qui te servent jour et nuit se tiennent devant toi, et, contemplant la splendeur de ta face, n'interrompent jamais leur louange. Unis à leur hymne d'allégresse, avec la création tout entière qui t'acclame par nos voix, Dieu, nous te chantons (louons) :

***Saint! Saint! Saint,***
***le Seigneur,***
***Dieu de l'univers!***
***Le ciel et la terre***
***sont remplis de ta gloire.***
***Hosanna au plus haut des cieux.***
***Béni soit celui qui vient***
***au nom du Seigneur.***
***Hosanna au plus haut des cieux.***

*(Voir p. 362 pour la version latine.)*

Père très saint, nous proclamons que tu es grand et que tu as fait toutes choses avec sagesse et par amour : tu as créé l'homme à ton image et tu lui as confié l'univers, afin qu'en te servant, toi seul, son Créateur, il règne sur la création. Comme il avait perdu ton amitié par sa désobéissance, tu ne l'as pas abandonné au pouvoir de la mort. Dans ta miséricorde, tu es venu en aide à tous les hommes pour qu'ils te cherchent et puissent te trouver. Tu as multiplié les alliances avec eux, et tu les as formés, par les prophètes, dans l'espérance du salut. Tu as tellement aimé le monde, Père très saint, que tu nous as envoyé ton Fils unique, lorsque les temps furent accomplis, pour qu'il soit notre Sauveur. Dieu fait homme, conçu de l'Esprit Saint, né de la Vierge Marie, il a vécu notre condition humaine en toute chose, excepté le péché, annonçant aux pauvres la bonne nouvelle du salut; aux captifs, la délivrance; aux affligés, la joie. Pour accomplir le dessein de ton amour, il s'est livré lui-même à la mort, et, par sa résurrection, il a détruit la mort et renouvelé la vie. Afin que désormais notre vie ne soit plus à nous-mêmes, mais à lui qui est mort et ressuscité pour nous, il a envoyé d'auprès de toi, Père, comme premier don fait aux croyants, l'Esprit Saint qui continue son œuvre dans le monde et achève toute sanctification.

Que ce même Esprit Saint, nous t'en prions, Seigneur, sanctifie ces offrandes : qu'elles deviennent ainsi le corps ✠ et le sang de notre Seigneur Jésus, le Christ, dans la célébration de ce grand mystère, que lui-même nous a laissé en signe de l'Alliance éternelle.

Quand l'heure fut venue où tu allais le glorifier, Père très saint, comme il avait aimé les siens qui étaient dans le monde, il les aima jusqu'au bout : pendant le repas qu'il partageait avec eux, il prit le pain, dit la bénédiction, le rompit et le donna à ses disciples, en disant : **« Prenez, et mangez-en tous : ceci est mon corps livré pour vous. »**

De même, il prit la coupe remplie de vin, il rendit grâce, et la donna à ses disciples, en disant : **« Prenez, et buvez-en tous, car ceci est la coupe de mon sang, le sang de l'Alliance nouvelle et éternelle, qui sera versé pour vous et pour la multitude en rémission des péchés. Vous ferez cela en mémoire de moi. »**

*(1)* Il est grand, le mystère de la foi :
***— Nous annonçons ta mort,***
***Seigneur Jésus,***
***nous proclamons ta résurrection,***
***nous attendons ta venue dans la gloire.***

*(2)* Acclamons le mystère de la foi :
***— Quand nous mangeons ce pain***
***et buvons à cette coupe,***
***nous annonçons ta mort,***
***Seigneur ressuscité,***
***et nous attendons que tu viennes.***

## Prière eucharistique nº 4

**(3)** Qu'il soit loué, le mystère de la foi :
***— Sauveur du monde, sauve-nous !***
***Par ta croix et ta résurrection,***
***tu nous as libérés.***
*ou :*
Proclamons le mystère de la foi :
***— Gloire à toi qui étais mort,***
***gloire à toi qui es vivant,***
***notre Sauveur et notre Dieu :***
***viens, Seigneur Jésus !***

*Mysterium fidei.*
**(1)** *– Mortem tuam annuntiamus, Domine, et tuam resurrectionem confitemur, donec venias.*

**(2)** *– Quotiescumque manducamus panem hunc et calicem bibimus, mortem tuam annuntiamus, Domine, donec venias.*

**(3)** *– Salvator mundi, salva nos, qui per crucem et resurrectionem tuam liberasti nos.*

Voilà pourquoi, Seigneur, nous célébrons aujourd'hui le mémorial de notre rédemption : en rappelant la mort du Christ et sa descente au séjour des morts, en proclamant sa résurrection et son ascension à ta droite, en attendant sa venue dans la gloire, nous t'offrons son corps et son sang, le sacrifice qui est digne de toi et qui sauve le monde entier. Regarde, Seigneur, celui qui s'offre dans le sacrifice que toi-même as préparé pour ton Église, et, dans ta bonté, accorde à tous ceux qui vont partager ce pain et boire à cette coupe d'être rassemblés par l'Esprit Saint en un seul corps, pour qu'ils deviennent eux-mêmes dans le Christ une vivante offrande à la louange de ta gloire.

Et maintenant, Seigneur, rappelle-toi tous ceux pour qui nous offrons le sacrifice : en premier lieu, ton serviteur notre pape N., notre évêque N., et l'ensemble des évêques, les prêtres et les diacres, les fidèles qui présentent cette offrande, les membres de notre assemblée, le peuple entier qui t'appartient, et tous ceux qui te cherchent avec droiture.

Souviens-toi aussi de ceux qui sont morts dans la paix du Christ, et de tous les défunts dont toi seul connais la foi.

À nous qui sommes tes enfants, accorde, Père très bon, l'héritage de la vie éternelle auprès de la Vierge Marie, la bienheureuse Mère de Dieu, auprès de saint Joseph, son époux, des Apôtres et de tous les saints, dans ton Royaume. Nous pourrons alors, avec la création tout entière, enfin libérée de la corruption du péché et de la mort, te glorifier par le Christ, notre Seigneur, par qui tu donnes au monde toute grâce et tout bien.

Par lui, avec lui et en lui, à toi, Dieu le Père tout-puissant, dans l'unité du Saint-Esprit, tout honneur et toute gloire, pour les siècles des siècles.
**— *Amen.***

*Vient ensuite le rite de la communion, p. 383*

## Prière eucharistique pour la réconciliation nº 2

Vraiment, il est juste et bon, de te rendre grâce et de chanter ta louange, Dieu, le Père tout-puissant, pour l'œuvre que tu accomplis dans ce monde par notre Seigneur Jésus, le Christ. Au sein de notre humanité encore désunie et déchirée, nous savons d'expérience que tu changes les cœurs et les prépares à la réconciliation. Ton Esprit travaille le cœur des hommes : pour que les ennemis se parlent à nouveau, les adversaires se tendent la main, et que les peuples cherchent à se rencontrer. Oui, c'est ton œuvre, Seigneur, quand l'amour l'emporte sur la haine, quand la vengeance fait place au pardon, et la discorde se change en amitié. C'est pourquoi, unis aux chœurs célestes qui te chantent, nous ne cessons de te rendre grâce, et, sur la terre, nous proclamons sans fin ta gloire : ***Saint! Saint! Saint, le Seigneur...***

*(Voir p. 362 pour la version latine.)*

Père tout-puissant, nous te bénissons par Jésus Christ, ton Fils, venu dans notre monde en ton nom. Il est la Parole du salut pour les hommes, la main que tu tends aux pécheurs, le chemin par où nous arrive la paix que tu donnes. Alors que nos péchés nous avaient détournés de toi, Seigneur, tu nous as conduits à la réconciliation, pour que, tournés vers toi, nous nous aimions les uns les autres, par ton Fils, que tu as livré pour nous à la mort.

Et maintenant que nous célébrons la réconciliation que le Christ nous a obtenue, nous te prions ; sanctifie ces offrandes en répandant sur elles ton Esprit : qu'elles deviennent le corps et ✢ le sang de ton Fils, qui nous a dit de célébrer ce mystère.

Au cours du repas, lui qui allait donner sa vie pour notre libération, il prit le pain dans ses mains et, te

rendant grâce, il dit la bénédiction, il rompit le pain, et le donna à ses disciples, en disant :
« **Prenez, et mangez-en tous** : ceci est mon corps livré pour vous. »
De même, ce soir-là, il prit dans ses mains la coupe de bénédiction, en proclamant ta miséricorde ; puis il donna la coupe à ses disciples, en disant :
« **Prenez, et buvez-en tous,** car ceci est la coupe de mon Sang, Le Sang de l'Alliance nouvelle et éternelle, qui sera versé pour vous et pour la multitude en rémission des péchés. Vous ferez cela, en mémoire de moi. »

**(1)** Il est grand, le mystère de la foi :
***— Nous annonçons ta mort,***
***Seigneur Jésus, nous proclamons***
***ta résurrection, nous attendons***
***ta venue dans la gloire.***

**(2)** Acclamons le mystère de la foi :
***— Quand nous mangeons ce pain***
***et buvons à cette coupe,***
***nous annonçons ta mort,***
***Seigneur ressuscité, et nous attendons***
***que tu viennes.***

**(3)** Qu'il soit loué, le mystère de la foi :
***— Sauveur du monde, sauve-nous !***
***Par ta croix et ta résurrection, tu nous as libérés.***
*ou bien :*
Proclamons le mystère de la foi :
***— Gloire à toi qui étais mort, gloire à toi qui es vivant, notre Sauveur et notre Dieu : viens, Seigneur Jésus !***

*Mysterium fidei.*
**(1)** *– Mortem tuam annuntiamus,*
*Domine, et tuam resurrectionem*
*confitemur, donec venias.*

**(2)** *– Quotiescumque manducamus*
*panem hunc et calicem bibimus,*
*mortem tuam annuntiamus, Domine,*
*donec venias.*

# *Prière eucharistique pour la réconciliation nº 2*

*(3) – Salvator mundi, salva nos,*
*qui per crucem et resurrectionem*
*tuam liberasti nos.*

En faisant ainsi mémoire de la mort et de la résurrection de ton Fils, qui nous a laissé un tel gage de son amour, nous te présentons cette offrande qui vient de toi, le sacrifice de la parfaite réconciliation.
Père très saint, nous t'en supplions, accueille-nous avec ton Fils, et, dans ce repas qui nous sauve, accorde-nous son Esprit : qu'il fasse disparaître les causes de nos divisions.

Que ce même Esprit fasse de ton Église le signe visible de l'unité entre les hommes, et l'instrument de ta paix ; qu'il nous garde en communion avec notre pape N. et notre évêque N., avec l'ensemble des évêques, et ton peuple tout entier.

Et comme tu nous as réunis maintenant à la table de ton Fils, rassemble-nous un jour, auprès de la glorieuse Vierge Marie, Mère de Dieu, avec tes bienheureux Apôtres et tous les saints, avec nos frères et sœurs, avec les hommes et les femmes de toute origine et de toute langue qui sont morts dans ton amitié ; ce jour-là, rassemble-nous au banquet de l'unité à jamais accomplie, dans les cieux nouveaux et la terre nouvelle où resplendit en plénitude la paix qui vient de toi, dans le Christ Jésus, notre Seigneur.

Par lui, avec lui et en lui, à toi, Dieu le Père tout-puissant, dans l'unité du Saint-Esprit, tout honneur et toute gloire, pour les siècles des siècles.
***— Amen.***

*Vient ensuite le rite de la communion, p. 383.*

## RITE DE LA COMMUNION

# *Notre Père*

*(1)* Comme nous l'avons appris du Sauveur, et selon son commandement, nous osons dire :

*(2)* Unis dans le même Esprit, nous pouvons dire avec confiance la prière que nous avons reçue du Sauveur :

Notre Père qui es aux cieux, que ton nom soit sanctifié,
que ton règne vienne, que ta volonté soit faite sur la terre comme au ciel.
Donne-nous aujourd'hui notre pain de ce jour. Pardonne-nous nos offenses,
comme nous pardonnons aussi à ceux qui nous ont offensés.
Et ne nous laisse pas entrer en tentation, mais délivre-nous du Mal.

*(3) Præceptis salutaribus moniti, et divina institutione formati, audemus dicere : Pater noster, qui es in cælis : sanctificetur nomen tuum; adveniat regnum tuum; fiat voluntas tua, sicut in cælo, et in terra. Panem nostrum cotidianum da nobis hodie; et dimitte nobis debita nostra, sicut et nos dimittimus debitoribus nostris; et ne nos inducas in tentationem; sed libera nos a malo.*

Délivre-nous de tout mal, Seigneur, et donne la paix à notre temps : soutenus par ta miséricorde, nous serons libérés de tout péché, à l'abri de toute épreuve, nous qui attendons que se réalise cette bienheureuse espérance : l'avènement de Jésus Christ, notre Sauveur.

***— Car c'est à toi qu'appartiennent le règne,***
***la puissance et la gloire pour les siècles des siècles !***

## Échange de la paix

Seigneur Jésus Christ, tu as dit à tes Apôtres : « Je vous laisse la paix, je vous donne ma paix » ; ne regarde pas nos péchés mais la foi de ton Église ; pour que ta volonté s'accomplisse, donne-lui toujours cette paix, et conduis-la vers l'unité parfaite, toi qui vis et règnes pour les siècles des siècles. **— *Amen.***
Que la paix du Seigneur soit toujours avec vous. **— *Et avec votre esprit.***
Dans la charité du Christ, donnez-vous la paix.

## Fraction du pain

Que le corps et le sang de notre Seigneur Jésus Christ,
réunis dans cette coupe, nourrissent en nous la vie éternelle.

## Agneau de Dieu

Agneau de Dieu, qui enlèves les péchés du monde, prends pitié de nous. *(bis)*
Agneau de Dieu, qui enlèves les péchés du monde, donne-nous la paix.

*Agnus Dei, qui tollis peccata mundi, miserere nobis. (bis)*
*Agnus Dei, qui tollis peccata mundi, dona nobis pacem.*

## Communion

*(1) Seigneur Jésus Christ, Fils du Dieu vivant, selon la volonté du Père et avec la puissance du Saint-Esprit, tu as donné, par ta mort, la vie au monde ; que ton corps et ton sang très saints me délivrent de mes péchés et de tout mal ; fais que je demeure fidèle à tes commandements et que jamais je ne sois séparé de toi.*

*(2) Seigneur Jésus Christ, que cette communion à ton corps et à ton sang n'entraîne pour moi ni jugement ni condamnation ; mais que, par ta bonté, elle soutienne mon esprit et mon corps et me donne la guérison.*

Voici l'Agneau de Dieu, voici celui qui enlève les péchés du monde.
Heureux les invités au repas des noces de l'Agneau !
***— Seigneur, je ne suis pas digne de te recevoir ;***
***mais dis seulement une parole, et je serai guéri.***

## *Chant de communion* *ou antienne de la communion.*

## *Prière après la communion* *voir à la date du jour.*

## RITE DE CONCLUSION

Le Seigneur soit avec vous.
***— Et avec votre esprit.***
Que Dieu tout-puissant vous bénisse, le Père, et le Fils, + et le Saint-Esprit.
***— Amen.***

*Puis le diacre, ou le prêtre lui-même, les mains jointes, tourné vers l'assemblée, dit :*
(1) Allez, dans la paix du Christ.
(2) Allez porter l'Évangile du Seigneur.
(3) Allez en paix, glorifiez le Seigneur par votre vie.
(4) Allez en paix.
***— Nous rendons grâce à Dieu.***

# Chants pour la célébration

**Les chants en rouge** sont consultables à la page indiquée. **Les chants en noir** sont référencés avec leur cote SECLI.

| Ouverture | Renvoi | Communion / Action de grâce | Renvoi |
|---|---|---|---|
| **Dimanche 3 mars, 3e dimanche de Carême** | | | |
| Dieu, qui nous appelles à vivre | p. 391 | Goûtez et voyez comme est bon le Seigneur | p. 396 |
| Laissons-nous réconcilier | R54-23 | Corps livré, sang versé | D54-18 |
| Changez vos cœurs | GA162 | T'approcher, Seigneur | GP22-68-6 |
| **Dimanche 10 mars, 4e dimanche de Carême** | | | |
| Debout, resplendis | KX230 | Tu entends mon cri | DEV327 |
| Vivons en enfants de lumière | p. 388 | Puisque tu fais miséricorde | p. 398 |
| L'amour a fait les premiers pas | G204 | Qui donc est Dieu ? | MP82-2 |
| **Dimanche 17 mars, 5e dimanche de Carême** | | | |
| Peuple de l'Alliance | G244 | Grain de blé | p. 399 |
| Écoute la voix du Seigneur | X548 | Dieu, ta parole | GPS |
| Seigneur, rassemble-nous | D87 | À l'image de ton amour | X971 |

**Suggestions pour mars 2024** proposées par Thibault Van Den Driessche, avec ChantonsenÉglise

| Ouverture | Renvoi | Communion / Action de grâce | Renvoi |
|---|---|---|---|
| **Dimanche 24 mars, dimanche des Rameaux** | | | |
| Hosanna ! Béni soit celui qui vient | p. 390 | Partageons le pain du Seigneur | D39-31 |
| Hosanna au fils de David ! | HX70-65 | Ô ma joie et mon espérance | p. 399 |
| Fais paraître ton jour | HY53 | Par ta croix plantée en terre | HP130 |
| **Jeudi 28 mars, Jeudi saint** | | | |
| Qui donc a mis la table ? | B121 | Voici le corps et le sang du Seigneur | p. 400 |
| Disciple de Jésus | p. 392 | Comme lui | p. 401 |
| Maître et Seigneur | H10-85 | Il n'est pas de plus grand amour | Taizé |
| **Vendredi 29 mars, Vendredi saint** | | | |
| Ô Croix dressée sur le monde | p. 393 | Approchons-nous de la table | p. 393 |
| Hymne à la Croix | EDIT172 | Mystère du calvaire | H44 |
| In manus tuas, Pater | Taizé | C'est toi, Seigneur, le pain rompu | D293 |
| **Samedi 30 – Dimanche 31 mars, veillée pascale** | | | |
| Voici la nuit | P156-1 | Nous t'avons reconnu, Seigneur | D59-24 |
| Baptisés dans l'eau et dans l'Esprit | N14-67-1 | Quand il disait à ses amis | IP165-1 |
| Lumière au cœur du monde | p. 394 | Vainqueur de nos ténèbres | p. 399 |
| **Dimanche 31 mars, dimanche de Pâques** | | | |
| Psaume 117 – Alléluia, proclamez que le Seigneur est bon | Z558 | Reste avec nous, Ressuscité | p. 403 |
| Jour du Vivant | I34-92-8 | Nos cœurs sont brûlants | EDIT22-18 |
| Au matin, la pierre est roulée | p. 389 | Voici le pain que donne Dieu | p. 402 |

## *Vivons en enfants de lumière* *(Ouverture / Envoi)*

*G14-57-1 ; T. : CFC ; M. : J. Berthier (CNA nº 430) ; SM.*

*Refrain :* **Vivons en enfants de lumière**
**sur les chemins où l'Esprit nous conduit :**
**que vive en nous le nom du Père !**

**① L'heure est venue de l'exode nouveau !**
**Voici le temps de renaître d'en-haut !**
**Quarante jours avant la Pâque,**
**vous commencez l'ultime étape !**

**② L'heure est venue de sortir**
**du sommeil !**
**Voici le temps de l'appel au désert !**
**Allez où va le Fils de l'homme.**
**La joie de Dieu sur lui repose.**

**③ L'heure est venue de lutter**
**dans la nuit !**
**Voici le temps d'affronter l'Ennemi !**
**N'ayez pas peur face aux ténèbres.**
**À l'horizon la Croix se dresse.**

**④ L'heure est venue de grandir**
**dans la foi !**
**Voici le temps de la faim, de la soif !**
**Gardez confiance, ouvrez le Livre.**
**Voici le pain, voici l'eau vive !**

**⑤ L'heure est venue d'affermir**
**votre cœur !**
**Voici le temps d'espérer le Seigneur !**
**Il est tout près, il vous appelle.**
**Il vous promet la vie nouvelle.**

**⑥ L'heure est venue de courir vers la vie !**
**Voici le temps de trouver Jésus Christ !**
**Il est présent parmi les pauvres.**
**Il vous précède en son royaume.**

# *Au matin, la pierre est roulée* *(Ouverture)*

*EDIT157 ; T. et M. : L'Emmanuel (A. Fleury) ; L'Emmanuel.*

# *Hosanna ! Béni soit celui qui vient* (Ouverture)

*HY24-06 ; T. et M. : G. Lefebvre ; Bayard Litrugie.*

② Toi qui es venu nous parler de ton père, Hosanna ! Hosanna !
Tu nous as montré qu'il est toute tendresse, Hosanna ! Hosanna !

③ Toi qui es venu vivre la vie des hommes, Hosanna ! Hosanna !
Tu as accueilli les petits et les pauvres, Hosanna ! Hosanna !

④ Toi qui ne viens pas pour juger les personnes, Hosanna ! Hosanna !
Tu as révélé l'amour en Madeleine, Hosanna ! Hosanna !

⑤ Toi qui ne viens pas pour ceux qui se croient justes, Hosanna ! Hosanna !
Tu as pardonné à la femme adultère, Hosanna ! Hosanna !

⑥ Toi qui es venu pour ceux qui sont perdus, Hosanna ! Hosanna !
Tu as mis Zachée sur un chemin de vie, Hosanna ! Hosanna !

## *Dieu, qui nous appelles à vivre* *(Ouverture)*

*K158 ; T. : M. Scouarnec ; M. : J. Akepsimas (Chants notés, t. 3 ou CNA 547) ; ADF, Studio SM.*

① Dieu, qui nous appelles à vivre aux combats de la liberté, *(bis)*
Pour briser nos chaînes, fais en nous ce que tu dis !
Pour briser nos chaînes, fais jaillir en nous l'Esprit !

② Dieu, qui nous apprends à vivre aux chemins de la vérité, *(bis)*
pour lever le jour, fais en nous ce que tu dis !
Pour lever le jour, fais jaillir en nous l'Esprit !

③ Dieu, qui nous invites à suivre le soleil du Ressuscité, *(bis)*
pour passer la mort, fais en nous ce que tu dis !
Pour passer la mort, fais jaillir en nous l'Esprit !

## *Disciples de Jésus* *(Ouverture)*

*X979 ; T. : D. Rimaud ; M. : J.Berthier ; Fleurus.*

Stance : **Disciples de Jésus, vous êtes invités au banquet de Cana.**
**Venez, venez, venez avec Marie et partagez sa joie ;**
**le vin est préparé et le pain est rompu.**

① **Si le vin vous a manqué pour chanter vos chants d'amour, venez, venez !**
**Si vous n'êtes abreuvés que de larmes sans mesure, venez, venez !**
**Si le pain que vous mangez est un pain mêlé de cendres, venez, venez !**

Refrain : **Vous qui avez faim, vous qui n'avez rien,**
**venez ! Dieu vous fait justice.**
**Vous qui avez faim, vous qui n'avez rien,**
**la terre vous est promise.**

② **Si vous êtes humiliés par les grands que vous servez, venez, venez !**
**Si vous êtes méprisés avec ceux de votre race, venez, venez !**
**Si vous n'avez pas de nom, pas de droit pour vous défendre, venez, venez !**

③ **Si le deuil a remplacé l'allégresse des chansons, venez, venez !**
**Si le rire a déserté votre cœur et votre bouche, venez, venez !**
**Si vos corps ne savent plus ni la fête ni la danse, venez, venez !**

④ **Si vous n'avez eu le temps ni d'aimer ni d'être aimés, venez, venez !**
**Si vous êtes dans ce temps sans avoir le temps de vivre, venez, venez !**
**Si vous avez seulement le temps de crier misère, venez, venez !**

## *Ô croix dressée sur le monde* *(Passion)*

*H30 ; P. J. Servel ; M. : C. Geoffray / Populaire ; Mame Le C.*

① **Ô croix dressée sur le monde,**
**ô croix de Jésus Christ !** *(bis)*
**Fleuve dont l'eau féconde**
**du cœur ouvert a jailli,**
**par toi la vie surabonde,**
**ô croix de Jésus Christ !**

② **Ô croix, sublime folie,**
**ô croix de Jésus Christ !** *(bis)*
**Dieu rend par toi la vie**
**et nous rachète à grand prix :**
**l'amour de Dieu est folie,**
**ô croix de Jésus Christ !**

③ **Ô croix, sagesse suprême,**
**ô croix de Jésus Christ !** *(bis)*
**Le Fils de Dieu lui-même**
**jusqu'à la mort obéit ;**
**ton dénuement est extrême,**
**ô croix de Jésus Christ !**

④ **Ô croix, victoire éclatante,**
**ô croix de Jésus Christ !** *(bis)*
**Tu jugeras le monde**
**au jour que Dieu s'est choisi.**
**Croix à jamais triomphante,**
**ô croix de Jésus Christ !**

## *Approchons-nous de la table* *(Communion)*

*D19-30 ; T. et M. : M. Dannaud ; Éd. de l'Emmanuel.*

① **Approchons-nous de la table où le Christ va s'offrir parmi nous.**
**Offrons-lui ce que nous sommes car le Christ va nous transformer en lui.**

② **Voici l'admirable échange où le Christ prend sur lui nos péchés.**
**Mettons-nous en sa présence, il nous revêt de sa divinité.**

③ **Père, nous te rendons grâce pour ton Fils Jésus Christ le Seigneur.**
**Par ton Esprit de puissance, rends-nous dignes de vivre de tes dons.**

## *Lumière au cœur du monde* *(Pour les quatre étapes de la veillée pascale)*

*I48-93 ; T. : Claude Bernard ; M. : Jo Akepsimas ; Bayard.*

*1re étape*

① **Fils de Dieu,**
**ta mort en croix nous a sauvés ;**
**Jésus Christ, tu es vraiment ressuscité.**
**Gloire à toi, dont la flamme nous conduit !**
**Gloire à toi, qui éclaires notre nuit !**

② **Fils de Dieu, venu briser nos liens de mort, Jésus Christ, ta vie témoigne du Dieu fort. Gloire à toi, dont le Souffle nous recrée ! Gloire à toi, qui devances nos montées !**

*2e étape*

*Refrain :* **Parole qui délivre, Jésus nous te chantons. Tu as ouvert le Livre, Seigneur, nous t'écoutons.**
**Heureux celui qui boit tes mots divins !**
**Dans ton royaume il vivra sans fin.**

③ **Fils de Dieu, par qui tout homme a vu le jour, Jésus Christ, tu nous apprends tes voies d'amour. Gloire à toi, pour l'Alliance révélée ! Gloire à toi, qui nous donnes un cœur de chair !**

*3e étape*

*Refrain :* **Au fleuve des eaux vives, Jésus, nous descendons. Du fond de nos abîmes par toi nous remontons.**
**Heureux celui qui va sur ton chemin !**
**Dans ton royaume il vivra sans fin.**

④ **Fils de Dieu, tu nous baptises dans l'Esprit ; Jésus Christ, ta vie nouvelle nous saisit. Gloire à toi, dans le peuple des croyants ! Gloire à toi, qui nous mènes au Dieu vivant !**

*4e étape*

*Refrain :* **Toi seul es notre Pâque, Jésus, le Premier-Né ; par toi nous rendons grâce, Grand Prêtre aux mains levées.**
**Heureux celui qui vient à ton festin !**
**Dans ton royaume, il vivra sans fin.**

⑤ **Fils de Dieu, ton corps vivant nous est donné ; Jésus Christ, pour nous voici ton sang versé. Gloire à toi, qui partages le vrai pain ! Gloire à toi, pour la coupe de ton vin !**

## *Goûtez et voyez comme est bon le Seigneur* (Communion)

*D57-71 ; T. : R. Mutin ; M. : J. Akepsimas ; ADF-Studio SM.*

*Refrain :* **Goûtez et voyez comme est bon le Seigneur,
la table vous est servie, recevez le pain de vie.**

② Tressaillez ! Le Seigneur vous attend,
il entend ses enfants qui l'appellent.
Suppliez le Seigneur en tout temps,
rien ne manque à tous ceux
qui le cherchent.

③ Au désert, il vous ouvre un torrent,
il envoie sa parole sur terre.
Écoutez le Seigneur en tout temps,
la fraîcheur de son puits désaltère.

④ Exaltez tous ensemble son nom,
tous ensemble chantons ses merveilles.
Proclamez le Seigneur en tout temps,
sa parole au matin vous réveille.

⑤ Il vous donne la fleur du froment,
il vous offre le pain de lumière.
Recevez le Seigneur en tout temps,
et la paix gagnera les frontières.

⑥ Accueillez le soleil des vivants,
Jésus Christ vous revêt de sa gloire.
Rayonnez le Seigneur en tout temps,
sa clarté transfigure l'histoire.

## *Puisque tu fais miséricorde* (Communion)

*Z44-71 ; T. et M. : M. Dannaud (Signes musiques n° 114) ; Éd. de l'Emmanuel.*

*Refrain :* **Puisque tu fais miséricorde, puisque nos vies sont devant toi,**
**puisque tu as versé ton sang pour nous,**
**Seigneur Jésus pardonne-nous (exauce-nous).**

*d'après le Ps 129 (De Profundis)*

**① Des profondeurs Seigneur, je crie vers toi,**
**Seigneur écoute mon cri d'appel ;**
**que ton oreille ne se ferme pas,**
**entends la plainte de ma prière.**

**② Si tu retiens les fautes contre nous,**
**qui dans ce monde subsistera ?**
**Mais le pardon se trouve près de toi ;**
**que nos cœurs s'ouvrent à ta grandeur !**

**③ De tout mon cœur, j'espère le Seigneur,**
**et sa parole de vérité.**
**Plus qu'un veilleur n'attend le jour nouveau,**
**ô toi, mon peuple, attends ton Dieu.**

**④ Près du Seigneur se trouvent le salut**
**et l'abondance de son pardon.**
**C'est lui qui crée, qui sauve et qui guérit,**
**car sa puissance est sans mesure.**

## Grain de blé *(Action de grâce)*

*GX510; Chemin neuf; Artemas.*

① **Grain de blé qui tombe en terre, si tu ne meurs pas,**
**tu resteras solitaire, ne germeras pas.**
② **Qui à Jésus s'abandonne, trouve la vraie vie.**
**heureux l'homme qui se donne, il sera béni.**

## Ô ma joie et mon espérance *(Action de grâce / Temps de prière)*

*T. : Taizé; M. : J. Berthier; Les Presses de Taizé.*

**Ô ma joie et mon espérance, le Seigneur est mon chant.**
**c'est de lui que vient le pardon;**
**en lui j'espère, je ne crains rien. En lui j'espère, je ne crains rien.**

## Vainqueur de nos ténèbres *(Action de grâce)*

*I27-43; T. : C. Bernard; M. : J.-S. Bach, P. Robert; Bayard Liturgie.*

① **Vainqueur de nos ténèbres, Jésus ressuscité,**
**c'est toi la vraie lumière, vivant tu t'es levé.**
**Gloire à Dieu qui te délivre ! Il ouvre le tombeau.**
**Gloire à l'Esprit qui fait vivre ! Il est le feu nouveau.**

② **Par toi, Soleil de Pâques, la mort est engloutie.**
**Tu sauves de l'impasse tes frères dans la nuit.**
**Gloire à Dieu qui régénère le monde sans clarté !**
**Gloire à l'Esprit qui révèle la paix du Premier-Né !**

## *Voici le corps et le sang du Seigneur* (Communion)

*D44-80; T. et M. : M. Dannaud; Éd. de l'Emmanuel.*

Refrain : **Voici le corps et le sang du Seigneur, la coupe du salut et le pain de la vie.**
**Dieu immortel se donne en nourriture, pour que nous ayons la vie éternelle.**

① **Au moment de passer vers le Père,**
**le Seigneur prit du pain et du vin,**
**pour que soit accompli le mystère**
**qui apaise à jamais notre faim.**

② **Dieu se livre lui-même en partage,**
**par amour pour son peuple affamé.**
**Il nous comble de son héritage**
**afin que nous soyons rassasiés.**

③ **C'est la foi qui nous fait reconnaître,**
**dans ce pain et ce vin consacrés,**
**la présence de Dieu notre Maître,**
**le Seigneur Jésus ressuscité.**

④ **Que nos langues sans cesse proclament,**
**la merveille que Dieu fait pour nous.**
**Aujourd'hui, il allume une flamme,**
**afin que nous l'aimions jusqu'au bout.**

## *Comme lui* *(Communion)*

*T. et M. : R. Lebel ; Les Éditions Pontbriand I.*

*Refrain :* **Comme lui savoir dresser la table,**
**comme lui nouer le tablier,**
**se lever chaque jour**
**et servir par amour, comme lui.**

**① Offrir le pain de sa parole**
**aux gens qui ont faim de bonheur.**
**Être pour eux des signes du Royaume**
**au milieu de notre monde.**

**② Offrir le pain de sa présence**
**aux gens qui ont faim d'être aimés.**
**Être pour eux des signes d'espérance**
**au milieu de notre monde.**

**③ Offrir le pain de sa promesse**
**aux gens qui ont faim d'avenir.**
**Être pour eux des signes de tendresse**
**au milieu de notre monde.**

**④ Offrir le pain de chaque cène**
**aux gens qui ont faim dans leur cœur.**
**Être pour eux des signes d'Évangile**
**au milieu de notre monde.**

## *Voici le pain que donne Dieu* (Communion)

*D50-07-2; T. : CNPL/D. Rimaud; M. : M. Wackenheim; Bayard Liturgie.*

① **Voici le pain que donne Dieu,**
**le pain vivant venu du ciel;**
**tous ceux qui mangent de ce pain**
**ne connaîtront jamais la mort.** *(bis)*

② **Mangeons le pain livré pour nous,**
**le pain de vie qui donne Dieu;**
**buvons le sang versé pour nous,**
**le sang qui lave tout péché.** *(bis)*

③ **La coupe que nous bénissons**
**est communion au sang du Christ;**
**le pain qu'ensemble nous rompons**
**est communion au corps du Christ.** *(bis)*

④ **Si nous mangeons la chair du Christ,**
**en Dieu nous demeurons vivants;**
**si nous buvons le sang du Christ,**
**la vie de Dieu demeure en nous.** *(bis)*

⑤ **Ce pain est force au long des jours,**
**ce pain est jour au long des nuits;**
**ce vin est source en plein désert,**
**il est l'ivresse de l'Esprit.** *(bis)*

⑥ **Prenons le pain des temps nouveaux,**
**le corps où l'homme est accompli;**
**goûtons au vin d'immense joie,**
**au sang qui fait de l'homme un Dieu.** *(bis)*

⑦ **Louange au Père tout-puissant,**
**louange au Fils, à l'Esprit Saint,**
**honneur et gloire au Dieu de vie**
**qui nous rassemble en un seul corps.** *(bis)*

## *Reste avec nous, Ressuscité* *(Action de grâce)*

*I56-47 ; T. et M. : Chant de l'Emmanuel (C. Blanchard) ; Éd. de l'Emmanuel.*

*Refrain :* **Reste avec nous, Ressuscité,**
**notre cœur est brûlant de ta parole.**
**Rassasie-nous de ta présence,**
**de ton corps glorieux.**

① **Car tu es l'Agneau immolé**
**qui enlève le péché du monde.**
**En mourant tu as détruit la mort,**
**en ressuscitant tu nous as rendu la vie !**

② **Tu détruis un monde déchu**
**et voici la création nouvelle.**
**De ta main nous tenons désormais**
**la vie éternelle avec toi dans le ciel !**

③ **Sur la Croix tu livras ton corps,**
**notre défenseur auprès du Père.**
**Mis à mort tu es toujours vivant.**
**Nous chantons ta gloire ô Christ ressuscité !**

# LES RENDEZ-VOUS DE MARS 2024

## SOMMAIRE

## ÉDITORIAL

# Chemins de prière

En route vers Pâques, ce mois de mars est une chance pour renouveler notre prière. Par exemple avec le chapelet, qui évoque une couronne de roses tressée pour et par Marie, selon les mots de frère François-Dominique. Ou avec le chemin de croix, qui, comme le rappelle Michèle Clavier, nous permet de sentir la proximité de Jésus portant nos souffrances et d'éclairer notre foi en la Résurrection. Nous pouvons, aussi, prier avec le psaume 138 et contempler la présence de Dieu aux côtés de son Fils, y compris sur la Croix et dans la mort, comme le conseille sœur Emmanuelle Billoteau. Notre chemin vers Pâques pourrait aussi s'orienter vers le service et l'attention aux autres. Kim, Lina, Eduardo et les bénévoles de l'association Louise et Rosalie nous en donnent l'exemple et l'envie de prier pour et avec eux ! Et si nous traversons une nuit spirituelle, si notre relation au Christ est floue, distante, c'est le moment de nous inspirer du témoignage de Jérôme. Dans la pudeur de l'épreuve, ce lecteur nous confie une espérance : « Même si, en ce moment, je n'arrive pas trop à lui "adresser la parole", je sais que le Christ est là, à côté de moi. » ■

**Karem Bustica**
*Rédactrice en chef de* Prions en Église

*« Ce mois de mars est une chance pour renouveler notre prière. »*

## CHEMIN D'ÉTOILES

**Jacques Nieuviarts**, prêtre assomptionniste

# Interroger le ciel

**Dans la Bible, les hommes sont parfois tentés d'interroger le ciel et d'avoir recours à la divination. Les prophètes leur rappellent que c'est le Seigneur qui fait toute chose.**

On se souvient de la nécromancienne d'En-Dor que le roi Saül était allé trouver de nuit. Il avait pourtant interdit lui-même devins et nécromanciens dans tout le royaume. Or, pitoyablement, il se déguisa en vieille femme pour aller la solliciter à la dérobée, la nuit. Elle refusa de répondre à sa demande, puisque le roi avait interdit cette pratique. Mais il insista. Elle consulta donc pour lui les esprits des morts, celui de Samuel, qui lui prédit la défaite totale face aux Philistins qu'il redoutait (1 S 28, 8). À Babylone, on était expert en la matière (Ez 21, 26-28). N'y adorait-on pas aussi les astres, la lune et les étoiles ? Une épreuve rude pour les Judéens déportés, tentés parfois de penser que cette débauche de dieux était plus efficace que le leur, dieu des perdants. Ils en faisaient la triste expérience en exil (587-538 av. J.-C.) !

Il fallait la foi des prophètes (Ez 37) pour réveiller ce peuple de cette torpeur de la foi. Il la fallait aussi pour lui rappeler tout au long de son histoire, que celle-ci n'était pas inscrite dans les astres et qu'il n'en était pas le jouet. Le Deutéronome en fit une loi (Dt 4, 19), comme il en fallut d'autres, tant le naturel revenait au galop. L'histoire de Saül le montre (Dt 18, 10-11). Samuel l'avait dit à Saül : « Le Seigneur aime-t-il les holocaustes et les sacrifices autant que l'obéissance à sa parole ? Oui, l'obéissance vaut mieux que le sacrifice [...]. La révolte est un péché comme la divination ; la rébellion est une faute comme la consultation des idoles » (1 S 15, 22-23). Le Seigneur de même le dit à son serviteur : « C'est moi, le Seigneur, qui fais toute chose. Seul, j'ai déployé les cieux, j'ai affermi la terre : qui était avec moi ? J'annule les signes des augures, je fais divaguer les devins, je fais reculer les sages et délirer leur savoir » (Is 44, 24-25). Le psaume le chante magnifiquement : « Il compte le nombre des étoiles, il donne à chacune un nom », elles sont toutes en sa main (Ps 146, 4). La séduction des horoscopes de tous genres était grande en Israël, tenté de déléguer sa vie aux puissances des astres (Is 47, 13 ; Jr 31, 35). Les prophètes, de mille façons, lui rappelèrent que, créé à l'image de Dieu, il ne pouvait lire son histoire dans les astres, mais la vivre et la faire au pas de son Dieu. ■

*« Il compte le nombre des étoiles, il donne à chacune un nom », elles sont toutes en sa main (Ps 146, 4).*

**Anne Lécu**, dominicaine

# Le servant de la synagogue de Nazareth

**Lorsque Jésus est à Nazareth dans la synagogue, le servant, qui n'est pas nommé, lui remet les Écritures (Lc 4, 17). Et si nous avions été à la place de ce second rôle, comment aurions-nous réagi ?**

Au tout début de l'évangile selon Luc, juste après les récits de son enfance, et après les tentations au désert, Jésus se met à enseigner dans les synagogues et inaugure sa vie publique dans son village natal, à Nazareth. « Selon son habitude, il entra dans la synagogue le jour du sabbat, et il se leva pour faire la lecture. On lui remit le livre du prophète Isaïe » (Lc 4, 16-17). Ce « on » est nommé un peu plus loin : il s'agit d'un homme, le servant de la synagogue. Ce dernier n'a pas préparé le rouleau, il le tend à Jésus et celui-ci choisit le passage qu'il va lire. Voilà donc un homme, inconnu, qui remet le rouleau – autrement dit qui donne la Parole – à Jésus. La scène est très finement détaillée. Jésus se lève, le servant lui remet (« epididômi ») le rouleau, il le déroule, trouve le passage qu'il veut lire, lit, roule le livre, le rend au servant et s'assoit.

Jésus a reçu la parole des Écritures du servant, il la fait sienne, il la transmet par sa prédication. En prêchant, Jésus donne la Parole à son auditoire. Prêcher, est-ce autre chose que donner la Parole, et la laisser aller son chemin ? D'ailleurs les gens de Nazareth ne la reçoivent pas cette fois-ci. Le servant de la synagogue fait-il partie de ceux qui maugréent (« On le connaît, le petit, on l'a vu courir et sauter sur les genoux de Joseph »), ou de ceux qui sont saisis par la puissance de ce qu'il vient d'entendre ? Et nous, dans cette foule, où sommes-nous ? Parmi ceux qui connaissent l'histoire à l'avance, ...

## *Première Alliance*

*« Esdras lisait un passage dans le livre de la loi de Dieu,*
*puis les lévites traduisaient, donnaient le sens,*
*et l'on pouvait comprendre. »*

Néhémie 8, 8

**...** ce qui évite de l'entendre vraiment ? parmi ceux qui écoutent ? Et si nous étions aussi cet homme, celui qui donne le rouleau à lire à Jésus, et à qui Jésus remet les Écritures en accompagnant ce geste de sa parole qui les déploie, les relève comme on réveille un mort, en les rendant foisonnantes, débordantes ?

Que donner à Jésus pour qu'il lise ? Que recevoir de lui ?

Le verbe « remettre » (« epididômi ») ne sera pas beaucoup utilisé par Luc, mais on le retrouvera dans la scène autour des disciples d'Emmaüs : « Quand il fut à table avec eux, ayant pris le pain, il prononça la bénédiction et, l'ayant rompu, il le leur donna ("epididômi"). Alors leurs yeux s'ouvrirent, et ils le reconnurent » (Lc 24, 30-31). Un homme a donné à lire à Jésus. En réponse, vingt chapitres plus loin, lui ne se donne plus seulement à écouter, mais rompu, il s'offre comme une bénédiction à ceux qui, enfin, le reçoivent. Et le servant de la synagogue, s'il est là, caché dans un coin, rend grâce à Dieu d'avoir eu le cœur brûlant en écoutant sa parole. ■

*Nouvelle Alliance*

*« Jésus referma le livre, le rendit au servant et s'assit.*
*Tous, dans la synagogue, avaient les yeux fixés sur lui. »*

Luc 4, 20

## TRÉSORS DE LA LITURGIE

**Emmanuelle Billoteau**, ermite

# Christ, notre espérance

**La messe du jour de Pâques nous offre différentes facettes du mystère que nous célébrons. Après la vigile de la nuit, elle nous permet d'intérioriser l'événement qui fonde notre espérance.**

Que nous disent les différentes pièces liturgiques de la messe du jour de Pâques ? Comment rejoignent-elles nos vies ? Deux antiennes d'ouverture sont proposées. La première se décline ainsi : « Je suis ressuscité, et je suis avec toi, alléluia. Ta main s'est posée sur moi, alléluia, ta sagesse s'est montrée admirable, alléluia, alléluia. » Elle met dans la bouche du Christ les paroles du psaume 138 (139). La Résurrection est ici présentée comme un événement trinitaire. Le Christ y célèbre, et nous avec lui, l'engagement du Père à son égard. Jamais sa présence aux côtés de son Fils n'a failli, y compris sur la Croix et dans la mort malgré les apparences. L'image de la main posée sur l'Envoyé – une image traditionnelle dans la Bible …

… pour signifier que Dieu veille sur ceux qu'il a choisis pour participer à son dessein de salut (Ez 8, 1 ; Ac 11, 21…) – vient renforcer cette donnée. Une occasion pour nous de relire le psaume 138 (139) en son entier et de nous pénétrer de cette réalité qui nous concerne tous. Nous la retrouvons d'ailleurs avec la prière après la communion, sous forme de demande : « ne cesse pas de veiller avec tendresse sur ton Église ». La seconde proposition pour l'antienne d'ouverture met l'accent sur la véracité de la Résurrection et nous invite à proclamer la souveraineté du Christ sur l'univers, laquelle sera mentionnée dans d'autres pièces liturgiques.

Après le Gloria, la prière s'adressant à Dieu célèbre la victoire du Fils unique sur la mort avec les conséquences qui en découlent pour nous : « Tu nous as ouvert les portes de l'éternité. » Les portes fermées pouvant renvoyer au livre de la Genèse et à l'interdiction d'accéder au jardin et à l'arbre de vie (Gn 3). Nous demandons aussi la grâce d'un renouvellement, fruit de l'Esprit, qui nous permette de « ressusciter dans la lumière de la vie ». Toutes choses qui supposent et nous ouvrent à une expérience intérieure : reconnaissance de notre éloignement de Dieu, de la prégnance de la mort dans nos vies (mort concrète, lourdeurs, violences, obscurité, « mauvais » choix); creusement du désir de l'Esprit qui fait toutes choses nouvelles; conscientisation des passages de Dieu dans notre quotidien, lesquels nous acclimatent au grand renouveau du face-à-face puisque, aujourd'hui, notre vie est encore « cachée en Dieu » (Col 3, 3). Ce thème du renouvellement est omniprésent en ce jour, explicitement ou implicitement (voir la prière sur les offrandes). Un renouveau à accueillir et qui implique d'abandonner nos habitudes, nos conditionnements, nos certitudes erronées. Ce qui ne va pas sans arrachement.

La séquence « À la victime pascale », une pièce liturgique qui date vraisemblablement du XI$^{e}$ siècle, a une structure de chant populaire avec l'interpellation faite à Marie Madeleine : « Dis-nous [...] qu'as-tu vu en chemin ? » La réponse anticipe sur la suite de l'évangile du jour (Jn 20, 11-18) et nous rappelle que notre foi repose sur celle des premiers témoins, dont nous sommes appelés à être les relais en transmettant notre expérience du Christ ressuscité. Rien de lénifiant dans l'approche de la victoire pascale obtenue au terme d'un combat sans merci avec la mort. Cette victoire que nous pouvons déjà appréhender dans notre existence : chaque fois qu'en nous l'espérance et la confiance surmontent la désespérance et la défiance. Les dimensions de rachat, lié à la symbolique de l'Agneau pascal (cf. Ex 12), et de réconciliation se font également entendre dans cette séquence, nous faisant signe vers notre Galilée intérieure où le Christ nous précède et attend que nous laissions y advenir son règne. La préface de la prière eucharistique quant à elle, nous invite à la joie dont découle notre passage de la mort à la vie. ■

*Notre foi repose sur celle des premiers témoins, dont nous sommes appelés à être les relais en transmettant notre expérience du Christ ressuscité.*

## LE ROSAIRE, UN CHAPELET DE QUESTIONS

**François-Dominique Forquin**, prêtre dominicain et aumônier national des Équipes du Rosaire

# Le Rosaire : chapeau !

**Le chapelet est ce petit chapeau de roses dont on couronne Marie.**

Il y a quelques années, à la fin d'un pèlerinage du Rosaire à Lourdes, une dame ayant repéré mon habit dominicain et qui voulait remercier, à travers moi, tous les Dominicains pour l'organisation d'un si beau pèlerinage, me dit : « Le Rosaire, chapeau les Dominos ! » À quoi je lui réponds : « Vous ne croyez pas si bien dire, car le Rosaire, à l'origine, c'est un petit chapeau ! Au Moyen Âge, à l'époque des troubadours et de l'amour courtois, le fin'amor, les preux chevaliers offraient une couronne de roses à leur dame. Comment ne pas comprendre que les fidèles, pour offrir à la plus belle des dames le signe de leur amour, se sont mis à tresser des couronnes de roses qu'ils déposaient sur la tête des statues de la Vierge Marie en signe d'attachement et de dévotion ? Puis, les couronnes ont été tressées non plus de roses, mais de prières : comme si chaque Ave offert tressait un petit chapeau, un "chapelet" d'amour à Notre-Belle-Dame ». « Oh, je ne connaissais pas cette histoire, mais elle est très belle et des mots auxquels j'étais habituée sans jamais m'être interrogée à leur sujet, s'éclairent d'un sens nouveau : chapelet, Rosaire, derrière tout cela, il y a des chapeaux de roses que nous continuons à tresser en priant à la Grotte. » « Oui, lui dis-je, en égrainant sans fin ces chapelets, nous tressons notre amour, mais nous laissons aussi Marie le tresser pour nous car, après tout, c'est elle le *Rosarium*, le jardin de roses par excellence. D'ailleurs, ici, à Lourdes, c'est sur les pieds qu'elle porte des roses et non sur la tête ! Un rosier, celui que l'abbé Peyramale voulait voir fleurir pour attester de l'apparition, entoure cette statue. Telle la fiancée du Cantique des Cantiques, elle n'a qu'une hâte : nous conduire jusque dans le jardin de son Fils Bien-Aimé pour qu'il nous couronne lui-même d'amour et de tendresse et nous fasse partager sa propre royauté. Au fond, tous ceux qui servent partagent sa propre royauté et la couronne du Rosaire de sa Mère, il nous la donne en partage et pas qu'aux Dominicains, à tous ! C'est pourquoi, Madame, si vous m'avez dit "chapeau" pour m'exprimer votre gratitude, c'est à mon tour, tel un troubadour de vous dire : "Pour le Rosaire, chapeau bas, chère Madame ! Car sans vous aussi, ce beau pélé n'aurait pas été ce qu'il a été !" »

*Chaque Ave offert tressait un petit chapeau, un "chapelet" d'amour à Notre-Belle-Dame.*

Propos recueillis par **Frédéric Pascal**, journaliste

# La nuit en vérité

**Dans la nuit de la foi qu'il traverse, Jérôme, 73 ans, retraité à Saint-Germain-en-Laye (78), raconte comment le lien à la Parole reste un point de repère.**

« Toute ma vie professionnelle a été tournée sur le "construire ensemble", la dynamique collective, le leadership… Dans cet axe, des responsabilités en Église m'avaient été confiées avant de m'être retirées de manière arbitraire, créant des blessures longues à cicatriser. J'ai eu du mal à accepter que ce que je faisais dans la société, avec de beaux fruits, ne pouvait pas se faire d'une manière similaire au sein de l'Église. Pour dépasser cette souffrance de ne plus pouvoir donner ce que je porte en moi, il me faut accepter de commencer à m'enfouir. Cela impacte ma relation à Dieu; c'est peut-être cela, la nuit de la foi : ma relation au Christ est floue, distante. Dans ce moment de brouillard et d'inconfort, je délaisse la prière et la méditation, sans doute à tort. Le chemin pour retrouver la joie et la confiance aujourd'hui érodée est long et escarpé. J'ai pourtant bien conscience que Dieu est

© Sandrine Martin

créateur, qu'il m'a donné la vie, qu'il m'aime infiniment, même si cet amour aujourd'hui n'est pas palpable. Alors, je garde quelques points de repère : la messe dominicale, la prière en couple, les liens avec la paroisse, un groupe de partage sur la voie christique, mon abonnement à *Prions en Église*.

Pendant longtemps, j'ouvrais mes journées en lisant l'évangile du jour; c'est moins le cas en ce moment. Mais je ne veux pas complètement couper ce cordon; il a été source de vie et d'épanouissement, un point fixe, un repère dans les temps troublés qui furent les miens à plusieurs périodes de ma vie. Alors, de temps en temps, je m'arrête et je prends *Prions en Église* dans mon coin prière. Par ce livret posé sur mon bureau ou au salon, Dieu manifeste sa présence dans mon quotidien. Même si, en ce moment, je n'arrive pas trop à lui “adresser la parole”, je sais que le Christ est là, à côté de moi, Vérité, Chemin et Vie. » ■

# Pourquoi prier le chemin de croix ?

QUESTION DU MOIS

Héritier de pèlerinages en Terre sainte (IVe siècle), de dévotions (Moyen Âge), de vénération de la Croix du Christ et de spiritualité, le chemin de croix est l'un des « pieux exercices » recommandés par le concile Vatican II (*Sacrosanctum concilium* § 12-13). Par la marche, la méditation et la prière d'intercession, le chemin de croix nous unit à la Passion du Christ, renforce notre désir de le suivre, et consolide notre prière pour les souffrants d'aujourd'hui. Comme ses prédécesseurs, le pape François reconnaît l'importance de cette « foi des simples ». Prier le chemin de croix, c'est placer en Dieu notre confiance, rejoindre les croyants qui nous ont précédés, sentir la proximité de Jésus qui porte nos souffrances et éclairer notre foi en la résurrection

Surtout proposé aux fidèles le Vendredi saint, le chemin de croix est traditionnellement constitué de quatorze stations, allant de la condamnation de Jésus à sa crucifixion au Golgotha puis à sa mise au tombeau. Une quinzième station, ouvrant sur la Résurrection, est parfois ajoutée : aux premiers siècles, une station à l'*Anastasis* (lieu de la résurrection) concluait la *Via crucis* à Jérusalem. Le chemin de croix se déroule souvent en extérieur mais peut se vivre aussi à l'intérieur de l'église. Il nous aide à conformer notre être et notre vie au Christ. ■

**Michèle Clavier,**
*théologienne*

### PÈLERINAGE À CHYPRE

# Sur les pas des saints Paul, Marc et Barnabé

Visiter Chypre en chrétiens, c'est arpenter les chemins empruntés par le chypriote Barnabé, son compagnon de voyage Paul et son cousin Marc, pour devenir « pèlerins de la paix ». C'est aussi un dépaysement total et la découverte d'une culture à mi-chemin entre la Grèce et la Turquie. Vous découvrirez des paysages variés à couper le souffle et un patrimoine religieux et culturel remarquable. ■

**Venceslas Deblock,**
*prêtre du diocèse de Cambrai*

© AdobeStock

**PRATIQUE** **Du 3 au 9 juin 2024.** Une proposition **"Prions en Église"** et **"Le Pèlerin"** organisée par Routes bibliques.
**Renseignements et inscriptions :** 01 45 49 07 77 ou accueil@routesbibliques.fr

**Eduardo Arias,** volontaire de la DCC* et assistant de direction au Pérou

# Solidaires face à la crise

« Cette année, c'est déjà la deuxième fois que l'association *Mano a Mano* au Pérou n'est pas en mesure de payer les salaires. Ceci à cause de retards imprévus dans les paiements des bailleurs de fonds. Les conséquences pour les travailleurs se font rapidement sentir, car les gens vivent au jour le jour et n'ont pas d'économies. Par exemple, Lili, responsable de la bibliothèque, a dû se mettre à cuisiner le soir et à vendre des plats. L'autre jour, je lui ai acheté de la mazamorra morada, un riz au lait avec une gelée de maïs violet. La directrice est empêchée d'aller de l'avant avec des projets qui nécessitent des ressources. De cette situation compliquée est née une initiative de solidarité : célébrer le 30e anniversaire de l'association afin de récolter des fonds. Tous les travailleurs se sont efforcés de donner le meilleur d'eux-mêmes, chacun ayant même fait un don pour que les ingrédients nécessaires à la préparation des repas puissent être achetés. Cela témoigne selon moi de l'engagement vis-à-vis de l'association dans les moments difficiles, et aussi des valeurs altruistes qui sont souvent enracinées dans des convictions religieuses ou culturelles qui encouragent le partage et l'aide mutuelle. » ■

*La Délégation catholique pour la coopération (DCC) est le service du volontariat de l'Église en France.

DCC / Eduardo Arias

**En haut: cours de formation pour les jeunes éducatrices.**
**En bas: 30e anniversaire de *Mano a Mano* à Lima (Pérou ). De gauche à droite: Eduardo Arias en train d'animer le stand de la tombola, préparation du repas avec les femmes de l'association et Lina en train de cuisiner.**

**Anne-Quitterie Jozeau**, journaliste

# Kim, Monica, Jasmine et les autres…

**À l'occasion de la Journée internationale des droits de la femme, le 8 mars, rencontre avec des femmes de la rue dans les locaux de Louise et Rosalie, à Paris. Ici, elles peuvent manger, se laver, faire une lessive…**

C'est l'histoire de Kim qui dort dans un parc. C'est l'histoire de Monica qui a vécu le déclassement. C'est aussi l'histoire de Jasmine qui se réfugie la nuit dans une station de métro. Elles sont une vingtaine à vivre la précarité, à la rue ou dans un logement insalubre, et qui trouvent un moment de répit grâce à l'association Louise et Rosalie. Dans les locaux, situés au cœur du très chic VI$^{e}$ arrondissement parisien, ces femmes peuvent se doucher, laver leurs vêtements et petit-déjeuner.

Il est 9 heures précises quand Kim entre dans l'accueil de jour. 38 ans, le regard rieur, elle semble connaître tout le monde. La jeune femme d'origine vietnamienne commence par s'enregistrer auprès de la bénévole qui coordonne le service aujourd'hui. Kim n'a pas la langue dans sa poche : « Ah vous êtes la journaliste ? – Venez me voir, que je sois au moins une fois sous le feu des projecteurs », s'exclame-t-elle dans un rire avant de se diriger vers les douches. Elle est accueillie avec une serviette blanche, un peignoir et des savates d'hôtel. Dans la douche, des produits cosmétiques de qualité l'attendent. Une fois lavée, Kim revêt un peignoir bleu et dépose ses vêtements dans une panière. Une autre bénévole s'occupera de les laver.

La bonne odeur des savons, la douceur des serviettes, la décoration du salon, la qualité de la nourriture sont « autant d'éléments auxquels ces femmes sont sensibles », note Sophie, la présidente de l'association Louise et Rosalie. Tout comme la présence d'une coiffeuse deux fois par semaine ou la proposition d'un atelier « rituels du visage ».

Dans le coin cuisine sont présentés du pain aux céréales, de la charcuterie et de la confiture pour la possibilité d'un copieux petit-déjeuner. Assise sur un canapé, Monica grignote une tartine accompagnée de jambon. Dans un français encore hésitant, l'Uruguayenne raconte ses années d'expert en contrôle de qualité dans son pays et la perspective d'un travail au Royaume-Uni avant le Covid. « Le confinement a tout rendu impossible », confie-t-elle ...

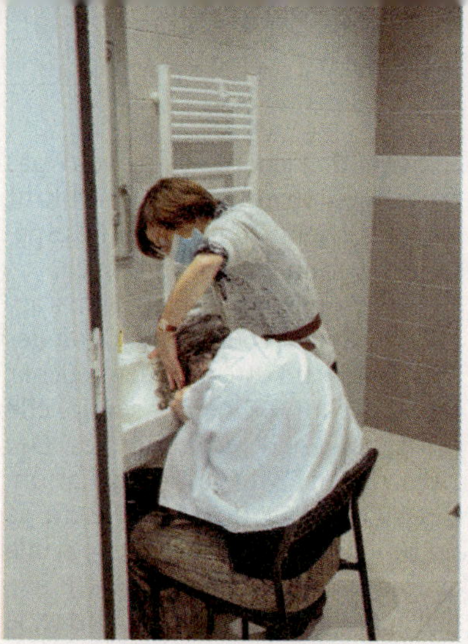

© Agnès Dherbeys / MYOP

**Douche et shampoing sont les premiers services d'accueil.**

… avant de lâcher : « Je ne veux pas rentrer en Uruguay. » En sirotant son thé, la jeune femme confie espérer trouver un emploi en France.

Dans son peignoir bleu, Kim s'approche du bar pour demander à des bénévoles « un café avec deux sucres, s'il vous plaît ». Une fois servie, elle s'installe avec d'autres femmes. Des rires fusent, Kim fait l'animation. Chez Louise et Rosalie, elle dit se sentir « aimée et considérée ». Si elle est venue la première fois, c'est « évidemment pour la douche, le linge, le petit-déjeuner ». Si elle revient, c'est aussi pour « la chaleur humaine et thermique que j'y ai ressentie ». « J'ai une relation amicale avec quelques-unes », confie-t-elle avant de sortir fumer une cigarette avec Jasmine, sous le porche de l'entrée. Cette jeune femme d'origine algérienne a connu de nombreuses douleurs avant de se retrouver à la rue. Entre deux bouffées, prise d'un fou rire en écoutant les blagues de Kim, elle lui glisse : « Je t'aime bien, toi. » ■

**En savoir plus : louiseetrosalie.com**

## Des « journées » pour et avec les femmes

Si le 8 mars est la Journée internationale des droits de la femme, le premier vendredi de mars est la Journée mondiale de prière, cette année le 1er mars. Les femmes d'un pays – en 2024, les Palestiniennes – conçoivent une célébration œcuménique reprise dans plus de 120 pays.

**journeemondialedepriere.fr**

Informations communiquées sous réserve de modifications. Renseignez-vous avant de vous rendre aux endroits indiqués.

## LE JOUR DU SEIGNEUR – FRANCE 2 (11 heures)

**3/3** Chapelle de l'hôpital Notre-Dame-de-Bon-Secours, Paris (XIVe)
Prédicateur : P. Frédéric Ozanne, prêtre à la Mission de France.

**10/3** Église Saint-Martin, Assesse (Belgique).
Prédicateur : *information non confirmée.*

**17/3** En direct d'Irlande.
Prédicateur : *information non confirmée.*

**24/3** **10 H45 :** Chapelle de l'institution Sainte-Marie, Antony (92).
Prédicateur : P. Vincent Cabanac, assomptionniste.

**31/3** Église Saint-Rémi, Profondeville (Belgique).
Prédicateur : P. Didier Croonenberghs, dominicain.
**MIDI :** Bénédiction Urbi et orbi prononcée par le pape François en direct du Vatican.

## FRANCE CULTURE (10 h 05)

**3/3** Église Saint-Germain-l'Auxerrois, Paris (Ier).
Prédicateur : P. Henry de Villefranche.

**10/3** Église Saint-Germain-l'Auxerrois, Paris (Ier).
Prédicateur : P. Henry de Villefranche.

**17/3** Église Saint-Germain-l'Auxerrois, Paris (Ier).
Prédicateur : P. Henry de Villefranche.

**24/3** Chapelle Notre-Dame de la Médaille miraculeuse, Paris (VIIe).
Prédicateur : P. Gilles Drouin.

**31/3** Chapelle Notre-Dame de la Médaille miraculeuse, Paris (VIIe).
Prédicateur : Fr. Jean-Christophe de Nadaï, dominicain.

## LIVRES

### 20 méditations pour traverser le deuil

*de Julie de Fontanges, Salvator, 160 p.*

Ce livre est un recueil de paroles de consolation pour traverser un deuil. Julie de Fontanges a rassemblé des paroles d'espérance d'écrivains et d'auteurs spirituels qui apaisent et consolent lorsque la mort emporte un être cher. En vingt chapitres thématiques (T'écrire pour survivre, L'anniversaire du décès, etc.), l'autrice propose aussi des conseils à destination des endeuillés et de leurs aidants.

### Madeleine Delbrêl

*d'Élisabeth de Lambilly, Emmanuel jeunesse, 176 p.*

Destinée aux collégiens, cette petite vie de Madeleine Delbrêl se lit comme un roman. L'autrice y raconte la vie de cette figure du catholicisme social du XXe siècle. Elle raconte la conversion de Madeleine à l'âge de 20 ans lors d'une visite de l'église Saint-Dominique à Paris (XIVe), son engagement dans le scoutisme, et bien sûr, son travail d'assistante sociale auprès des plus pauvres, annonçant l'Évangile, à Ivry-sur-Seine (92). Passionnant !

### La Bible tome 3 : les livres poétiques

*d'Antoine Nouis, Olivétan/Salvator, 680 p.*

L'auteur signe avec cet ouvrage le tome 3 de sa collection de commentaires sur la Bible. Après le succès de l'édition du Nouveau Testament, du Pentateuque et des livres historiques, commentés de manière simple, verset par verset, découvrez ici les livres de Job, des Psaumes, des Proverbes, du Cantique des cantiques et de Qohéleth. Un excellent manuel pour ceux qui souhaitent comprendre la Bible. ■

**Sébastien Antoni**

## EXPOSITION

### Les arts en France sous Charles VII (1422-1461)

Manuscrits enluminés, peintures, sculptures, pièces d'orfèvrerie, vitraux et tapisseries... témoignent de l'extraordinaire renouveau artistique en France sous le règne de Charles VII (1422-1461). Entre le réalisme à la flamande et les innovations italiennes, la création artistique française entre en rupture progressive avec le gothique international et se tourne vers une nouvelle vision de la réalité, prémices de la Renaissance. ■

**Hélène Roquejoffre,** *Le Monde de La Bible*

***La Résurrection avec trois donatrices,*** Maître de Dreux-Budé (Vers 1450), musée Fabre, Montpellier (34).



Du 12 mars au 16 juin 2024 – Musée de Cluny, musée national du Moyen Âge – 6, place Paul Painlevé 75005 Paris – www.musee-moyenage.fr

## NOS ACTUS

### Un livret offert pour la Semaine sainte

Pour votre paroisse ou votre communauté, *Prions en Église* rassemble, dans un livret disponible gratuitement, les messes du dimanche des Rameaux au dimanche de Pâques, du 24 au 31 mars 2024, ainsi que les chroniques et les rendez-vous du mensuel. Il permet aux fidèles de vivre les célébrations de la « Grande Semaine ». ■

**Amandine Boivin**

Commandez vos exemplaires, disponibles par lot, sur : prionseneglise.fr/semainesainte

## CD

**Requiem grégorien**
Chœur des moines de l'abbaye d'En-Calcat
*Studio SM*

Cet album regroupe deux offices exceptionnels, celui du Vendredi saint ainsi que celui des funérailles du chrétien où le chant grégorien touche véritablement au sublime, par la force et l'intensité de la prière. Des pièces qui conduisent à la sérénité et surtout à l'espérance.

**Marie, mille fois merci**
*Les Jiti, Steeve Gernez*
*ADF Musique*

Pour mieux faire connaître le message de la rue du Bac et la spiritualité de sainte Catherine Labourée, les Filles de la Charité proposent un album dédié à Marie. Elles ont confié l'enregistrement de ces 17 chants à Steeve Gernez et à la chorale lilloise des Jiti. ■

**Dominique Pierre**

## NUMÉRIQUE

**Un prophète dans l'appli *Prions en Église***

Vous connaissez sans doute le prophète Jonas, sa mission et son séjour dans le ventre du poisson. Le livre de Jonas est l'un des plus courts de la Bible, il se lit en une soirée ! Mais, à le lire trop vite, on peut perdre de vue comment cet homme a lutté contre sa mélancolie avant de retrouver le sens de sa vie. Redécouvrez, en son binaural, l'intégralité du texte lu par Noam Morgensztern et commenté par Sylvain Gasser. ■

**Sébastien Antoni**

Sur Google Play et l'App Store.

Informations communiquées sous réserve de modifications.

FRATERNITÉ

### *Collecte du CCFD-Terre solidaire*

Le 17 mars 2024, 5e dimanche de Carême, le Comité catholique contre la faim et pour le développement-Terre solidaire organise sa journée de collecte annuelle. Elle s'inscrit dans le cadre de sa campagne de Carême 2024, sur le thème : « Les crises alimentaires se multiplient – Décuplons la force de notre action ! » ■ Plus d'informations sur ccfd-terresolidaire.org

## Grand Nord-Ouest

### BAINS-SUR-OUST (35)

**DU VENDREDI 1ER AU DIMANCHE 3**

**Retraite**

« La sainteté dans la vie et l'œuvre de saint John Henry Newman », avec Romain Somoko, frère de l'instruction chrétienne, à la maison d'accueil La Roche du Theil.
02 99 71 11 46
secretariat@larochedutheil.com
larochedutheil.com

### CAEN (14)

**LUNDI 11, 18 ET 25**

**Formation**

« Le Jésus de Benoît XVI : débat entre un théologien et un bibliste », par Philippe Léonard et Maurice Morand. Un cycle de trois cours du soir, de 20 h 30 à 22 heures, proposé par l'Institut normand de sciences religieuses.
02 31 73 22 15 – insr-normandie.fr

### BOURGES (18)

**MERCREDI 13**

**Conférence**

« La spiritualité de la cathédrale de Bourges », par le père Joël Massip. À 18 heures, à la maison diocésaine de Bourges.
foietculture@diocese-bourges.org
www.diocese-bourges.org/agenda

### SAINT-CYR-SUR-LOIRE (37)

**DU LUNDI 18 AU VENDREDI 22**

**Session**

Écriture d'icônes dans un climat de prière, à la maison de prière Sainte-Ursule.
02 47 88 46 00 – ursule-tours.cef.fr •••

## ... Grand Nord-Est

### DIJON (21)

**MARDI 5**

**Retraite d'un jour**

« La création gémit dans un travail d'enfantement » (Rm 8, 22).
Une journée de prière, de 9 h 30 à 16 heures, sur le cheminement vers le monde nouveau et le Ciel nouveau, organisée par les pères de l'Oratoire à la maison diocésaine.
03 80 38 18 85
associationdesamis@oratoire-dijon.fr

### TROYES (10)

**DU VENDREDI 15 AU DIMANCHE 17**

**Week-end « Révèle-toi »**

Un week-end pour prendre le temps sur le thème : « Ma vocation de femme : être épouse », organisé pour les étudiantes et les jeunes pros par les Sœurs Oblates de Saint François de Sales, dans leur Maison mère.
03 25 73 25 63
jeunes.soeursoblatesdesfs.com
soeursoblatesdesfs.com

### MOUVAUX (59)

**DU JEUDI 28 AU DIMANCHE 31**

**Retraite**

« Vivre le triduum pascal au Hautmont. »
Avec des enseignements pour entrer dans le mystère de Pâques, les offices et célébrations de la Semaine sainte et un accompagnement personnel.
03 20 26 09 61
contact@hautmont.org
www.hautmont.org

## Grand Sud-Ouest

### PERPIGNAN (66)

**VENDREDI 1er ET SAMEDI 2**

**Conférence de Carême**

« De la pâque juive à l'eucharistie chrétienne », avec le père Philippe Mercier, au Centre spirituel et pastoral Mont Thabor, en partenariat avec le Centre théologique diocésain Ramon Llull.
carmisperpignan@orange.fr
chapelleducup@gmail.com
www.facebook.com/centrespithabor

### DOURGNE (81)

**DU MARDI 19 AU DIMANCHE 24**

**Retraite cinéma**

Sur le thème « Itinérance », à l'abbaye d'En Calcat, organisé par l'équipe des Coteaux

Païs. Au programme : cinéma, méditation de la parole de Dieu, prière, accompagnement spirituel.
05 62 71 65 30
coteaux-pais.net

## Grand Sud-Est

### MARSEILLE (13)

**SAMEDIS 16 ET 23 MARS, 6 ET 20 AVRIL**

**Formation**

« Écologie : intelligence et amour de notre habitat commun », par William Clapier. Quatre matinées de 10 heures à 13 heures, à l'Institut de science et théologie des religions. Également en distanciel.
04 91 50 35 02
istr@icm13.com
icm.catholique.fr

•••

ZOOM

**Retraite du Vendredi saint**

Vendredi 29 mars, le prieuré Saint-Thomas d'Épernon (28) accueille une retraite d'un jour pour le Vendredi saint. « Pour aider à vivre en profondeur ce mystère de notre salut », précise sœur Albertine, la responsable de l'animation spirituelle du lieu. Au programme, un temps de prière avec un chemin de croix original et des temps de recueillement en silence. Au milieu de la journée, un repas léger est servi. « Les frais de participation sont versés à une association aidant les plus démunis, explique sœur Albertine. Le Vendredi saint c'est le partage d'une grâce reçue qu'on veut en toute liberté. » Lors de cette journée en silence, des temps d'accompagnement et le sacrement de la réconciliation sont aussi proposés. Plusieurs religieuses ainsi que des laïcs se tiennent à disposition pour écouter ceux qui le désirent. Le prieuré est tenu par une association portée par des laïcs depuis 2008, et six sœurs du Christ. Des retraites y sont proposées toute l'année, pour tous les états de vie et tous les âges. ■

**Anne-Quitterie Jozeau**

**...** LE PUY-EN-VELAY (43)
**SAMEDI 23**
**Journée**
« Marcher, contempler, prier. » Une journée pour être en communion avec Dieu dans la nature, en silence, méditer un passage biblique au rythme de la marche (entre 10 et 12 km), vivre un partage fraternel.
catholique-lepuy.fr

## Île-de-France

VERSAILLES (78)
**JEUDI 7**
**Soirée prière**
« Goûter et partager la Parole », au centre spirituel du Cénacle, de 20 h 15 à 22 heures. Proclamation d'un texte biblique, pistes pour la méditation personnelle et partage d'expérience entre les participants.
01 39 50 21 56
secretariat@cenacle78.fr
www.ndcenacle.org

SAINT-GERVAIS (95)
**DU VENDREDI 8 AU DIMANCHE 10**
**Session**
« L'enseignement des Mères du désert : un chemin d'unification », avec sœur Emmanuelle Billoteau, collaboratrice de *Prions en Église*, au Centre Assise. Quelques jours pour explorer les sentences de ces femmes et découvrir l'actualité du chemin d'unification qu'elles proposent.
01 34 67 00 39
centre-assise.org

## Belgique

ESNEUX
**DU VENDREDI 8 AU DIMANCHE 10**
**Session**
« De la pleine conscience à la pleine confiance », avec Françoise Rassart. Un week-end pour passer de la conscience de soi à la confiance en Dieu, à l'abbaye de Brialmont.
+32 473 41 82 89 – www.valdakor.be
frans.rassart@telenet.be

**ENVOYEZ VOS RENDEZ-VOUS À L'AGENDA DE PRIONS EN ÉGLISE :** Merci d'envoyer les informations nécessaires 3 mois avant l'événement, sans engagement de publication par la rédaction, à : *Prions en Église*, Agenda, 18 rue Barbès, 92120 Montrouge, ou par e-mail : *prionseneglise@groupebayard.com*

**Prions en Église** 18, rue Barbès,
www.prionseneglise.fr 92128 Montrouge Cedex.

▶ **POUR CONTACTER LE SERVICE CLIENT : 01 74 31 15 01** – service.client@groupebayard.com
(Préciser : nom + adresse postale + « concerne Prions en Église ».)

▶ **POUR VOUS ABONNER : 01 74 31 15 01** – www.librairie-bayard.com
Bayard, Prions en Église, TSA 60007, 59714 Lille Cedex 9

▶ **POUR CONTACTER LA RÉDACTION : 01 74 31 63 24** – prionseneglise@groupebayard.com

Directeur de la publication : Pascal Ruffenach. Directeur du secteur et directeur des rédactions : Jean-Pierre Denis. Rédaction : Karem Bustica (rédactrice en chef), Dominique Pierre (rédacteur en chef délégué), Pomme Mignon (rédactrice en chef adjointe visuel, directrice artistique), Frédéric Pascal (rédacteur en chef adjoint), Armelle Gabriel (assistante), Nicolas Crouzier (secrétaire général de la rédaction), Jean-Baptiste Deau, Cécile Toussaint (1ers secrétaires de rédaction), Véronique Jollé (secrétaire de rédaction), Laurent Sangpo, Pascal Redoutey (rédacteurs graphistes), Ania Biszewska (rédactrice photo), Sébastien Antoni (chef de grande rubrique), Anne-Quitterie Jozeau (rédactrice), Agnès Thépot (relations lecteurs). A participé : Thibault Van Den Driessche. Marketing éditeur et développement : Amandine Boivin. Marketing diffusion et abonnement : Aurore Bertrand (directrice), Sandrine Dos Santos (chef de marché). Direction des terrains catholiques : Cédric Bloquet (directeur). Voyages lecteurs : Corinne Miguel. Contrôle de gestion : Tonnumy Ai. Fabrication : Grégory Cervantes. Impression : Maury SAS, Z.I. Route d'Étampes, 45330 Malesherbes. Textes liturgiques : © AELF. Chants : © Éditeurs. © Bayard et Novalis. Reproduction interdite sans autorisation. *Prions en Église* est édité par Bayard, société anonyme à Directoire et Conseil de Surveillance au capital de 16 500 000 €. Actionnaires : Augustins de l'Assomption (93,7 % du capital), SA Saint-Loup, Association Notre-Dame de Salut. Directoire : Pascal Ruffenach (président), Dominique Greiner, Florence Guémy et Jean-Marie Montel (directeurs généraux). Président du Conseil de Surveillance : Hubert Chicou. Dépot légal à parution. CPPAP : 0425K86471 - ISSN : 0383-8285. Belgique et Luxembourg : Bayard Presse Bénélux, Da Vincilaan, 1 – 1930 Zaventem. Tél. : 0800 250 38 (de Belgique, gratuit) ou 800 29 195 (du Luxembourg). Web marché chrétien : librairie-bayard.com. Suisse : Asendia Press Edigroup SA, Chemin du Château-Bloch 10, 1219 Le Lignon. Tél. : 00 41 22 860 84 02. Mail : abobayard@edigroup.ch

***Ce numéro comporte :***
***Sur la totalité de la diffusion : encart broché "Prions en Église" parrainage ; encart posé "Prions en Église Junior" ; encart jeté "Prions en Église" autopromo.***
***Sur une partie de la diffusion : encart posé "Bayard presse" offre d'abonnement ; encart posé "Christus" abonnement ; relance posée "Prions en Église" offre d'abonnement.***

PEFC 10-31-1282
Certifié PEFC
Ce produit est issu de forêts gérées durablement et de sources contrôlées.
pefc-france.org

IMPRIM'VERT
Votre imprimeur agit pour l'environnement

***Prions en Église* agit pour l'environnement**
Origine du papier : Suède. Taux de fibres recyclées : 0.28 %. Origine des fibres : papier issu de forêts gérées durablement. Impact sur l'eau : PTOT 0,007 kg/T

FR